JN274909

新・MINERVA
福祉ライブラリー
15

DVはいま

協働による個人と環境への支援

高畠克子 編著

ミネルヴァ書房

まえがき

(1) ドメスティック・バイオレンスに関する動向

　日本において，最初にドメスティック・バイオレンス（Domestic Violence，以下，DV）被害者のための「シェルター」が作られて，20年になろうとしている。一方，「配偶者からの暴力の防止及び被害者の保護に関する法律」（2001年，以下，DV防止法）が，施行されてから10年が経過し，この間に附則という形で追加されて，2007（平成19）年に最終改正がなされた。

　それでは，法律ができたことで，DVとは何かの理解が進んだだろうか？そして，DV被害者である女性や子どもたち当事者にとって，保護や防止の体制が整備されてきたと言えるだろうか？

　内閣府男女共同参画局から出されている「配偶者からの暴力に関するデータ」（平成23年7月11日更新）（http://www.gender.go.jp/e-vaw/data/dv_dataH2307.pdf：2012.1.20閲覧）によると，「配偶者暴力相談支援センター」における相談件数は，2002（平成14）年度で3万5,943件から2010（平成22）年度で7万7,334件，さらに「警察における暴力相談等の対応件数」は，2002（平成14）年度で1万4,140件から2010（平成22）年度で3万3,852件となっており，2002年から2010年にかけていずれのデータにおいても漸増し，約2倍に件数がふえていることが明らかである。一方「婦人相談所における一時保護件数」は1万903件（2002年）から1万2,160件（2009年）とほぼ横ばい状態であり，一時保護所の収容者数がふえておらず，それを上回る人数が民間のシェルター等に収容されていると考えられる。

　なお，被害者への心無いバッシングや，若い人たちのもつ家族観への保守化などが，DV被害者の増加と関連しているのではないかと考えられる事態も起こっている。そこで改めて，DV問題についての論点を整理する意味で，コミュニティ心理学の視点から，DVの現状と将来の方向性を探るということで，本書を企画した。

（2）コミュニティ心理学の視点とは？

　読者にとって，コミュニティ心理学は，必ずしも馴染みのある心理学ではないかもしれないので，この本で重点的に扱うコミュニティ心理学の視点を2つ挙げておく。第1点は，「個人と環境の適合（person - environment fit）」であり，第2点は「危機介入」「後方支援」「予防」の「3つの円環的支援」という視点である。以下に少し詳しく述べる。

　まず，「個人と環境の適合」という点で言えば，従来の臨床心理学では個人の心理や病理の在りようを扱い，個人のもつ心の脆弱性や病理性に焦点を当て，それへの治療や対処に重点が置かれてきた。ところが，コミュニティ心理学では，個人を取り巻く環境の問題にも対処し，変化した個人および環境がうまくフィットすることを目指してきた。例えば，DVというと，「殴る方にも問題があるが，殴られる方にも問題がある」とし喧嘩両成敗になり，公的介入がなされず，時には被害者が悪いと非難されてきた。被害者あるいは加害者の個々人の問題，またはカップルの問題として扱われるにしても，加害者が家庭外の相談や治療の場に登場することはほとんどなく，したがって被害者個人の問題への支援が始まるのが常道である。しかし，コミュニティ心理学では，個人の問題だけでなく同時に環境の問題も扱うので，まずは被害者にとって有害で暴力的な家庭環境から，安心・安全なシェルターに避難してもらうことで，具体的な支援がスタートするのである。まさに，DV被害者支援は，危機介入から始まると言ってもよい。個人や集団へのセラピー機能も含めたシェルター・コミュニティで，被害女性や子どもたちは，同じ体験者である仲間，ボランティアや支援者，専門家や関係機関の人びととの出会いを体験する。彼女たちの家庭生活では，いつも夫の目の届く範囲内にいて，親族や友人関係からも隔絶され，孤立した生活を余儀なくされてきたため，彼女たちがシェルターに来て仲間や信頼できる人たちと出会うことは，まるで別世界に来たような体験にもなる。安心・安全の場であるシェルターで，支援者や関係機関からのサービスを活用して，自分らしい生活ができるように個人的・環境的準備を整えながら，シェルター・コミュニティから社会に巣立っていくのである。これが「個人と環境の適合」ということである。

　第2は「危機介入」「後方支援」「予防」の3つがセットになった，「円環的支

援」という視点である。DVの被害者たちは、閉鎖された暴力の起こりやすい家庭環境の中で、「自分が悪い」と自分自身を責めながら、夫の意に沿うような生活をしてきたが、これでは根本的な解決にならないと自覚し始めたとき、「家を出てシェルターに行こうか、どうしようか」と心が揺らぎだす。このときがまさに1つ目の「危機介入期」であり、相談員がタイミングを見計らって、少し後押しをすると決心がつくようだ。そして、この「危機介入期」の前半（すなわちシェルターに入所して1カ月位）では、彼女たちはシェルターに籠って、「来し方行く末を考える」ために、特別に目立った行動を起こさないで「巣籠り期」を過ごす。そして、入所して3カ月前後でシェルターを退所する頃になると、不安もあるが新しい生活を頭に描いて、過活動ともいえるほど元気に過ごし、「巣立ち期」を迎える。したがって、この「危機介入期」は、「巣籠り期」と「巣立ち期」の2つで構成されており、安心・安全なシェルターでセラピストや支援者たちと新しい人間関係を取り結び、今までできなかったことにチャレンジして、将来の自分らしい自立した生活の再建を目指していく。次に、「危機介入期」の後は、地域で自立した生活を過ごす2つ目の「後方支援期」であるが、最初から自力で全てが準備できるわけではないので、仲間や支援者や専門家など多くの人びとからの「後方支援」が不可欠になる。主な「後方支援」は、衣・食・住ならぬ、医・職・住に関連したことであり、心の傷を癒す医療／心理的な支援、職業に就くためのハローワークや自立支援法の活用などの職業支援、そして住居を確保するための福祉事務所や母子施設などの利用という住居支援であるが、中心的に支援する人はソーシャルワーカーである。さらに、法的な介入や解決が必要なとき、例えば保護命令の申請、離婚や親権を巡る裁判では、弁護士はもちろん身近なアドボケイター（アドボケイト）の支援も欠かせない。これらの支援者たちの関与により、当事者たちを取り巻く環境的要因が、彼女たちのニーズに沿った形で整うことになるのである。次に3つ目の「予防期」は、故ケネディ大統領が「精神病および精神薄弱に関する教書」（1963年）のなかで、「1オンスの予防は1ポンドの治療にまさる」と述べたように、DV被害者を出さないようにするためにも、予防・啓発活動が行われる時期である。被害者がシェルター・コミュニティへの参加と協働によって、自立した生活を主体的に選ぶまでの道のりは、長く厳しいので、これを予防・啓発活動に反映さ

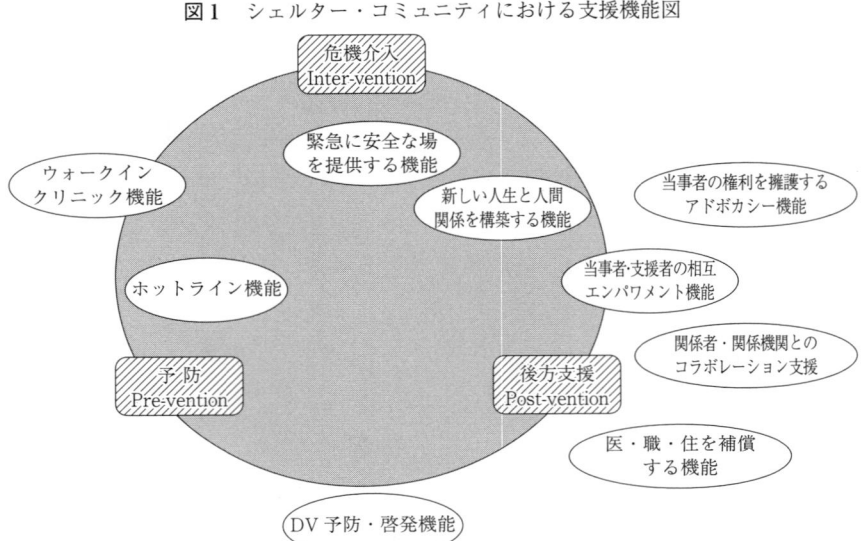

図1　シェルター・コミュニティにおける支援機能図

- 危機介入 Inter-vention
- 緊急に安全な場を提供する機能
- 新しい人生と人間関係を構築する機能
- 当事者の権利を擁護するアドボカシー機能
- ウォークインクリニック機能
- ホットライン機能
- 当事者・支援者の相互エンパワメント機能
- 関係者・関係機関とのコラボレーション支援
- 予防 Pre-vention
- 後方支援 Post-vention
- 医・職・住を補償する機能
- DV予防・啓発機能

出所：「DV被害者へのフェミニスト・アプローチおよびコミュニティ・アプローチ」(2011)『子どもの虹情報研修センター紀要』No.9，28-44頁。

せることで，シェルターに避難する前にDVを回避できるような手立てを講じることが可能になり，DVを未然に防ぐことができるのである。

以上の3つの介入と支援を円環的に結びつけると，ここでいう「3つの円環的支援」になるのであり，これと「個人と環境の適合」を図式化したものが，「図1　シェルター・コミュニティにおける支援機能図」である。これを少し説明すると，大きな円の内側はシェルター内で行われる個人に対する支援であり，外側はシェルター外で行われる環境に対する支援である。そこに「3つの円環的支援」を書き込むことで，それぞれの支援がどこに位置するかが分かるようにしてある。

（3）本書の構成

上記の「図1　シェルター・コミュニティにおける支援機能図」をもとにして，本書の構成と執筆者を紹介しておきたい。

まず本書は，Ⅲ部構成15章で出来上がっている。

第Ⅰ部　DV防止への取り組みの歴史的変遷
　第1章　日本におけるDV防止への取り組みの変遷では，DV問題の始まりとシェルター・コミュニティを中心に被害者支援が行われてきた実態を，1998年から毎年開催されてきた「全国シェルターシンポジウム」の年次大会の報告書（各実行委員会作成）からまとめた（編著者，髙畠克子）。
　第2章　アメリカにおけるDV防止への取り組みの変遷では，60年代から始まった第2派フェミニズム運動によって女性への暴力が明らかになり，バタードウーマン・ムーブメントを通して，社会問題化され法制度の見直しなどが行われたことと，それに関連する研究動向などをレビューしたうえで，今後のDV支援にまとめて頂いた（立命館大学，村本邦子氏）。
　第3章　韓国におけるDV防止への取り組みの変遷では，被害者の人権保護か家庭の保護かを課題にして，法改正が行われ，女性政策基本計画をもとにDV対策・支援が進められてきた実態をジェンダーの視点でまとめて頂いた（韓国江南大学，佐々木典子氏）。
第Ⅱ部　DV被害者への危機介入支援：各専門家からのレポート
　第4章　DV被害者とは誰なのかでは，被害者学の誕生と主要な被害者学の理論を概括し，「被害者化プロセス」（犯罪を起点にして被害の最終結末に至る過程，西村，2001）を追うことで，DV被害者の「沈黙する被害者」から「闘争する被害者」へ，「被害者」から「サバイバー」への変化を，被害者の気づきと支援を軸に述べた（編著者，髙畠克子）。
　第5章　フェミニスト・セラピストによる草の根支援活動：シェルターにおける危機介入支援では，DVのみならず「重複的暴力」の被害者に対して，ジェンダーの視点を取り入れた危機介入支援を行うシェルターを立ち上げた経緯から，5点の実践理念（アドボカシー，生き延びてきた工夫へのねぎらい，エンパワメント，大切な人とのつながり，人間関係を作り直す難しさ）について，15年間の草の根支援活動から述べて頂いた（東京フェミニストセラピィセンター，平川和子氏）。
　第6章　婦人相談員による支援では，自治体にある配偶者暴力相談支援センターの婦人相談員の立場から，DV防止法と婦人相談員の仕事の位置づけを頂いた。その上で，被害者が支援を求める困難に理解を示し，被害者を

責めずにエンパワメントを目指し，どんな決定でも当事者の決定を重視し，それに基づいて支援することを原則としたコーディネーター役割について，まとめて頂いた（名古屋市子ども青少年局子ども育成部，原田恵理子氏）。

第7章　弁護士による支援では，DV防止法によって国や自治体レベルの施策が進められているが，実際に弁護士が関わった豊富な事例から，申立書の書き方，保護命令の実際，不服申立ての仕方，また住民基本台帳の記載などについて，法律的な知見から詳細を述べて頂いた（ヒューマンネットワーク中村総合法律事務所，中村順子氏）。

第8章　アドボケイターによる支援では，「声を奪われた被害者の権利のために戦う」人のことをアドボケイターと言い，その果たす役割を6点に，必要な知識とスキルを4点にまとめて頂いた。その中でももっとも重要な役割を同行支援と定めて，3つの事例で具体的に述べて，自治体が作成した「基本計画」をもとにして，今後の課題に繋げて頂いた（東京都墨田区福祉保健部保護課，丸山聖子氏）。

第9章　コミュニティ・セラピストによる支援では，コミュニティ心理学の重要な介入戦略である危機介入に関して，危機度を3段階でアセスメントして，介入計画を立て介入を実行していき，それ以外にもコンサルテーション，ソーシャルサポート・ネットワーク（コラボレーション），セルフヘルプ・グループ，予防・啓発教育などを述べて頂いた（立命館大学，村本邦子氏）。

第10章　臨床心理士による支援では，母子支援施設における臨床心理士の主要な役割を4つに定め（母親への心理教育，医療へのつなぎ役，情報提供，子どもへの学習会や個別面接），それ以外にも施設内の支援員へのコンサルテーションなどを行っているが，本章では学習会と個別面接（子ども，母親）および子どもへの心理教育を通して，子どもの実態とDVの影響と考えられる子どもの示す13のサインが述べられている。子どものトラウマ反応，アタッチメント関係，トラウマティック・ボンド，そして対人関係と自己感などの視点から述べて頂いた（大阪府立女性自立支援センター，林久美子氏）。

第Ⅲ部　関連コミュニティとの協働：予防・後方支援

第11章　DV関連コミュニティでの協働では，シェルター退所後の生活を支える後方支援においては，協働（コラボレーション）の概念が欠かせないが，

コラボレーションが求められる時代的背景，コラボレーションとその他の概念（リエゾン，コンサルテーション，コーディネーションなど）との違いを述べた。次に，ある事例をもとにDV関連の諸機関（スタッフ）とのコラボレーションによって，より包括的総合支援システムが形成され，サバイバーたちがそのシステムに参入することで，後方支援および再DV被害者にならない予防支援と繋がることを述べた（編著者，高畠克子）。

第12章　危機対応コミュニティを支える予防・後方支援：支援者をエンパワメントする研修体制づくりでは，DV被害者をエンパワメントすることは，被害当事者に伴走する支援者をエンパワメントすること（当事者との程よい距離感，支援者自身のセルフケア，支援に伴う達成感と充実感）であり，それだからこそ当事者は過去の過酷なドミナントストーリーを語り，これからのオールタナティブストーリーを語ることができ，「自分を支え続けてきた人とモノ」を思い出し，それが当事者自身のstrength（強み）を自覚するプロセスになるのである。この文脈の中で，当事者たちが再会する「夏の親子キャンプ」が，当事者や関係者のコラボレーションによる「当事者研究」として位置づけられ，さらに「女性の安全と健康のための支援教育センター」の発足と研修体制づくりに繋がっていることを述べて頂いた（東京フェミニストセラピィセンター，平川和子氏）。

第13章　行政コミュニティにおける予防・後方支援

第1節　女性センター・男女共同参画センターにおける支援では，「男女共同参画社会基本法」（1999年）により，各自治体の女性センターから男女共同参画センターに代わり，サービス内容も変化している。ことDV相談に関しては，①被害者を支える機能，②支援者を支える機能，③組織的枠組みを支える機能からなる相談システムの確立が述べられた。その結果，被害者をエンパワメントする支援プログラムが開発され，（①DV関連情報提供，②専門相談，③知識獲得支援セミナー，④サポートグループ育成など）へと繋がるプロセスを築いて頂いた（名古屋市総務局男女平等参画推進室，景山ゆみ子氏）。

第2節　自治体（福祉事務所など）における支援では，DV防止法成立によって，婦人相談員（婦人相談所や福祉事務所に配置）の仕事は，ソーシャルワークやコーディネイト役割を主として行い，相談対応から安全保護などの

広範な，関係機関への働きかけ・調整・連携・支援を行っている実態を，2つの事例を通して述べており，さらに今後自治体が行うべき課題として，4つの業務（通報関係業務，保護命令関係業務，暴力被害相談の証明関係業務，総合的相談業務とコーディネイト業務）を挙げて頂いた（東京都江東区総合区民センター・生活支援部，髙瀬和子氏）。

第3節　母子生活支援施設における支援では，まず社会福祉法と児童福祉法により規定される母子生活支援施設において，「一人ひとりの人権を基本とする」母子の生活を支援する中で，3つの事例を通して，「ぬくもり」「光」「ふつうの生活」を求める母子のあり方を，母子と支援者と共に模索している姿を述べて頂いた（A母子生活支援施設，榊原正明氏）。

第14章　学校・教育コミュニティにおける予防・後方支援

第1節　中・高校におけるDV予防プログラムでは，中・高生においてデートDV（未婚の交際相手から受ける暴力を指す）が増えている実情を踏まえて，デートDV防止プログラムの実施により，デートDVおよびDVを減少できるという考えのもとで，DV予防プログラムを紹介して頂いた（レジリエンス，中島幸子氏，西山さつき氏）。

第2節　大学における学生ボランティア活動では，早稲田大学の学生がボランティアとして，「夏の親子キャンプ」（民間シェルター退所者母子を対象に）への参加をきっかけに，DV問題の啓発活動の一貫として「デートDVへの取り組み」を行った。そこで学生たちは，被害者を支援したり教えたりすることではなく，自分自身のDVの被害者性・加害者性に気づきそれを他者に伝えることであるとし，相互に支援し啓発活動を行うことを述べて頂いた（早稲田大学平山郁夫記念ボランティアセンター，兵藤智佳氏，角野ありさ氏，小口裕樹氏，キム・ミンジョン氏）。

第15章　司法コミュニティにおける予防・後方支援

第1節　日本司法支援センターにおけるDV被害当事者支援では，DV被害当事者が住宅・就労・学校・家計（口座開設など）などの生活基盤を再構築し，閉じられた暴力・支配関係から解放され，自立した個人としての尊厳を回復するプロセスを，法テラスの持つ法律扶助・総合法律支援の視点で，ガバナンス（統治）に基づくコラボレーションを通して実現していく経緯

を述べて頂いた（元・日本司法支援センター〔法テラス〕，佐藤由美氏）。

第2節　加害者更生をめぐる現状と課題では，日本において自治体による加害者への調査研究は行われているが，行政および司法的な介入はなされず，加害者更生プログラムは諸外国を見習うしかない。ここでは諸外国の加害者に対する刑事的制裁（懲役刑）のみならず，認知行動療法的な治療が主流になっていて，加害者への「動機づけ面接法」「動機づけステージ分類による治療」「良き父になるためのプログラム」「親業プログラム」などが開発されていて，その上で面接交渉が行われるなどを述べて頂いた（茨城県立こころの医療センター，妹尾栄一氏）。

　なお，本書が出来上がるまでの経緯は，執筆者の先生方をはじめ多くの方がたにご協力を頂きながら様々な紆余曲折を経て，5年近くの長きにわたってしまいました。タイトルの「DVはいま」の「いま」に時間的なギャップを感じないわけではありませんが，この間に先生方に最新の情報なども書き加えて頂きまして，読者の方がたには満足いただける本ができ上ったと自負しております。

　最後になりましたが，この1年間粘り強く関わってくださった4人目の編集者の音田潔氏には，心から感謝申し上げます。

2012年10月

編　者

目　　次

まえがき

第Ⅰ部　DV防止への取り組みの歴史的変遷

第1章　日本におけるDV防止への取り組みの変遷 …………… 2
1　日本ではDVはどのようにして問題化したのか …………… 2
2　DV被害者とシェルター・コミュニティ …………… 4
3　シェルター・シンポジウムにおけるDV被害者支援の活動の歴史 …… 5
4　まとめに代えて …………… 16

第2章　アメリカにおけるDV防止への取り組みの変遷 …………… 18
1　第2波フェミニズム運動が明らかにした女性への暴力 …………… 18
　（1）社会が女性への暴力を受け入れていた時代　18
　（2）バタードウーマン・ムーブメント　19
2　女性への暴力に対するアメリカ社会の対応 …………… 20
　（1）法システムの見直しと改正　20
　（2）ワシントンD.C.の例　21
　（3）法システムの成果　22
3　メンタルヘルス領域におけるDV被害者支援と研究 …………… 23
　（1）初期の研究　23
　（2）被害女性へのアドボカシー介入の効果に関する研究　25
　（3）人種・文化・階級など被害者の多様な背景を視野に入れた支援と研究　27
4　DVからIPVへ …………… 28
5　アメリカのDV被害者支援の今後 …………… 30

第3章　韓国におけるDV防止への取り組みの変遷 ……………… 35

1　法律の改正によるDV対策の方向性 ……………………… 35
（1）健全な家庭の育成から被害者保護・支援へ　36
（2）生活再建支援強化　37
（3）被害者の人権保護か家庭の保護か　38

2　被害者保護・支援政策の現況 ……………………………… 39
（1）女性政策基本計画におけるDV対策　40
（2）家庭暴力関連予算の推移　42
（3）女性緊急電話「1366」の支援体系　43
（4）相談所による支援　45

3　今後のDV対策 ……………………………………………… 45
（1）制度化による課題　46
（2）暴力根絶に向けての再構築　47

第Ⅱ部　DV被害者への危機介入支援：各専門家からのレポート

第4章　DV被害者とは誰なのか ……………………………… 50

1　被害者学はどのように登場したのか ……………………… 50

2　欧米における被害者学の理論 ……………………………… 51
（1）「犯罪の二重奏」説（Hentig, H. V. 1948）　52
（2）「潜在的被害者」説（Ellenberger, H. 1954）　52
（3）「被害受容性・被害者への有責性」説（Mendelsohn, B. 1956）　53
（4）「ライフスタイル理論」（Hindelang, M. J. ら, 1978）　53
（5）「日常活動理論」（Cohen, L. E. ら, 1979）　54

3　被害者学と被害者化プロセス ……………………………… 55
（1）被害者化プロセスとは　55
（2）沈黙する被害者　55
（3）沈黙する被害者への支援　56

4　被害者学と被害者支援 ……………………………………… 59
（1）日本における被害者支援の歴史　59
（2）「犯罪被害者等基本法」に至る被害者支援の法的整備　61

  5 まとめに代えて……………………………………………………… 62

第5章 フェミニスト・セラピストによる草の根支援活動…………… 64
    ：シェルターにおける危機介入支援
 1 ジェンダーの視点で行う草の根支援活動……………………………… 64
   （1） 被害当事者からのSOSに応える責任 65
   （2） 草の根支援活動としてのシェルターの開設 66
   （3） 全国女性シェルターネットの結成 67
   （4） ＜まゆ＞としてのシェルターの中で葛藤する女性たち 68
 2 危機介入支援としてのさまざまな役割………………………………… 69
   （1） アドボカシー 69
   （2） 生き延びてきた工夫へのねぎらい 71
   （3） エンパワメント 72
   （4） 大切な人とのつながり 73
   （5） 人間関係を作り直す難しさ 74
 3 子どもたちの被害と回復………………………………………………… 76

第6章 婦人相談員による支援……………………………………………… 79
 1 「DV防止法」と婦人相談員……………………………………………… 79
   （1） 「DV防止法」概要 79
   （2） 「配偶者暴力相談支援センター」の業務 81
   （3） 婦人相談員による相談 82
 2 婦人相談員の支援の姿勢………………………………………………… 83
   （1） 「被害者イメージ」を問い直す 83
   （2） 相談の受付から思いやりをもって接する 84
   （3） 援助を求めることの困難を認識する 85
   （4） 被害者を責めない 86
   （5） 安全と安心への配慮 87
 3 どのような選択をしようとも相談者を支える………………………… 87
   （1） 夫の暴力をやめさせたい場合 88

（2）「家を出る」と決めていない場合　88
　　　（3）緊急保護を求めている場合　89
　　　（4）元の家に戻る場合　90
　　　（5）すでに家を出て，離婚など生活上の困難を抱えている場合　91
　4　コーディネーターとしての婦人相談員……………………………………92
　　　（1）ネットワークの中で支援する　92
　　　（2）安全確保のための情報提供　93
　　　（3）被害者が尊重されるような連携　94

第7章　弁護士による支援………………………………………………95

　1　「DV防止法」によるさまざまな政策の実施……………………………95
　2　「DV防止法」について……………………………………………………96
　　　（1）「DV防止法」における「配偶者からの暴力」　96
　　　（2）被害者の保護　97
　　　（3）保護命令における暴力　97
　　　（4）国及び地方公共団体の責務等　97
　　　（5）配偶者暴力相談支援センター（第3条）　98
　　　（6）保護命令（第10条〜22条）　99
　3　被　害　者………………………………………………………………102
　4　申　立　て………………………………………………………………103
　　　（1）管轄裁判所　103
　　　（2）主張する事項（申立書に書く事項）　103
　　　（3）立証する方法（証拠により証明する）　104
　　　（4）保護命令違反　105
　　　（5）不服申立て　105
　5　弁護士が関わった事例…………………………………………………106
　　　（1）住民基本台帳の閲覧等の制限　106
　　　（2）福祉担当職員の回答義務の制限　107
　　　（3）援助者はやりすぎないこと　107
　　　（4）子どもとの面会交流　107
　　　（5）外国人被害者　107

　　　　（6）　離婚調停　108
　　　　（7）　その他　109

第8章　アドボケイターによる支援 …………………………………………… 110

　1　アドボケイター・アドボカシー・アドボケイトの定義 ………………… 110
　　　　（1）　用語の定義　110
　　　　（2）　アメリカにおけるDV被害者支援とアドボカシーの定義　111
　　　　（3）　日本におけるDV被害者支援とアドボカシーの定義　111
　　　　（4）　「DV防止法」とアドボケイター　112
　　　　（5）　DV被害者の実際とアドボケイターの重要性　112

　2　アドボケイターの役割・知識・技能 …………………………………………… 113
　　　　（1）　アドボケイターの役割　113
　　　　（2）　アドボケイターに必要な知識と技能　114
　　　　（3）　Aさんの同行支援を通して見るアドボケイターの役割・知識・技能
　　　　　　　114

　3　事例に見るアドボケイトの実際 ……………………………………………… 115
　　　　（1）　同行支援の流れ　115
　　　　（2）　Bさんへのアドボケイト支援　115
　　　　（3）　Cさんへのアドボケイト支援　118
　　　　（4）　Dさんへのアドボケイト支援　120

　4　改正「DV防止法」と今後の課題 …………………………………………… 121
　　　　（1）　配偶者からの暴力の防止及び被害者の保護のための施策に関する基本的な方針（「国の基本方針」）　121
　　　　（2）　「同行支援」の内容　122
　　　　（3）　都道府県及び区市町村の「基本計画」策定　122
　　　　（4）　アドボケイターの支援を推進するための提言　124

第9章　コミュニティ・セラピストによる支援 ……………………………… 127

　1　コミュニティ心理学と危機介入 ……………………………………………… 127
　　　　（1）　コミュニティ心理学と生態学的視点　127
　　　　（2）　コミュニティ心理学における危機介入　128

2　コミュニティ・セラピストがDV被害者と出会う時……………………130
　　　　（1）DV被害者の特徴　130
　　　　（2）DV被害者への支援体制　131
　　　　（3）コミュニティ・セラピストがDV被害者と出会う時　132
　　3　DV被害者のアセスメント…………………………………………………133
　　　　（1）危機のアセスメント　133
　　　　（2）DVが与えている否定的影響のアセスメント　133
　　　　（3）その他の要因のアセスメント　134
　　4　DV被害者への介入…………………………………………………………134
　　　　（1）緊急保護　134
　　　　（2）セーフティ・プランの作成　135
　　　　（3）DVが与えている影響への対応　136
　　　　（4）介入のポイント　137
　　5　コミュニティ・セラピストとしてできること……………………………138

第10章　臨床心理士による支援……………………………………………………140

　　1　DV被害者にとってのシェルターとは………………………………………140
　　2　学習会での子どもの実態と子どもへの対応…………………………………141
　　　　（1）ある学習会での子どもの実態　142
　　　　（2）母親と子どもの負担軽減のために　146
　　3　シェルターで子どもたちと関わる時の留意点………………………………146
　　　　（1）子どもへの心理教育　146
　　　　（2）子どもの疑問・不安に応える　148
　　　　（3）トラウマとアタッチメント関係　149
　　　　（4）子どものトラウマ反応　149
　　　　（5）父親への同一化とトラウマティック・ボンド　150
　　　　（6）対人関係と自己像への影響　151
　　　　（7）発達の遅れと退行，偽成熟　152
　　4　シェルター退所後の新しい生活に向けてのコミュニティ支援………………152

第Ⅲ部　関連コミュニティとの協働：予防・後方支援

第11章　DV関連コミュニティでの協働 … 158

1. コラボレーションの定義 … 158
2. コラボレーションが注目される時代的背景 … 160
3. コラボレーションとその他の諸概念との相違 … 161
4. コラボレーションとDV関連の包括的総合支援システム … 163
    - （1）事例の概要：筆者との出会いまで　163
    - （2）コラボレーション会議の開催　164
    - （3）もう一度家を出て宗教コミュニティに抱えられるまで　166
5. まとめに代えて … 168

第12章　危機対応コミュニティを支える予防・後方支援 … 171
：支援者をエンパワメントする研修体制づくり

1. 被害当事者に伴走する支援者 … 171
    - （1）活動の記録を残す　171
    - （2）被害当事者による証言　173
    - （3）協働作業から生まれる証言　174
    - （4）証言することの意味　176
2. 暴力被害者への理解を当事者と共有するための研修体制づくり … 178
    - （1）危機対応コミュニティの緊張を緩和する夏キャンプ　178
    - （2）当事者も支援者も共にエンパワメントされる研修会と当事者研究　179
3. 総合的支援を必要とする暴力被害者支援と研修体制づくり … 181
    - （1）始まりは「性暴力と医療をむすぶ会」　181
    - （2）運営委員会方式による運営と維持　182
    - （3）支援教育センターがめざす3つの柱　183
    - （4）支援者の成長　184
4. 性暴力被害者危機対応に取り組む支援者に対する研修体制づくり … 185

目　　次

　　　（1）早期発見と的確な対応　185
　　　（2）危機対応カウンセリングの誕生　186
　　　（3）性暴力被害者援助女性健康センターの開設と SANE プログラムの始まり　187
　　　（4）中核となる性暴力救援センターの開設　188

第13章　行政コミュニティにおける予防・後方支援　192
　1　女性センター・男女共同参画センターにおける支援　192
　　　（1）女性センター・男女共同参画センターの相談事業と DV 被害者支援　192
　　　（2）女性センター設置をめぐる経緯　193
　　　（3）女性センターにおける相談事業　195
　　　（4）女性センターにおける「相談システム」の確立　198
　　　（5）当事者をエンパワメントする支援プログラム　203
　　　（6）地域への支援に向けて　206
　2　自治体（福祉事務所など）における支援　211
　　　（1）婦人相談員と「DV 防止法」　211
　　　（2）婦人保護事業と DV 被害者支援　212
　　　（3）DV 被害者支援の実際　215
　　　（4）改正「DV 防止法」と今後の自治体の課題　228
　3　母子生活支援施設における支援　232
　　　（1）福祉施設とは：救済思想と人権思想　232
　　　（2）「母と子たち」への支援　233
　　　（3）児童福祉法における母子生活支援施設のこれから　239

第14章　学校・教育コミュニティにおける予防・後方支援　242
　1　中・高校における DV 予防プログラム　242
　　　（1）「レジリエンス」の活動　242
　　　（2）デート DV の現状　247
　　　（3）デート DV の予防プログラム　252
　　　（4）これからの方向性　259

xvii

2　大学における学生ボランティア活動……………………261
　　（1）　DV に関わる学生たち　261
　　（2）　社会へ発信する取り組み　262
　　（3）　コミュニティでの DV 啓発活動への試み　269
　　（4）　双方向の関係性に向けて　272

第15章　司法コミュニティにおける予防・後方支援……………275

1　日本司法支援センターにおける DV 被害当事者支援……………275
　　（1）　はじめに：法を活用する機会があることの意義　275
　　（2）　日本司法支援センターの概要　276
　　（3）　DV 被害当事者に対する日本司法支援センターの取り組み　280
　　（4）　今後の法律扶助・総合法律支援の方向性　283
　　（5）　最後に：すべては，社会的包摂と個人の尊厳の回復のために　290
2　加害者更生をめぐる現状と課題……………………294
　　（1）　「DV 防止法」における加害者更生の位置づけ　294
　　（2）　諸外国における加害者更生への取り組み　295
　　（3）　DV 加害者への認知行動療法　296
　　（4）　加害者更生における介入技法の進展　298
　　（5）　「動機づけ面接」のアプローチ　298
　　（6）　動機づけのステージ変化の類型　299
　　（7）　良き父になるためのプログラム　302
　　（8）　面接交渉と DV 加害者　303

索　引　307

第Ⅰ部
DV防止への取り組みの歴史的変遷

第1章 日本におけるDV防止への取り組みの変遷

　21世紀幕開けの2001（平成13）年は，ドメスティック・バイオレンス（以下，DV）に苦しむ女性や子どもたちにとって，エポックメイキングな年であった。「配偶者からの暴力の防止及び被害者の保護に関する法律」（以下，DV防止法）が議員立法として衆議院を通過し，10月より施行された年だからである。それと同時に，前年の2000（平成12）年には「児童虐待防止法」と「ストーカー等行為防止法」が成立しており，女性や子どもに対する暴力を防止する重要な三法が出来上がったことになる。

　ところで，DV防止法が成立するに当たっては，DV被害女性を緊急に保護する民間シェルターの活動を抜きにしては語れない。すなわち，シェルターで被害女性や子どもたちを支援する人々は，当事者の声を束ねて運動のうねりにしていくことが重要であった。コミュニティ心理学からいえば，シェルター・コミュニティに集う当事者をはじめとして，フェミニストセラピスト，ソーシャルワーカー，女性相談員，福祉関係者，医療従事者，弁護士，司法関係者，警察関係者，自治体関係者などが協働（コラボレーション）した成果が，このDV防止法の成立とその後2回の改正案によって結実し，より現実的に法律へのアクセシビリティとユーザビリティを高めていったといえる。

　そこでこの章では，シェルター・コミュニティの活動を中心にして，日本におけるDV防止への取り組みの変遷について概括する。

1　日本ではDVはどのようにして問題化したのか

　女性に対する暴力は，有史以来子どもと同様に，あることが当然のことのようにして扱われてきた。すなわち，18世紀のイギリスのCommon Lawには，「夫たるもの親指の太さ以下の鞭でなら妻を殴ってもよい」という「親指の法則」があったように，DVが法律的に認められていたことになる。これは言ってみ

れば，男性にとって，女性は子ども同様，人格を持たない一種の所有物であり，そのため暴力を行使してでも躾けたり，自分の思い通りにしたりしても良いということである。さらに日本では，韓国や中国などのように儒教や家父長制の強い国だと言われており，少しぐらいの暴力はそれを男の甲斐とするような風土が今でも存在しないとはいえない。

それでは，このような文化の中で，女性への暴力は女性に対する人権侵害であり，犯罪であるという考え方をするようになったのは，いつごろであろうか？ほぼ，1990年代半ばに北京で開催された世界女性会議の頃からではないかといえる。

翻って，アメリカでは1960年代後半から起こった第2波フェミニズム運動と連動して，Battered Women's Movement（被殴打女性運動，以下，BWM）が起こったが，アメリカではこれ以前に，より深刻な女性に対する暴力として，レイプや強姦被害者の問題が大きく社会問題として取り上げられ，「反レイプ運動」が始まっていた。レイプ・ホットラインや危機介入センターに持ち込まれるケースは，もちろん見知らぬ男性からのレイプにとどまらず，知り合いの男性からのdating rapeや夫婦間の同意のない性暴力なども含まれていた。このように，レイプ被害者や彼女たちを支援する人々が中心になってBWMが展開され，1977年のヒューストン世界女性会議では，家庭内で反復的に虐待を受けている女性を「バタードウーマン」として支援する決議が出され，DV被害者のためのシェルター活動が本格化したのである。

一方，日本においては1970年代初頭からの第2波フェミニズム運動では，「女性に対する暴力」の中でも「家庭内の夫の暴力」に関する運動は，1990年代まで全く起こらなかった。1980年代から始まった「女性に対する暴力」は，「性暴力」という言葉に表されるように，売春・買春の問題，強姦とポルノグラフィの問題，セクシュアルハラスメントの問題など，「女性に対する性的搾取」という意味合いで運動が展開された。1983年には日本で初めて「強姦救援センター」が東京に開設され，さらに1980年代後半には，市民運動グループが行った「1万人アンケート」（三多摩の会）から，市民レベルのセクシュアルハラスメント防止運動がはじまった。ここに「性暴力」は，「女性に対する暴力」すなわち──男女間の力の格差に基づいて行使される身体的・心理的・性的暴力──と

いう包括的定義の中に含みこまれるようになり，新たにDVが，1990年代から2000年代の女性運動を牽引することになった。

「女性に対する暴力」への本格的な取り組みは，1992（平成4）年に「夫（恋人）からの暴力調査研究会」による実態調査が行われ，被害女性613名の暴力被害の実態が明らかになったことがきっかけである。その後，1995年の北京での世界女性会議から，「反―女性に対する暴力」の大きなうねりが世界中に広がり，日本においても，行政が行うべきさまざまな施策や行動計画が，国の内外から要求され，1997（平成9）年に行われた東京都の実態調査・意識調査は，行政が初めて行ったものである。以後，多くのDV被害の実態調査が行われ，それに基づいて各都道府県に，男女平等社会参画室および各地方自治体の女性相談センターやDV防止支援センターなどが設置され，2000年代にはDV防止法など司法面と行政面でも，徐々にDV防止支援体制が整ってきたといえる。

2　DV被害者とシェルター・コミュニティ

日本で始めて，暴力被害女性のための緊急一時保護機関であるシェルターが登場したのは，1985（昭和60）年に横浜で更生福祉施設として「礼拝会・ミカエラ寮」，また翌年に東京で「女性の家HELP」がそれぞれ設立された。HELPは日本キリスト教会婦人矯風会が設立母体であり，設立趣旨は就労や結婚のために来日したアジア女性たちを，性的搾取や暴力による監禁から逃れるためのシェルターを立ち上げて支援することであった。そこには，日本人女性で性的搾取やDVからの被害者も半数ほど入所していたが，家庭でのDVがクローズアップされるまでにはまだ時間が必要だった。なぜなら，外国人女性に対する性的搾取は悲惨極まりない状況であったため，強制売春の被害者であるタイ人の女性のSOSが契機となって，1992（平成4）年に外国女性に限定したシェルター「女性の家　サーラ」が横浜で開設されたからである。

このような事情から，DV被害女性のシェルターは，1993（平成5）年に東京で開設された「AKK女性シェルター」がパイオニア的存在である。DV被害者と専門家が協働して運営するAKKは，その名前にもあるようにアディクション（嗜癖）を中心に据えて，フェミニズム運動の理念で被害女性たちを支援し続

けてきた。その後フェミニズムを基盤にした草の根活動が続々と登場し，1993（平成5）年に「女のスペース・おん」（札幌に誕生，不当解雇やセクハラがらみの労働問題，外国人女性の性被害問題が出発点），1994（平成6）年に「女のスペース・にいがた」（新潟に誕生，少女の義父からの性暴力を裁判闘争で訴え，女性の自立に向けた支援活動），1997（平成9）年に「FTCシェルター」（東京に誕生，フェミニストセラピストが中心となって，関係者・機関との協働によるDV被害女性や子どもたちへの支援），名古屋に「かけこみ女性センター・あいち」，大阪に「スペース・えんじょ」など，人と資金をやり繰りしながら，民間レベルでシェルターが開設していった。もちろん，これらのシェルターの開設の経緯には，1995（平成7）年に北京で開かれた世界女性会議の存在を忘れてはならない。

3　シェルター・シンポジウムにおけるDV被害者支援の活動の歴史

　1985（昭和60）年，あるいは1993（平成5）年から始まったDV被害者支援活動は，緊急一時保護所であるシェルターを中心に据えて，そこでの体験やプログラムや支援活動が大変重要になった。それは個々の民間シェルターで行っているDV被害者支援活動を，そのシェルター・コミュニティ内で自己完結させるだけでなく，当事者はもちろん専門家やボランティアが協働してネットワークを作り，そのネットワークの中で被害者を支援することに意味を置いたのである。また，それだけにとどまらず，ネットワークの中で得られた個々の貴重な体験や智恵を共有化して，有効に活用したり新しい社会資源を創出したりするのである。このようなミクロレベルからメゾレベル・エクソレベルへの支援活動は，日本社会や国民全体のDV意識を変革したり，DVのない社会への実現に繋がるように，法律の制定や改変に参画したりして，マクロレベルの活動へと大きく展開する可能性を含みつつ進んできたのである。

　そこで，第1回目の「女性への暴力・駆け込みシェルターネット会議」が，1998（平成10）年に札幌で開かれたのを皮切りに，毎年開かれてきた全国シェルター・シンポジウムの動向を概観することで，シェルター・コミュニティの過去・現在・未来を見通してみたい（表1-1参照）。なお，各年度の報告集は，開催地域の実行委員会が，開催から報告集の作成までの責任を担ってきた。そこ

で，筆者は，これらの報告書をもとに，1998年からはじまる全国シェルター・シンポジウムの11回の歩みを，次のようにまとめてみた。

第1回大会：女性への暴力　駆け込みシェルター　ネットワーキング　札幌シンポジウム（1998年6月）
テーマ「拡がれ！シェルター・ムーブメント」

基調報告は2題あり，一題は波田あい子氏による「夫・パートナーの暴力～日本の実態」で，1997（平成9）年に行われた東京都のDV実態調査と，1993年のカナダにおける実態調査・意識調査とを比較しながら紹介された。波田氏は，DV被害者の実態調査を行い被害実態を数値に出すことが，DV被害者支援の方向性を出すことに繋がり重要であると報告された。

もう一題は，平川和子氏による「フェミニスト・セラピーの現場から」で，行政の女性相談室での相談実態と比較して，民間の東京フェミニストセラピィセンターでの実態が報告された。そして，①相談機関での暴力相談の増加，②深刻な相談には一時保護を，③被害女性の回復モデルは，家族の中での暴力を捉え直すことから始まる，の3点にまとめられた。また，1988年にリンダ・ジンガロ氏は，支援者がバーンアウトしない方策を指摘したが，10年以上経た現在，強くそれを痛感すると締めくくられた。

分科会は3つ企画され，「関係機関との連携」では，福祉事務所における生活保護費の取得の問題，警察での捜索願の扱いの問題，行政窓口での健康保険や住宅費の問題などが取り上げられた。また，「法システムの運用と課題」では，夫側から警察に出される捜索願の扱い，接近禁止を含めた仮処分の申し立て，子どもへの接近禁止と親権指定などを巡って，長谷川京子弁護士から問題提起があり，「シェルター運営の諸問題」では，各所から立ち上がった民間シェルターの実態と問題点などが共有された。

第2回大会：全国シェルター・シンポジウム　新潟シンポジウム（1999年6月）
テーマ　「ストップ！　女性・子どもへの暴力」

基調講演は，韓国性暴力相談所所長チェ・ヨンエ氏より，DV・性暴力・セクシュアルハラスメントなどが，女性に対する人権侵害だという認識のもとで15

第1章　日本におけるDV防止への取り組みの変遷

表1-1　全国シェルター・シンポジウムの動向（1998-2008年）

	1998	1999	2000	2001	2002	2003	2004	2005	2006	2007	2008
	浜田・平川	チェヨンス	M.フライデー	N.ライアン	J.オーペリン	辛淑玉	朴三石	加害者プロ	アグネス民間行政地域連携	ショッピング界の取り組み	勝・メリー、歩み、決意
				防止法を地域で生かす		法の実効性を求めて	市民自治体企業	加プロの可能性と課題	自治・人権・協働	アジア各国と日本	
基調講演	○										
シンポジウム	○										
関係機関との連携	○	○		○生活保護を受けやすく		○使いこなす				○	○使いこなす
法システムの運用と課題	○	○		○法成立後のSPSY	○地域シェ	○行政との連携					
シェルター運営			○財源人材確保	○財政							
自助グループ	○	なし									
シェルタースタッフの問題	○		○								
外国人問題		○在留資格			○	○外国籍の人		○マイノリ女性とDV	○障害者	○	○サバイバー心のケア
サバイバーの集い		○			○	○	○子ども		○子ども		○子ども
女性と子どものケア				○子どもケア							
安心に健康に暮らすため			○地域生活	○退所後のサポート							
ほしいDV防止法			○アンケート								
3年後の見直しに向けて					○	○5年後の見直し			○二次改正への提言		
サポーター・セルフケア											
協働					○フェ・女司		○行政の協働	○法と警察・裁判所			
サポートスタンダード				○サポートマニュアル							
二次被害の現状											
医療との連携									○保健医療		○医療現場の対応
高齢者・障害者へのサポート									○	○障害	○高齢者
改正法・基本計画									○		
加害者の法的責任							○子ども	○加害者処遇と教育	○		
離婚調停											
グローバリゼーションとDV											
司法手続き								○	○		
当事者支援者からの提言									○		
支援のリスクマネージメント									○	○	
暴力予防教育										○	○性同一性障害
セクシャルマイノリティ										○	
人身売買											
性暴力被害者											○性暴力法を作ろう
予防教育								○			
自立支援											○回復から自立へ
国際ネットの形成											○○○国際共生社会とDV
DVと児童虐待											○多文化共生社会とDV
災害と女性の人権											○

注：○印は分科会で話し合われたテーマ。シェはシェルターの略。女相は、女性相談センターの略。加プロは、加害者プログラムの略。
出所：1988～2008年に各開催都市において、「全国シェルター・シンポジウム実行委員会」がまとめた報告から筆者の抜粋。

年間続けられた女性運動の活動が報告された。被害女性支援運動・実態調査・法律の制定という韓国での三位一体の運動が，立ち遅れた日本の運動への一定の方向性を示すものと話された。

　分科会に関しては，前年の3分科会に加えて「シェルター・スタッフの諸問題」では，スタッフ自身の抱えているストレスに気づくこと，熱意だけでなく入所者や子どもへの理解や援助を促すスキルや知恵を獲得すること，弁護士や警察官との連携やネットワークなどが話された。さらに，「外国人に関する諸問題」が新たな分科会として発足し，外国人女性にとっての在留資格および公的扶助の取得が死活の問題であることが討論された。

第3回大会：全国女性シェルターネット東京フォーラム（2000年6月）
テーマ「私の生（いのち）は私のもの：女性と子どもに対する暴力の根絶をめざして」

　基調講演は，「地域に根づいたシェルター運動　25年の成果」という演題で，"ピッツバーグ女性センター＆シェルター"の代表であるマーサ・フライデー氏より報告がなされた。1975年に，DV対策プログラムを行っている10団体が集まり，連邦と州からの資金を得て「ペンシルベニア州反DV連合」を発足させ，現在では1,400団体が加入している。この連合では被害者プログラムはもちろん，加害者プログラムも提供されているが，アンガー・マネッジメントに基づくプログラムの効果は疑問視され，人権侵害や権力の支配を中心とするプログラムの方が効果的であること，連合が社会に向けて解決策などを提供する啓発活動と広報活動が中心であることなどが報告された。さらに，連合には女性と子どもたちのために，シェルター部門（含子どもプログラム），法的アドボカシー部門（裁判関係の支援），教育部門（学校での予防教育），医療アドボカシー部門（医療職員への訓練），トレーニング部門（専門職や警察官への訓練），研究部門（大学との連携によるプログラム評価研究）などが，包括的に機能していると話された。

　分科会1では，全国女性シェルターネットが行った「私たちの欲しいDV防止法」（300人アンケートから）に関する報告が行われ，①警察関連でもっとも必要とされる措置（保護依頼，110番通報，事前相談，被害届など），②家庭裁判所関連でもっとも必要とされる措置（接近禁止命令，離婚成立後の安全配慮，養育費・慰謝

料等の支払い，調停にかかわる諸問題など），③医療関連でもっとも必要とされる措置（関連機関への通報と連携，健康保険証の扱い，カウンセリング，医師の対応），④行政関連でもっとも必要とされる措置（住居・住民票・学校・就業支援・健康保険等での危険回避策，生活保護，相談窓口など）の報告をもとに，望まれるDV防止法が提案され，それが翌年のDV防止法制定にも活用されたと考えられる。このほか，「危機介入のためのネットワーク作り」，「安全に健康に暮らすために～シェルターを出てからの生活」，「暴力被害を生き延びた人たちの自助グループ」，「女性と子どもの心のケア」など，子どもの支援も加わり，児童虐待防止法との協働が不充分な実態なども話された。

第4回大会：全国シェルター・シンポジウム in 旭川（2001年6月）
テーマ「DVのない地域を創っていこう」

　2001（平成13）年は，DV防止法が施行された記念すべき年であり，「女性が生存権を脅かされず，人間としての尊厳を奪われることなく，安全にのびやかに生きていける地域・場をどのように保障し合っていけるか」がスローガンで，ここにはじめて「コミュニティ」という言葉が登場した。

　基調講演をしたナンシー・ライアン氏（アメリカ・ケンブリッジ市女性委員会委員長）は，マサチューセッツ州のDV防止法の歴史を語る中で，ケンブリッジ市を「DVフリーゾーン」とする運動が，コミュニティ・メンバーの草の根組織から発展して，コミュニティ組織の代表，公衆衛生委員会，学校教育部，民生部，行政部，警察からなるプロジェクトを誕生させて，すべての自治体や市の公共機関・団体がDVを減らすために協働する「DVフリーゾーン」を作ったことが話された。さらに，「家庭が安全でないとき，政府の役割は何か？」という問題の立て方は非常に重要で，家庭を変えることは重要だとしても，行政が率先して，DV防止に関する社会的意識変革に繋がる施策を打ち出し，コミュニティ全体や市民の意識変革がもたらされることが，行政の取るべき積極的かつ重要な役割だという講演であった。

　基調講演の後に，「DV防止法を地域で生かす」というパネルディスカッションが行われ，具体的な防止のあり方，行政との連携について討論がなされたが，さらに分科会でも，「『DV防止法』と自治体―地域でどう生かしていくか」の

議論に引き継がれた。

さらに新しい分科会として、「サポート・トレーニング・マニュアルを作ろう」が誕生し、シェルターでのサポート理念として、①当事者の意思と選択の確認、②ピア（仲間）によるサポート体制、③女性の側に立つ支援、④秘密の厳守、⑤非暴力、⑥非差別が確認された。

第5回大会：全国シェルター・シンポジウム　大阪2002（2002年6月）
テーマ「みんなで活かそうDV防止法」

2001（平成13）年に、DV防止法が成立し、全国的に施行されつつある中で、2002年は「使いこなそう！　DV防止法～民間と行政とのパートナーシップ～」というパネルディスカッションが行われた。

DV防止法が施行されたことで、①警察では、生活安全企画課を中心にした対応の変化により、被害者の安全が確保されるようになる。②裁判所では、保護命令の手続で配慮の行き届いた対応により、当事者と子どもの安全確保と危険回避がスムースになる。③行政では、自治体レベルでの「配偶者暴力相談支援センター」立ち上げによって、自立支援に向けて相談事業の充実と一時保護委託制度による官民一体となった支援の連携が作られるようになった。しかし、改善点や問題点もたくさん出され、3年後の見直しに向けて、①行政の実施責任はDVが発生した自治体にあるのか、避難してきた人を受け入れる自治体にあるのか？　②保護命令の問題点として、被害者の範囲に子どもを入れる必要があること、禁止の対象となる行為の拡大、保護命令の有効期間の延長、暴力行為の範囲の拡大、家事事件での調停前置主義の廃止、面接交渉の整備などがある。③シェルターの資金不足とネットワークあるいはセーフティ・ネット作りの問題などが、残されている。

これらを検討する上でも、基調講演「民間シェルターのネットワークと行政の連携～オーストラリアの先例に学ぶ」をされたジュリー・オベリン氏の話は、苦労する現場の人々を勇気づけるものであった。彼女はオーストラリアの9万人の地方都市でシェルター作りに関わり、同時にWESNET（オーストラリアのDV防止のための最高機関）の議長でもあり、女性と子どもの安全を確保し、暴力のない生活を維持する社会的・政治的・経済的地位を確保することを目標に活

動されている。WESNETが提供するサービスは，女性の避難所・シェルター，DV被害者のための出前サービス，DVへの対処のための情報サービス，若い女性や子どものための予防サービス，マイノリティといわれるアボリジニ女性や移民女性やホームレス女性に対する特別サービスなどで，それらを提供するために州政府は，連邦政府の交付金を教育・健康・公共住宅などに充ててきた。このようなWESNETの取り組みは，シェルターでのミクロ（個人的）な関わりが，州や連邦政府の資金を得て現実的な支援体制を構築すると同時に，司法や立法の法体制への変革や改革に繋がるマクロ的（社会・政治的）関わりに発展したという意味で，コミュニティ心理学的な支援活動であるといえる。

分科会では，前年度の「サポート・トレーニング・マニュアルを作ろう」に続いて，「サポート・スタンダードを作ろう」が加わり，①DV被害者サポートは痛みを共有する女性たちによる協働の活動，②相談から自立までの長い道のりを同行する活動，③当事者の意思と決断の尊重，④ゴールは「女性への暴力根絶の実現」などのテーマが出された。もう一つ，新しい分科会として「サポーターのためのセルフケア」が立ち上がり，以後のシンポジウムの重要なテーマになった。

第6回大会：全国シェルター・シンポジウム石川2003（2003年11月）
テーマ「DVのないまちづくりをめざして──市民と自治体の協働」

基調講演は，辛淑玉氏（在日コリアン3世，ジャーナリスト，人材育成技術研究所）による「誰もが安心して暮らしていくために」であり，根深い人種差別意識の中で日本国籍や住民票取得の困難を抱えながら，DV被害女性たちの厳しい現状や問題がリアルに語られ，日本社会の危機的状況が浮き彫りにされた。

シンポジウム「DV防止法の実効性を求めて」では，DV防止法の推進役である議員（参議員共生社会調査会女性に対する暴力防止プロジェクトチーム）と行政府（内閣府男女共同参画会議−女性に対する暴力専門調査会）とNPO（HELP）からシンポジストを立て，5年後の見直しに向けてユーザー側の実効性を求める声に応じた討論がなされた。その中でも中心的なポイントは，保護命令の見直し（子どもなどの対象範囲の拡大，精神的暴力もDV行為に含める，接近禁止の申し立ての簡素化及び退去命令の延長，禁止行為の拡大など），外国籍女性の問題，加害者の処罰など

で，これらは分科会「DV防止法見直し（活用）に向けて」に議論が引き継がれた。第6回シンポジウムで新たに加わった分科会は，「2次被害の現状」「外国籍の人へのサポート」「高齢者・障害者へのサポート」である。

第7回大会：全国シェルター・シンポジウム鳥取2004 in よなご（2004年10月）
テーマ「DVゼロをめざして！：なくそう暴力！協働で変わる社会」

　この大会は，2003（平成15）年の「市民と自治体の協働」を引き継ぐ形で開催されたが，2004（平成16）年は「改正DV防止法」が成立した年であり，とりわけ国がDV支援の「基本方針」を作り，都道府県に「基本計画」の策定が義務づけられ，「官民の協働」が力説された。

　基調講演は，朴仁恵氏（韓国女性ホットライン連合常任代表）より「急速に進んだDV問題の制度化と女性運動」と題して，韓国のDV問題の女性運動としての歴史が語られた。日本より約20年早くから，性暴力事件やDV問題などが取り上げられ，韓国全土に廻らされた無料電話相談ネットワークが，現実的な支援のホットラインであり，それを通してDV防止法の成立や韓国女性省の制定に繋がった。朴氏はDV防止法によって6つの効果（①DVは犯罪だという意識，②加害者への処罰，③被害者とその家族への支援，④女性運動の一般化，⑤DVは人権問題，⑥女性たちの経験を研究対象に）と，DV追放の4つの条件（①予防，②協力，③制度，④人権意識）を提示された。

　引き続き行われた鼎談「DV問題の制度化」──市民・自治体・企業の役割を考える──では，鳥取県知事から計画案策定に関して留意した4点（①当事者の声を聞く，②行政機関・議会・県内の政府機関・市町村・警察などに対して，計画に盛り込まれた現状と課題を周知させる，③当事者のニーズ〔特に自立に向けての活動など〕や必要なサービスを的確に実現させる，④一度作った計画は新しい課題を考慮して見直す）である。これを受けて鳥取県福祉保健部子ども家庭課課長は，具体的な計画として「鳥取基準」（①自立支援の中にピアカウンセリングを盛り込み，相談窓口その他における当事者の参画を促す，②第三者〔機関〕による苦情解決体制の整備，③民間支援団体への支援体制の中で，行政でなく当事者がスーパーバイズするなど）が打ち出された。そのほかにも，相談員の地位向上，民間支援団体への助成金制度や保護委託制度，学校における非暴力教育プログラムの実施などが具体的に進められ，

行政機関や司法機関においてDVに関わる人々とのコラボレーションが行われていることが明らかになった。

第8回大会：全国シェルター・シンポジウム2005 in あいち（2005年9月）
テーマ「DVを許さない！理解・行動・勇気」

基調講演は，マージョリー・D・フィールズ氏（元ニューヨーク州判事，弁護士）による「加害者プログラムと被害者の安全確保――米・英の経験から学ぶ」であり，このシンポジウムではじめて，加害者の問題が取り上げられ，続くシンポジウムでも「日本における加害者プログラムの可能性と課題」が討論された。フィールズ氏の講演では，今まで怒りの制御プログラム，カップル・カウンセリング，グループ・セラピーなどで構成されていた加害者介入プログラム（BIP）が，加害者の態度や行動を変容させることはできず，欧米のBIPでは加害者の保護観察・行動監視などの刑事司法手続と連動させ，NPO・裁判所・法執行機関が連携することで被害者の安全を確保し，その上で加害者のカウンセリング・サービスなどを提供する形に変化してきたことが述べられた。続くシンポでも日本の問題点として，3種類のBIP（ドゥルーズ・モデル型，男性支援型，治療モデル型）が行われていても，DVが刑法違反であるという認識がなく刑法システムと結び付いていない点から考えて，無処罰から処罰への明文化の必要性，加害者再教育システム（保護観察制度の改革も含めて），公教育における暴力予防システム，などの未熟性が挙げられた。

そのほか新しい分科会として，DV当事者であり支援者である2人から，DVの実態とそれを予防する観点からの支援プログラムとして，デートDVがはじめて取り上げられた。また，DVと児童虐待について，「子どもの虐待防止ネットワーク・あいち」の弁護士から，児童虐待ケースでは根源的にDVがあり，母親が性虐待から子どもを守れない厳しい現実や支援の事例などが報告された。子どもの人権，子どもの利益，子どもの医療，子どもの教育，子どもの福祉が守られる家族システムや社会システムの構築の必要性が訴えられ，DVと児童虐待との関連や関係機関との連携も提起された。

第9回大会：全国シェルター・シンポジウム2006 in はこだて（2006年11月）
テーマ「DVを許さない！『自治』『人権』『協働』——当事者女性と子どもの自立を支える」

　基調講演は，アグネス・チャン氏（エイジアン・タスクフォースのアウトリーチ・プログラム開発責任者）による「垣根を越える～民間，行政，地域の連携によるDV防止へ～」であった。彼女が活動するATASK（アジア機動隊）は，米国のボストンにあるアジア系のDV防止隊で，24時間体制の電話相談，90日間入居可能シェルター，14日入所可能緊急一次保護施設，緊急介入などのプラン作り，法的手続き（保護命令・離婚など）の援助，住宅や福祉関係の手続きの援助，カウンセリングやサポートグループの提供，子どものためのサービス，DVについての社会教育や防止教育などを行っている。そして，DV根絶のためには，①DVに関する予防教育や社会教育の確立，②被害者の声や統計的資料に基づく法律の制定や公的施策，③民間シェルター・行政・司法などとのネットワークを挙げられ，まさにコミュニティ心理学が重視する予防と協働が前面に出された講演であった。

　これを受けて行われたシンポジウムは，鳥取県知事と北海道知事を交えた「DVを許さない！『自治』『人権』『協働』——当事者女性と子どもの自立を支える」であり，分科会としては新たに加わった「DV被害者支援のための司法手続きの現状と課題」「支援とリスク・マネージメント」「DVと暴力予防教育」の3分科会を含めて，全部で11分科会で活発な討論がなされた。

第10回大会：全国シェルター・シンポジウム，DV根絶国際フォーラム2007 in まくはり（2007年11月）
テーマ「ノーモアDV：女性への暴力根絶：アジアからの発信」

　基調講演は，「女性への暴力根絶に向けた世界の取り組みと日本の課題」について，ハンナ・ベアテ・ショップ・シリング氏（女子差別撤廃委員会〔CEDAW〕委員）が話す予定だったが，都合により代読という形で行われた。同氏は，2006年に国連事務総長が提出した「あらゆる形態の女性への暴力に関する詳細研究」をもとに，「女性への暴力はグローバルかつ組織的であり，パワーの不均衡と男女の構造的な不平等に起因していることへのグローバルな認識が必要」で，「女

性への暴力と差別のリンクを明確にすることが鍵である」と述べていた。女性への暴力は複合的で様々な要因が交差する差別（人種・民族・年齢・健康状態・婚姻状況・宗教・階級・階層など）から起こっていることを認識し，政府と民間がともに，この認識で対策に取り組む必要があるが，「女性への暴力撤廃宣言」(1992) や政策プログラムは，国に対して法的拘束力や不履行に対する制裁力を持たないため，法的拘束力を持つ「女子差別撤廃条約」と「国連世界会議の行動計画」を連動させながら，CEDAW が監視を行うことが重要な役割である。そして，CEDAW としては，日本政府のスローな保守的な変化に対して急速な要請を求め，例えば DV 防止法に配偶者からの暴力以外の暴力も含めること，レイプへの量刑強化，刑法に近親のレイプを含めること，外国人在留資格取り消し問題の見直し，従軍慰安婦問題の継続的解決策の発見，女性や少女への人身売買に関する組織的モニタリングシステムとデーター収集，適切な処罰と総合的な戦略などが要請されている。これらの問題は続く分科会「人身売買被害者支援に向けて」「性暴力被害者支援に向けて」「法制度の整備に向けて」で討論された。

第11回大会：全国シェルター・シンポジウム2008 in おかやま（2008年11月）
テーマ「ストップDV！とりもどそう元気　ささえよういのち」

　基調講演では，「アメリカ (30年) と日本のシェルターの歩みと課題」で，加藤洋子氏（DV 被害当事者，被害者遺族）とメアリー・ジョンソン氏（西マサチューセッツ州 YWCA 社長）から報告を受けた。加藤氏は，娘と孫を娘の夫から殺されるという悲惨な事件に遭遇し，その後亡き2人そして DV で亡くなった人の声となり，DV 被害者へのアドボケイト活動をし，現在は MOVA (Massachusetts Office for Victim Assistant, 1984年設立) の理事を務め，犯罪被害者の権利の擁護の活動に携っている。MOVA は，DV，殺人，セクシャルアサルト，子ども虐待，老人虐待，身体障害者虐待，飲酒運転などによる犯罪被害者の支援をしており，DV もすべての暴力犯罪被害者と同様に，裁判での支援や公的福祉的保護が受けられるような社会システムの構築に向けて活動が進められている。また，メアリー・ジョンソン氏は西マサチューセッツ州 YWCA を活動基盤にして，DV 被害者のシェルターは住所や存在を秘密にするという今までの常識を覆し，開放型シェルターをキャンパスとしてオープンさせた (2004年)。

もともとYWCAは140年前の設立以来，女性と少女の安全のためのプログラムを提供し，最初は未婚の母への住居支援プログラム（TTLP；Teen Transitional Living Program）であり，次の段階では仕事への機会提供プログラムであり，最後がシェルターで，ホームとしてオフィスも兼ねる形をとり，開放型シェルターとなったのである。

　この基調講演は，DV被害者を暴力犯罪被害者という広範な社会的枠組みの中に同定することで，シンポジウム「性暴力禁止法の制定にむけて」及び分科会「性暴力禁止法をつくろう」へと活動が繋がり，これからの全国シェルター・シンポジウムの方向性を示唆したといえよう。分科会では，「性暴力被害者の安全確保と権利擁護のために必要な支援システム」が提示された。①支援者のネットワーキング（専門家混成チームの必要性，性暴力対応チームSART・SANEの立ち上げ），②性暴力被害者相談支援センターの設置（24時間対応，SANEの派遣，警察や児童相談所との連携，法的解決，長期的展望に立った支援，研修と訓練，加害者対策と更生トレーニング，法整備，予防と教育など），③被害者に対する初期面接の提供（合同面接モデル，個別面接モデル，子どもアドボカシーセンターやワンストップセンターでの司法面接など），④専門スタッフの養成と訓練などである。

　分科会に関しては，この大会では20本が準備されたが，大きな流れとしてはDV防止法を有効に活用しながら，被害者の回復と自立への道筋や，DV以外の被害者（被災者・妊婦・高齢者・性同一性障害者・外国人など）への支援の道筋が活発に討論された。

4　まとめに代えて

　以上，11回の大会の動向を概観したが，次の3点にまとめてこの章を締めくくりたい。
① 　各大会の基調講演では，日本より10〜20年早くからDV防止運動を行ってきたアメリカ（6名），韓国（3名），オーストラリア（1名）からそれぞれゲストスピーカーを迎えて，今後，日本でDV防止支援活動を展開する上で貴重な歴史や体験が話された。
② 　1998年から2001年のDV防止法制定までの初期では，どのようなDV防止

法を要求し，地域にシェルターをどう立ち上げ運営するか，関係機関と連携して女性や子どもの生活をどう支援するかであった。中期では具体的に，行政や司法とどのように協働し責任を果たすか，サポート・スタンダードやマニュアルをどう作るか，支援者のセルフケアをどう確保するかであった。2005年以降の後期では，加害者の法的責任や教育プログラムのあり方，マイノリティ女性の問題，性暴力防止法に向けての協働などが話し合われた。

③ 行政・司法・NPOとの協働，子どものケアから児童虐待防止運動との協働，DVから性暴力防止運動との協働，障害者・高齢者・マイノリティの人々との協働などが模索され，それらの活動を通して「暴力のない社会の実現」へと，目標が統合されてきたといえる。

(高畠克子)

第2章　アメリカにおけるDV防止への取り組みの変遷

　アメリカでは，1970年代のフェミニズム運動の中からシェルター運動が起こり，全米にシェルターが拡がった。シェルターに駆け込んできたDV被害者の実態が明らかになるにつれ，支援者たちは，その関心を法システムに向けるようになる。草の根的なロビー活動の結果，1983年には，ほとんどの州にDV防止法ができ，1984年に「家族虐待防止サービス法」，1994年に「女性への暴力防止法」が制定され，2000年には，これを大幅に強化した「女性への暴力法2000」が成立している。

　最近の動向として，日本ではDVとして概念化されたものが，アメリカでは，IPV（親密なパートナーによる暴力）という言葉で統一されつつある。これは，単なる呼び名の変更にとどまらず，DVの理解が大きく変化したことを意味する。「男性から女性へ」という定式が崩壊し，ジェンダーの問題は，多様に存在する抑圧構造の一つとして相対化され，人種・文化・階級など被害者の多様な背景を視野に入れたDV支援が展開されるようになった。これは進歩とも言えるが，専門主義が強化され，提供されるサービスが父権的なものとなったことも否めない。フェミニストたちは，今こそ，フェミニスト・アプローチに立ち返り，個々のサバイバーの声に耳を傾け，被害者の安全を支える関係とコミュニティを尊重し，経済的にエンパワメントすることが重要であると提起している。

1　第2波フェミニズム運動が明らかにした女性への暴力

（1）社会が女性への暴力を受け入れていた時代

　女性たちは，男性のパートナーによって暴力をふるわれ，レイプされ，殺されてもきたが，アメリカ社会においても，この種の危険に法が保護を与えるようになったのは，1970年代後半になってからである。妻を親指より太い鞭で殴ってはいけないというイギリスのCommon Lawの「親指の法則」は有名であ

るが，これは，裏返してみれば，節度ある方法で夫は妻を身体的に懲罰を与える合理的権利があるというものであり，アメリカの裁判所も長い間，これを受け入れてきた。

　1871年，アラバマ州とマサチューセッツ州を皮切りに，全米で妻の殴打は違法になったものの，他人が行えば重罪である暴力行為であっても，夫が行えば軽犯罪であり，夫からのレイプは，刑法の性犯罪の例外とされていた。社会・文化的規範に支えられる形で，警察も裁判所も，夫婦間の暴力はプライベートな問題として，介入に消極的だったため，女性たちは，誰にも助けを求めることができなかった。メンタルヘルスの専門家たちはといえば，被害者の方を病理化し，冷感症であるとか，支配的であるとか，マゾキストであるとし，パートナーの攻撃性を引き起こす隠された無意識の葛藤を治療するようにと勧めていた。

（2）バタードウーマン・ムーブメント

　大きな変革が起きたのは，1960年代の終わりから1970年代にかけて起こった第2波フェミニズム運動によってである。この運動の中で，CR（Consciousness Raising）と呼ばれるグループ活動が活発に行われ，女性たちは，沈黙を破って，DV，レイプ，インセストなどの秘密を語り始めた。CRグループとは，「個人的なことは政治的である（Personal is political）」を合言葉に，個々の女性の問題だったものを普遍化し，それが家父長制や男性中心主義から生じていたことに気づく「意識覚醒（CR）」を最終目標にして，10名前後の女性たちが定期的に集まって，女性として生きてきた自分たちの体験を語り，共有しあうグループのことである。長い間，「こんな目に遭っているのは私だけだ」と考え，辛い被害体験を胸に秘めてきた女性たちが，CRグループという守られた空間の中で，自らの体験を語り始めた。こうして，それらは決して特殊な個人的な体験ではなく，普遍的な問題であるということが明らかにされていった。

　これを受ける形で，反レイプ，バタードウーマン運動などの女性たちの草の根運動が展開し，「男性から女性に対するパワーとコントロールとしての暴力」が概念化され，ホットラインやシェルターなど，被害者の救援組織が次々に立ち上がっていった。1972年，全米初のホットラインがミネソタ州セントポール

市に，初のシェルターがカリフォルニア州パサデナ市に開設され，1970年代後半から1980年代初頭にかけて，女性の支援組織が全米に拡がり，1981年には500,1983年には700とシェルターの数は増えていった。

シェルターは，一時的な住居と食べ物，衣服を提供したが，社会変革の中核としても活躍した。シェルターのスタッフたちは，女性への暴力について，被害者である女性，コミュニティのメンバー，一般市民を啓発し，被害者を責めるのでなく，被害者の経験を尊重し，必要なサービスが受けられるように支援を行った。

2 女性への暴力に対するアメリカ社会の対応

(1) 法システムの見直しと改正

シェルターに駆け込んできたDV被害者の実態が明らかになるにつれ，支援者たちは，その関心を法システム，とりわけ刑事司法システムに向けるようになった。草の根的なロビー活動の結果，1976年に，ペンシルバニア州が全米初のDV防止法を制定し，1983年には，ほとんどの州にDV防止法ができた。1984年には，「家族虐待防止サービス法（Family Violence Prevention and Services Act）」が可決され，女性虐待の犠牲者に対する連邦プログラムおよび，予算が採択された。

1977年に，オレゴン州で，全米初の「義務的逮捕法（Mandatory Arrest Statute）」が制定された。1985年には，夫からの暴力を訴えながらも，警察に無視され重傷を負わされた女性が，警察当局と市を訴え，巨額の損害賠償を受ける判決を勝ち取った事件を契機に，全米の警察の対応は大きく変わることになった。DV防止には，加害者の逮捕がもっとも効果的であるとする犯罪学者の研究（ミネアポリス実験，Sherman et al., 1984）の影響も大きく，1992年までに，15州でDV加害者の義務的逮捕を命じる法律が制定され，19州で保護命令違反者の義務的逮捕を命じる法律が制定された。2005年には，26州とワシントンD.C.で義務的逮捕もしくは積極的逮捕政策が取られている。

1994年には，フットボール界のスーパースターであるO. J. シンプソンが，前妻ニコルとそのボーイフレンドを殺害した疑いで起訴される事件が発生し，全

米中が裁判報道にくぎ付けになった。この年，被害者からの相談件数が急激に増加したと言われている。結局，無罪評決が下されたが，DVに対する一般的関心が一気に高まり，DVは深刻な犯罪であるとの認識が拡がった。この裁判では，前年，被害者が告訴を取りやめたために，検察側がシンプソンを起訴できなかったという経緯があり，「起訴強制政策」についての議論も活性化した。

同1994年には，クリントン政権下で，「女性への暴力防止法 (Violence Against Women Act=VAWA)」が制定され，各州におけるDV対策実施を義務づけ，州の施策を支援するための予算措置を定め，さらに，DV事件が複数の州にまたがる場合，そのうちの一つの裁判所の判決が他の州でも効力をもつという内容を規定した。2000年には，これを大幅に強化する法律「女性への暴力防止法2000 (Violence Against Women Act of 2000)」が成立した。この法律は，2005年までの間，毎年1億8,500万ドルの連邦予算の支出を認め，うち警察に25％，検察に25％，NGOによる被害者支援システムに30％，裁判所に5％の予算を配分するとした。シェルターには毎年1億7,500万ドルの予算を支出することができるとしている。この法律は，2005年に改変され，10代の若者のデートDVの予防や被害者の住居支援などへと支援対象が拡大されていった。

(2) ワシントンD.C.の例

「義務的逮捕法」は，DV加害者の逮捕率を劇的に増加させた。ワシントンD.C.を例にとると，1990年には，被害者が通報したDVケースのうち逮捕されたのは5％にすぎなかったが，1991年の「義務的逮捕法」によって，41％にまで増加した。とはいえ，被害者が告訴を取り下げると，検察はほとんど自動的に起訴を取り下げていたため，1995年の段階では，起訴に至ったDV事件のうち，有罪判決が認められたのは全体の15％にすぎなかった。そこで，起訴が提起され，事件に関する証拠が十分な場合には，被害者が取り下げを希望しようとしまいと，起訴を取り下げないで裁判を進行させるという「ノードロップ方針（起訴強制政策）」が採用され，さらに，1996年，刑事と民事裁判を統合した「DV法廷 (DV court)」が開設された。これらの変化によって，それまで年間30件起きていたDVによる殺人事件が，3件にまで減ったといわれ，初代裁判長であるミリケンは，「これほど大幅な変化を身近に経験するとは夢にも思っておらず，

私たちの仕事は殺人を減らすことだと誇りを持って言うことができる」と発言している（NMP研究会ら，2001：48）。

筆者は，2003年にこのDV法廷を視察したが，刑事と民事裁判が統合されているというだけではなく，第一審裁判所の中に「DV法廷受付センター」があり，被害者が即座に，必要なサービスが受けられるようになっていることが特徴的だった。そこには，関連機関やさまざまなNPOの事務所が入っていた。このようなサービス・システムは，「コーディネートされたコミュニティ・レスポンス（coordinated community response）」と呼ばれ，1980年に，ミネソタ州ドゥルースで始まった。警察，検察，判事，その他裁判所関係者，DVアドボケイト，ソーシャル・サービス提供者らが一緒になって，被害者を支援する仕組みであり，全米に広がった。さらに，1カ所で，このようなサービスをすべて受けられることが重要であることから，司法省はそのようなセンターを作ることに助成金を出している。ワシントンD.C.の「DV法廷受付センター」はこういったセンターの中核になっており，関係者は，「ワンショッピングセンター」と呼んでいた。このように被害者の便宜を最優先させる姿勢は，日本における縦割り行政，さらには行政と民間機関との溝がある実態とは対照的である。

（3）法システムの成果

2000年に司法省司法統計局が発表した「親密なパートナーによる暴力」の特別報告書によれば，過去四半世紀における変化として，DV殺人件数が減少したことが指摘されている。DV殺人事件は，1976年に全米で約3,000件であったが，1998年には約1,830件となった。ただし，1998年に発生したおよそ100万件のDV犯罪のうち，85％の事件の被害者は女性であったにもかかわらず，殺害された女性の数はわずかに減少したにすぎず，殺害された男性は60％減少したという。警察の積極的介入によって，女性が自己防衛のために男性を殺害してしまうような事例が減少したためと考えられており，これを皮肉と捉えるむきもある。

なお，上述したミネアポリス実験は，その後の追試で実証されず，逮捕は短期的には効果があるが，逮捕から一年以上が経過する頃には，効果は消滅するらしいということが示唆された（Sherman et al., 1984）。追試としてなされたミル

ウォーキー実験では，逮捕の再犯抑止効果と加害者の雇用状況に相関関係が見出され，法に従うことがどれほどの利害をもたらすかによって決まるとされた (The Milwaukee Police Department, 1990)。さらに，このような強硬な方針が，被害女性の個別的な事情を無視し，とくに，移民やアフリカ系アメリカ人などのマイノリティにとっては，かえって不利益を招くことも少なくなく，現在では，このような政策がどこまで女性の安全を保証できるのかには疑問が持たれている。

とはいえ，ドメスティック・バイオレンス防止政策が，社会規範に与える影響を検討したSalazarら（2003 : 253-264）の研究では，刑法による政策を認知することが，被害者を責める姿勢に影響を与えるなど，新しい社会的規範を作ることで，被害者や加害者に良い影響を与えるだけでなく，コミュニティ全体に変化をもたらすものであることが明らかにされており，女性への暴力に対するアメリカ社会の対応が，一定の成果を上げてきたことがうかがわれる。

3 メンタルヘルス領域におけるDV被害者支援と研究

(1) 初期の研究

初期のDV研究の中心は，何といっても，"The Battered Woman"（1979）に始まるWalkerの一連の著書だろう。"Battered Woman Syndrome"（1984），"Terrifying Love : Why Battered Women Kill and How Society Responds（恐怖の愛――なぜバタード・ウーマンは殺人を犯し，社会はどう反応するか）"（1989），などである。Walkerの「学習された無力感」や「暴力のサイクル理論」は，後に批判を受けるようになるが，それまで，メンタルヘルスの専門家たちが，被害者の攻撃性やマゾキズムの病理を問うていたことを考慮すれば，これらがDVという暴力の結果であり症状であることを明らかにした，画期的な研究であったと評価できる。

1980年に，DSM-III（APA, 1980）にPTSDという概念が付け加えられると，この視点から被害女性の症状を理解しようとする研究が始まり，1990年代に入ると，DV被害者の抱える心理的影響は，ほとんどこの枠組みで理解されるようになる。但し，この枠組みは，他のトラウマとの違いを見えにくくするため，

Herman (1992) は「複雑性 PTSD」という新たな診断名を提起するようになる。支援としては，心理力動的，心理教育的，認知行動的アプローチなどを使った心理療法も行われてきたが，持続する暴力や経済的依存，失業やホームレス，家族やコミュニティからの孤立など，外的条件も無視できない。Gondolf & Fisher (1988) など，DV 被害者をサバイバーとして理解し，彼女たちが持つ力を明らかにする研究が相次ぎ，彼女たちが抱えている心理的問題以前に，安全を妨げる外的な障害があることが指摘されるようになった。内的問題と外的問題の橋渡しするものとしてフェミニスト・セラピーがあり，例えば，Walker (1994) は，フェミニスト・セラピーとトラウマ理論を統合し，「サバイバー・セラピー」という新しいカテゴリーを作り出している。

　1991年，アメリカ心理学会では，「心理学における女性」の委員会が，「女性に対する男性の暴力」のタスクフォースを設置し，レポートを公刊しているが，心理学関連の学会で，DV 支援が積極的に取り上げられるようになるのは，2000年になってからである。アメリカ心理学会のコミュニティ心理学部会 (devision27) による『アメリカ・コミュニティ心理学雑誌』，および『コミュニティ心理学雑誌』はどちらも1973年に創刊されているが，2000年に特集された「コミュニティ心理学にフェミニズムを織り込む」では，コミュニティ心理学とフェミニズムには共通する原理が少なくないにもかかわらず，その橋渡しをする研究は見えにくく，あえてこの特集を組んだとしている (Bond et al., 2000)。ここで，「コミュニティ心理学における女性とフェミニズムの視点の歴史」が分析されているが，女性の被害に関するもので言えば，第4段階 (1985-1989年) と位置づけられる段階で，セクシュアルハラスメントをめぐる社会活動に関する研究が挙げられているのみであるという。この論文は，女性研究者たちが経験してきたセクシュアルハラスメントに関する調査であり，自分たちの所属するコミュニティの男性優位主義を解決していかなければ，弱者である女性の問題を公式に取り上げることは難しく，チャレンジであったのだろうと推測される。

　例外としては，Mitchell & Hodson (1983) の「ドメスティック・バイオレンスに対処する：バタード・ウーマンのソーシャルサポートと心理的健康」と，Sullivan & Davidson Ⅱ (1991) の「虐待的なパートナーの元を去る女性たちに提供すべきアドボカシー・サービス：短期的効果の検討」という2つの研究が

ある。前者は，暴力の程度がひどいほど，個人的資源が少ないほど，ソーシャルサポートが欠けるほど，回避というコーピングスタイルが増加するほど，自己評価は低くなり抑うつ症状が強くなることを明らかにした。そこで支援者は，シェルターに入所した女性たちが加害者との関係を解消したかどうかに眼を向けるだけでなく，シェルターで，女性たちの社会的接触，コーピング，自己コントロール感，自己評価などを高めることのできるプログラムを提供することが力になるとした。シェルターのワーカーたちは，加害者の元を去りたいと望む女性を好む傾向があるという指摘がある（O'Brien et al., 1993）が，これは，支援者への戒めにもなるだろう。

（2）被害女性へのアドボカシー介入の効果に関する研究

　前述した「虐待的なパートナーの元を去る女性たちに提供すべきアドボカシー・サービス：短期的効果の検討」では，シェルターを出る女性に1対1のアドボケイターをつけることで，被害女性が社会資源をうまく利用して自立する可能性が高まることを見出したものである。著者の一人であるSullivanは，1982年から女性への暴力に関するアドボケイトをしながら，DV被害女性と子どもへのコミュニティ介入とその評価を専門にする研究者でもある。1991年のこの小レポートは，1986-1988年，パイロット的に行われた「コミュニティ・アドボカシー・プロジェクト」の報告であり，その後政府の助成金を得てさらに発展させた。Sullivan and Bybee（1999）の「虐待的パートナーとともにいる女性への暴力を減らすためのコミュニティに根ざしたアドボカシーの利用」，Bybee and Sullivan（2002：103, 132）の「アドボカシー介入が長期にわたってバタード・ウーマンに肯定的変化を与えるプロセス」，Sullivan（2003）の「親密な関係にある男性から女性への暴力を減らすためのESIDモデルの利用」として報告がなされている。

　2003年の研究は非常に興味深い研究なので，簡単に紹介すると，シェルターの女性たちに10週間，準専門家であるアドボケイターを1対1ではりつけてサポートし，直後，半年後，1年後，2年後の状態を比較調査した。ここでいうアドボケイターは，大学の女子学生から募集を行い，オリエンテーションを経て，2学期にわたるコミュニティ心理学の授業を受けてもらい，共感と積極的

傾聴訓練，女性虐待の事実，コミュニティ資源を査定して利用する戦略，危険性をはらむ状況に関する討論などを行った。アドボケイトと女性の安全は優先課題であり，暴力を減らすための安全計画，暴力に直面した時の対処方法（即座に逃げること，問題が起これば必ずスーパーバイザーに相談すること）を伝えられた。トレーニング後，週4～6時間が被害女性のために使われ，5～7名の学生と2人のスーパーバイザーによるスーパービジョンセッションが，毎週行われた。10週間にわたるアドボカシー介入は，被害女性がコミュニティ資源をうまく利用することを促進し，ソーシャルサポートを強化して，その結果，全般的なQOL（Quality of Life）が高まり，抑うつ感が減り，後の暴力を減じていた。ソーシャルサポートとは，暴力から逃げるだけでなく，暴力の脅しに対して，積極的援助を求めることを可能にし，雇用，住居，子育ての援助資源にアクセスし，自立性を向上させることに貢献していた。

さらに，Bybee and Sullivan（2005）の「シェルター・プログラム終了3年後のバタード・ウーマンの再被害化の予測」が発表され，アドボカシー介入の2年後までは，暴力が減少する効果があったが，3年後を調べると，19％が，シェルターを出た2年後から3年後の間に，DVを経験していた（65％が現在のパートナーから，35％が過去のパートナーから）。それでも，3年前のアドボカシーは，女性のQOLとソーシャルサポートのレベルには肯定的影響を与え続けていた。3年後の再被害化は，シェルターを出てから2年後に見られたリスク要因と関連しており，2年後に，①雇用されていたか，②QOLが上がっていたか，③ネットワークの中で実践的に助けられ，個人的な話を聞いてくれる人があったかと，負の相関があった。コミュニティは，介入の場であるだけでなく，被害者にとって社会的資源でもある。

「DVがあれば，逃げるのが一番」という単純な考え方は，逃げるためのさまざまな障壁や，逃げることによって逆に高まるかもしれない危険性，さらに，女性たちの主体性を無視していると考えられる。女性たちが暴力から自由になるために必要なことは，複雑なプロセスの中にある。ほぼ20年にわたる一連の研究は，どんな支援があれば，逃げることが可能になるのか，逃げないという選択肢を取っても，暴力から逃れることが可能になるのかなどを考えさせる貴重な研究である。なお，アドボカシー，アドボケイトという概念は，日本では

まだ十分に受け入れられていないが，アメリカでは，さまざまな形で多くのアドボケイターたちが活躍してきた。日本のNPOや民間支援団体には，アドボケイターにあたる仕事をしていると考えられる人々がおり，婦人相談員を一種のアドボケイターと意味づけることもできよう（村本，2004）。

（3）人種・文化・階級など被害者の多様な背景を視野に入れた支援と研究

　2000年に入ると，DV関連の研究が増えてくる。「都心部に住むアフリカ系アメリカ人女性に見られるパートナーからの暴力，ソーシャル・サポート，そして苦痛」（Thompson et al., 2000），「アメリカインディアンに見られるドメスティック・バイオレンスについて，フェミニスト分析からのコミュニティの重要性」（Hamby, 2000）など，多様な人種や文化を持つマイノリティに焦点化した研究が急増したことも特徴だろう。フェミニスト心理学の歴史を追っても，1995年，アメリカ心理学会から出版された『文化的多様性とフェミニスト心理学のかけ橋：理論，調査，実践』は，女性部会が白人中流階級中心の心理学だったことを反省し，人種，階層，文化の違いに眼を向け，統合していこうとする動きから，「フェミニスト心理学の文化的多様性の専門調査委員会」をつくり，協働で取り組んだ結果を出版したものである（Landrine, 1995）。

　一方，Yoshihama（2002：429-452）の「バタード・ウーマンのコーピング戦略と心理的苦痛：移民の立場による違い」では，同じ日系アメリカ人であっても，日本生まれの女性たちは，アメリカ生まれの女性と違って，「アクティブ」な戦略は有効でなく，用いない傾向があることが，日系アメリカ人の調査で示された。しかも，日本生まれの人たちでは，「アクティブ」戦略を有効であると考える人ほど苦痛は増加し，アメリカ生まれの日系アメリカ人はその逆であった。このような複雑な関係を見ると，有効な援助の方向性を探るためには文化的要因に眼を向けることが欠かせない。

　2005年の『アメリカ・コミュニティ心理学雑誌』の36巻1-2号では，14本の掲載論文中10本がDVに関するものとなっており，タイトルとしては，「ドメスティック・バイオレンスと女性の雇用」（Tolman et al., 2005），「IPVが低所得層の女性の健康と雇用に与える影響」（Staggs et al., 2005），「IPVを経験している妊婦のファミリーサポートとメンタルヘルス：人種の違いの分析」（Jones et al.,

2005),「IPVを経験しているアフリカ系アメリカ人に見られる自殺企図のリスクの防止要因」(Meadoros et al., 2005) などである。経済的要因についても眼が向けられており，DVは女性の雇用状態を悪化させ，さらに経済状態が悪化すること，慢性的な暴力が女性の健康を妨げることで，DVは雇用の妨げになっていることなどが指摘されている。

Liangら (2005) の「IPVサバイバーの救援プロセスを理解するための理論的枠組み」では，DVに関する初期の研究は，加害者と被害者の個人的特性に関するものだったが，その後により広範な社会文化的文脈に眼が向けられるようになり，現在では，生態学的・文脈的アプローチによって，被害者のソーシャルサポートの質，量，影響を検討する研究，さらに被害者がそのようなサポートにアクセスする方法についての研究が増えていることが指摘されている。この研究は，暴力に直面した時，助けを求める決意に影響を及ぼす要因を探るもので，個人的・対人関係的・社会文化的要因（個人のトラウマ歴，虐待的パートナーの強制と脅迫，文化的・宗教的集団との同一化，経済資源へのアクセス，主な公的サポートの認識とアクセス可能性，救援に関する一般的信念を含む）が複雑に影響し合った多層構造になっていることを示し，①問題を定義する，②助けを求めることを決意する，③サポート源を選ぶ，の3つのプロセスがあるとしている。したがって，援助機関には，サポーター中心の援助でなく，当事者中心の援助が求められ，当事者のニーズに合わせた柔軟で適応的な選択肢が用意されている必要があると結論づけている。このように，現在では，多様な背景を持つ被害者に，多様な対応ができる支援が重視されるようになってきた。

4　DVからIPVへ

親密なパートナーから女性への暴力を，ここまで一括してDVという用語で表現してきたが，現在，アメリカでは，IPV (Intimate Partner Violence：親密なパートナーによる暴力) という言葉で統一されつつある。これまで，アメリカでも，ファミリー・バイオレンス，コートシップ・バイオレンス（交際中の暴力），ドメスティック・バイオレンス，配偶者虐待，マリタル・バイオレンス（婚姻中の暴力），親密なパートナーの暴力など，さまざまな用語が同じように使われてきた

が，実際には，それぞれ異なった文脈で使われていた。1990年代後半，CDC（アメリカ疫病予防対策センター）は，一貫性のある用語を使って研究をすることを推奨し，専門委員会を作って，この問題を解決しようと取り組み，1999年，さまざまな関係のバリエーションを含むものとして，IPV を採用し，ガイドラインを発行した（Saltzman et al., 1999）。前節で紹介した『アメリカ・コミュニティ心理学雑誌』第36巻でも，急激に IPV の表現が増えているが，現在では，ほぼ，この用語で統一されつつある。

　このことは，単なる呼び名の変更にとどまらず，DV の理解が大きく変化したことを示している。すなわち，「ジェンダーの対称性」という問題である。家庭内暴力の先駆者として著名な社会学者 Straus は，1970年代初めより家庭内暴力の研究を始め，1975年にはいち早く，ニューハンプシャー大学に家庭内暴力研究所を立ち上げた。Straus ら（1980）は，8年にわたる全米2,143家族を対象にした研究報告書 "Behind Closed Doors : Violence in the American Family（閉ざされた扉のかげで）" を発表し，10年後の1990年に8,145家族を対象に新たな調査結果を発表している（Straus et al., 1990）。

　この結果から，さまざまな形態の家庭内暴力が，アメリカのごく普通の家庭に広く存在することが明らかになったが，これらの調査では，妻から夫への暴力が夫から妻への暴力より，わずかではあるが上回っており，DV におけるジェンダーの役割についての論争の引き金となった。レズビアンのカップルにおいても DV が発生しているという調査結果もあり，女性は被害者であるばかりでなく，加害者でもあるといわれた。この論争は，研究者間から一般の人々にいたるまで拡がり，DV は社会文化的に構築されたジェンダーの不平等に由来し，男性が加害者であり，女性が被害者だという「古い」フェミニスト的観点は時代遅れであり，間違っていると指摘する学者や運動家が現れた（Hamel, 2005 ; Straus, 2006）。

　2009年，アメリカ心理学会（APA）から出版された "Preventing Partner Violence : Research and evidence-based Intervention Strategies"（Whitaker et al., 2009）には，Straus が書いた "Gender Symmetry in Partner Violence : Evidence and Implications for Prevention and Treatment" という1章があり，「ジェンダーは対称的である」と明記されている。200以上の研究において，男女の加害率

はほぼ同率であり、ほとんどの場合、相互的暴力であるという。暴力が一方向的な場合も、加害者が男性である場合と女性である場合は、ほぼ同じであるという。若い恋人たちの間では、女性加害者の方が上回っている。程度の激しい身体的暴力についても同様であるが、男女差が見られるのは、男性が加害者の場合の方がわずかながら怪我の深刻度と恐怖が増すという点によるものである。

親密な関係における暴力には、人種、文化、階級など多様な背景が関わっており、支援を考える上でも、多様性を視野に入れるべきであるというDV研究の成果と進展があり、IPVという用語への統一によって、「男性から女性へ」という単純な定式が崩壊した。フェミニズム運動の中から炙り出されてきたDVであったが、ジェンダーの問題は、多様に存在する抑圧構造の一つとして相対化されたと言えるだろう。

5 アメリカのDV被害者支援の今後

このような流れの中で、アメリカ心理学会から出版されたGoodman & Epstein（2008）による"Listening to Battered Women : A Survivor-Centered Approach to Advocacy, Mental Health, and Justice"は貴重な1冊だろう。これによれば、最近の警官のトレーニングでも、「法もシステムも変わって、もう十分なんじゃないの？」との声があがり、これは多くの裁判官、判事、警官、メンタルヘルスの専門家や民間の支援者にさえ見られる本音であるという。2000年代に入り、DV対策に、法的にも政治的にも多大なエネルギーがつぎこまれ、そろそろ辟易しているということだろうか。DVに関する理解も支援も洗練され、高度に専門化されたことで、ヒエラルキーと専門主義が強化され、支援が、画一的にサービス提供者側によって規定されるという傾向が見られるようである。かつては草の根的な運動の中にあったシェルターのスタッフたちも、今では専門家たちであり、提供されるサービスが父権的なものとなっているとも言われている。Goodman & Epstein（2008）は、今こそ、DVへのフェミニスト・アプローチに戻り、①個別のサバイバーたちの声に耳を傾けること、②被害者の安全を支える関係性とコミュニティを尊重すること、③経済的なエンパワメントが重要であると提起している。日本における今後のDV支援の方向

性を考えるうえでも示唆に富む見解であろう。

引用・参考文献

American Psychiatric Association (APA). (1980) *Diagnostic and Statistical Manual of Mental Disorders (3rd ed.)*, Washington, DC : Author.

Bond, M. A. and Mulvey, A. (2000) *A History of Women and Feminist Perspectives in Community Psychology*. American Journal of Community Psychology, 28 (5), pp. 599-630.

Bybee, D. I. and Sullivan, C. M. (2002) The Process Through Which an Advocacy Intervention Resulted in Positive Change for Battered Women Over Time. American Journal of Community Psychology, 30 (1), pp. 103-132.

Bybee, D. I. and Sullivan, C. M. (2005) Predicting Re-Victimization of Battered Women 3 Years After Exiting a Shelter Program. American Journal of Community Psychology, 36 (1), pp. 85-96.

Goodman, L. A. and Epstein, D. (2008) *Listening to Battered Women : A Survivor-Centered Approach to Advocacy, Mental Health, and Justice*. Washington DC : American Psychological Association.

Gondolf, E. W. and Fisher, E. R. (1988) *Battered Women as Survivors : Alternatives to Treating Learned Helpfulness*. Lexington, MA : Lexington Books.

Hamby, S. L. (2000) The Importance of Community in a Feminist Analysis of Domestic Violence among American Indians. American Journal of Community Psychology, 28 (5), pp. 649-669.

Hamel, J. (2005) *Gender-inclusive Treatment of Intimate Partner Violence : A Comprehensive Approach*. New York : Springer.

Herman, J. L. (1992) *Trauma and recovery*. New York : Basic Books. (=1996年, ジュディス・ハーマン／中井久夫訳『心的外傷と回復』みすず書房).

Jones, S. M., Bogat, G. A., Davidson, W. S., von Eye, A. and Levendosky. A. (2005) Family Support and Mental Health in Pregnant Women Experiencing Interpersonal Partner Violence : An Analysis of Ethnic Differences. American Journal of Community Psychology, 36 (1-2), pp. 97-108.

小島妙子 (2002)『ドメスティック・バイオレンスの法：アメリカ法と日本法の挑戦』信山社。

Koss, M., Goodman, L., Browne, A., Fitzerald, L., Keita, G., & Russo, N. (1994) *No Safe Haven : Male violence against women at home, at work, and the community*.

Washington, DC : American Psychological Association.

熊谷文枝(2005)『アメリカの家庭内暴力と虐待』ミネルヴァ書房。

Landrine, H. (Ed.) (1995) Bringing Cultural Diversity to Feminist Psychology : Theory, Research and Practice. American Psychological Association.

Liang, B., Goodman, L., Tummala-Narra, P., and Weintraub, S. (2005) A Theoretical Framework for Understanding Help-Seeking Processes Among Survivors of Intimate Partner Violence. American Journal of Community Psychology, 36 (1-2), pp. 71-84.

Meadows, L. A., Kaslow, N. J., Thompson, M. P., and Jurkovic, G. (2005) Protective Factors Against Suicide Attempt Risk Among African American Women Experiencing Intimate Partner Violence. American Journal of Community Psychology, 36 (1-2), pp. 109-121.

Mitchell, R. E. and Hodson, C. A. (1983) Coping with Domestic Violence : Social Support and Psychological Health among Battered Women. American Journal of Community Psychology, 11 (6), pp. 629-654.

村本邦子(2004)「専門家の限界とアドボケイトの可能性」『被害者支援におけるアドボケイトの意義と可能性』NPO法人FLC安心とつながりのコミュニティづくりネットワーク,1-14頁。

NMP研究会・大西祥世編著(2001)『ドメスティック・バイオレンスと裁判:日米の実践』現代人文社。

O'Brien, K. M., & Murdock, N. L. (1993) Shelter Workers' Perceptions of Battered Women. Sex Roles, Vol. 29, pp. 183-194.

Salazar, L. F., Baker, C. K., Price, A. W. and Carlin, K. (2003). Moving Beyond the Individual : Examining the Effects of Domestic Violence Policies on Social Norms. American Journal of Community Psychology. 32 (4).

Saltzman, L. E., Fanslow, J. L., McMahon, P. M. & Shelley, G. A. (1999) Intimate pavtner violence surveillance : Uniform definitions and recommended data elements (Version 1.0). Atlanta, Ga : Center for Disease Control and Prevention.

Sherman, L. W. and Berk, R. A. (1984) The Minneapolis Domestic Violence Experiment. Police Foundation (http://www.policefoundation.org/pdf/minneapolisdve.pdf). (2009/3/31閲覧)

Staggs, S. L. and Riger, S. (2005) Effects of Intimate Partner Violence on Low-Income Women's Health and Employment. American Journal of Community Psychology, 36. (1-2), pp. 133-145.

Straus, M. A., Gelles, R. J. and Steinmetz, S. K, (1980) *Behind Closed doors : Violence in the American Family. Anchor.*（＝1981年，マーレイ，A．ストロース．／小中洋太郎訳『閉ざされた扉のかげで：家族間の愛と暴力』新評論）。

Straus, M. A. & Gelles, R. J. (eds.). (1990) *Physical Violence in American Families.* Transaction Publication.

Straus, M. A. (2006) Future Research on Gender Symmetry in Physical Assaults on Partners. Violence Against Women, 12, pp. 1086-1097.

Straus, M. A. (2009) Gender Symmetry in Partner Violence: Evidence and Implications for Prevention and Treatment. In edited by Whitaker, D. J. & Lutzker, J. R. 2009. *Preventing Partner Violence.* Washington DC: American Psychological Association (APA), pp. 245-271.

Sullivan, C. M. and Davidson II, W. S. (1991) The Provision of Advocacy Services to Women Leaving Abusive Partners: An Examination of Short-term Effects. American Journal of Community Psychology, 19 (6), pp. 953-960.

Sullivan, C. M. and Bybee, D. I. (1999) Reducing Violence Using Community-based Advocacy for Women with Abusive Partners. Journal of Consulting and Clinical Psychology. 67 (1), pp. 43-53.

Sullivan, C. M. (2003) Using the ESID Model to Reduce Intimate Male Violence Against Women. American Journal of Community psychology, 32 (4), pp. 295-303.

The Milwaukee Police Department (1990) Milwaukee Domestic Violence Experiment, 1987-1989. Ministry of Justice. (http://www.justice.govt.nz/publications/global-publications/f/family-violence-and-the-pro-arrest-policy-a-literature-review-december-2006/appendix-b-milwaukee-experiment, 2009／3／31閲覧）

Thompson, M. P., Kaslow, N. J., Kingree, J. B., Rashid, A., Puett, R., Jacobs, D. and Matthews, A. (2000) A. Partner Violence, Social Support, and Distress Among Inner-City African American Women. American Journal of Community Psychology, 28 (1), pp. 127-143.

Tolman, R. T. and Wang, H. C. (2005) Domestic Violence and Women's Employment: Fixed Effects Models of Three Waves of Women's Employment Study Data. American Journal of Community Psychology, 36 (1-2), pp. 147-158.

Walker, L.E.A. (1979) *The Battered Woman.* Harper & Row（＝1997年，斎藤学監訳『バタードウーマン：虐待される妻たち』金剛出版）。

Walker, L.E.A. (1984) *Battered Woman Syndrome.* Springer.

Walker, L.E.A. (1989) *Terrifying Love: Why Battered Women Kill and How Society Responds.* Harper/Collins.

Walker, L.E.A. (1994) *Abused Women and Survivor Therapy: A Practical Guide for the Psychotherapist*, American Psychological Association (APA).

吉川真美子 (2007)『ドメスティック・バイオレンスとジェンダー:適切手続きと被害者保護』世織書房。

Yoshihama, M. (2002) Battered Women's Coping Strategies and Psychological Distress: Differences by Immigration Status. American Journal of Community Psychology, 30 (3), pp. 429-452.

(村本邦子)

第3章　韓国におけるDV防止への取り組みの変遷

　韓国のDV根絶への取り組みは，1983年に女性運動団体である「女性の電話」の創立に始まる。女性運動団体は，妻を殴るという行為が問題行動であるという社会的合意形成に主導的役割を果たしてきたが，1998年にDVに対処するための法律である「家庭暴力犯罪の処罰などに関する特例法」及び「家庭暴力防止及び被害者保護等に関する法律」が制定され，民間の取り組みだけでなく行政の取り組みも位置づけられ，DVを取り巻く状況は大きく変わった。被害者への支援体系の整備が進み，相談所や保護施設などに対する財政的支援も行われるようになった。3年ごとに実施される実態調査の結果をもとに，次の政策戦略を構築する道筋も整い，より効果的な政策展開の試みが推進されている。しかしながら，2010年の調査結果でも，19歳から65歳未満の既婚男女間の暴力発生率は53.8％と非常に高く，DV根絶への道のりは遠い。また，制度化による問題も浮上している。例えば，相談所などの多様な運営主体の参入による問題，民間の自律性の侵害や組織の官僚化，支援体制の社会福祉の枠に制限されているがゆえの限界などである。民間主導で行われてきたDV根絶への取り組みは，制度化以降10年を経て，暴力の根絶に向けての再構築の必要性，予防的側面での政策の必要性が提起されるなど新たな局面を迎えている。

1　法律の改正によるDV対策の方向性

　韓国のDV関連法は，1997年に制定され1998年に施行された「家庭暴力防止及び被害者保護に関する法律」と「家庭暴力犯罪の処罰等に関する法律」の2つの法律からなる。これらの二法はこれまでに度重なる改正を経ながら韓国のDV対策の根拠法としての役割を果している。「家庭暴力防止及び被害者保護に関する法律」の改正で注目されるのは2006年の改正で，法律の目的を「健全な家庭を育成することを目的とする」から「家庭暴力を予防し被害者の保護・

支援を目的とする」としたことと，2009年の改正で生活支援強化を行っていることである。2006年改正では被害者の生活再建支援，被害者や被害者家族の保護支援体制の整備，3年ごとの実態調査の義務化がなされ，2009年の改正では具体的な住居支援策を明記し女性緊急電話「1366」（女性部令による規定・運営）の設置運営の法的根拠を整備した。「家庭暴力犯罪処罰等に関する法律」の改正では，2002年に法律の目的を「家庭暴力犯罪で破壊された家庭の平和と安定を回復し健康な家庭を育成する」に加えて，「被害者と家族構成員の人権の保護を目的とする」とした。2005年と2007年の改正を経て保護処分や臨時措置の関する改正が行われ，被害者や被害家族の人権保護が強化されてきた。2011年の改正で司法警察官に「緊急臨時措置」権が付与され，被害者保護命令制度も新設されたことにより，被害者の保護はより強化されてきた。また相談条件付起訴猶予制度が新設され，加害者の矯正にも力を入れる形となっている。

（1）健全な家庭の育成から被害者保護・支援へ

「家庭暴力防止及び被害者保護に関する法律」（以下，保護法）は，これまでに度重なる改正が行われてきたが，2006年の改正で，法律の目的を「この法律は家庭暴力を予防し被害者の保護・支援を目的とする」[1]と明言した。改正前には，「健全な家庭を育成することを目的とする」として家庭重視の目的となっていたが，「被害者の保護・支援を目的とする」として被害者重視へと軸足を移したのである。

法律制定時の状況において「健全な家族の育成」を目的としたことは，血縁的家族を重視し家父長的価値観が強く残っていた韓国社会において，妻に対する暴力が犯罪であることを明言し，被害者保護等の体制を整えていくにあたって，戦略的な意味をもった。しかしながら，男性優位の家族法であると批判され続けてきた戸主制が，2005年の民法改正によって廃止となり（2008年施行），2006年には予算編成において性別影響を考慮して編成するジェンダー予算制度[2]の導入が行われるなど，両性平等社会実現への環境整備が進んでいる。健全な家族の育成から被害者の保護・支援を明確にする法律への改正の背景には，こうした社会的な変化がある。

被害者の生活の再建に寄与するものとしては，被害者の解雇に対する制限（第

4条の5), 被害者保護施設の業務としては, 自立・自活教育の実施と就業情報の提供 (第8条) を明文化した。また, 保護施設の種類を区分して設置すること (第7条の2), 申請がある場合国及び地方自治体は暴力行為者に代わり医療費を支払わなければならないこと (第18条第3項及び第4項) などが新たに加えられた。保護施設は, 6カ月の短期保護施設, 2年の範囲内で自活生活のための住居などを提供する長期保護施設, 外国人施設, 障害者保護施設などに区分して設置することになり, 多様な被害者への対応が容易になった。

同伴家族については, 同伴する家族が児童の場合, 住居地以外での就学支援の義務化を明記し (第4条の4), 同伴する家族が被害者とともに相談所や保護施設で保護を受けられるようになった (第6条, 第8条第1項)。

また, 3年ごとの実態調査の実施 (第4条の2), 初・中等学校における家庭暴力予防教育の実施 (第4条の3) が義務化された。

(2) 生活再建支援強化

2009年の改正 (2009年11月施行) では, 被害者や同伴する家族の賃貸住宅への優先入居権付与が明記された (第4条)。被害者や同伴家族の保護施設退所後の住居問題は懸案になっていたが, 生活の再建に欠くことのできない住居支援が法的に定められ大きな前進を見た。家庭暴力被害者のための住宅支援は, 女性省が2008年よりモデルケースとして全国5カ所の地域で実施しており, 100世帯ほどの被害家族が利用している。2009年の改正で, 前述したように賃貸住宅優先入居権付与が明記され, 被害者に対する生活基盤構築のための支援は, 一歩あゆみを進めたことになる。

また, 2009年の改正で, 女性緊急電話「1366」の設置運営の法的根拠が整えられた (第4条の6)。女性の緊急電話は, 女性運動団体が行ってきた電話相談活動を, 法律の制定により公的な制度として女性部が引き継ぎ[3], 女性の緊急電話「1366」として全国16カ所で, 24時間365日無休体制によって運営されている。これまでは, 緊急電話に対する法律的な根拠はなく, 女性部令によって規定・運営されてきたが, ここに法的根拠を得てより安定した運営を可能とする基盤が整備された。

相談所や保護施設, 緊急電話センターなどのいくつかは, 質の問題が提起さ

れているが，これらの機関に所属している人びとに対する補習教育の実施が義務化された（第8条の4）ことも，被害者保護・支援につながる改正点である。

さらに，2010年の改正では，保護施設に対する保護費用の支援条項が新設された。DV被害女性は，ほとんどの場合，何も持たず家を出てシェルターなどで保護を受けることになり，以前の生活レベルに関係なく経済的に困難な状況にある。学齢期の子どもを同伴して保護を受けている場合，教育費などについても困難な状況に置かれている。そこで，こうした女性たちへの支援として，保護施設に対して，生計費や教育・養育費などの保護費用支援がなされることとなった（第7条の5：新設）。

（3）被害者の人権保護か家庭の保護か

「家庭暴力犯罪の処罰等に関する特例法」（以下，処罰法）は，一般の刑事事件とは異なる独特の体系，すなわち民事でも刑事でもない中間処分（斉藤，2003：150）として保護処分を科すことによって，家庭暴力で破壊された家庭の平和及び安定の回復を目的として制定された。制定当時の状況からは，やはり法律の制定そのものに重きが置かれていたことと，厳格な処罰はむしろ被害者の申告を困難にさせ，実効性がないだろうという点などが考慮されてのことであった。こうして制定された処罰法も，やはり度重なる改正を経ており，なかでも，2002年，2005年，2007年，2011年の改正は重要なものとなっている。

2002年の改正で注目されるのは，法の目的が，家庭暴力犯罪で破壊された家庭の平和と安定を回復し，健康な家庭の育成に加えて，被害者と家族構成員の人権の保護を目的とするとされたことである（第1条：目的）。健康な家庭の育成はそのまま残ったが，処罰法に被害者の人権保護が明文化された意味は大きい。

2005年の改正では，被害者の告訴が取り消され不処分の意思表示があっても，保護処分にすることができる法的根拠が整備され（第37条第1項），2007年の改正では，臨時措置に関わる改正が多く行われ，不十分であると指摘されているが，被害者が臨時措置の申請・請求を要請することができるようになった（第8条第1項・第3項・第4項）。また，2007年の改正では，臨時措置と保護処分の類型が追加され（第29条第1項及び第40条第1項），「接近禁止」「接近制限」の対象を

被害者の家族構成員に拡大し，電気通信による接近禁止又は接近制限の追加により，電話やメールによる接近も遮断されることとなった。臨時措置及び保護処分の期間についても改正された（第29条第5項及び第41条）。接近禁止・隔離についてはこれまで1回のみの延長であったが，2回まで延長可能となった。また，保護処分の形態である社会奉仕活動や受講命令の時間がそれぞれ100時間までから，200時間までに延長された。

また，2011年7月に，「緊急臨時措置」と「緊急臨時措置と臨時措置の請求」「被害者保護命令」の条項が新設された。これにより司法警察官に臨時的に緊急隔離や接近禁止措置ができる権限が付与され，被害者の安全確保がより迅速に行える体制が整備された（第8条の2・3，第3章，55～55条の9まで新設）。

しかしながら，問題があると批判されてきた相談条件付起訴猶予制度は，2007年の改正で第9条の2として新設された。相談付起訴猶予は，検事が性格の矯正が必要であると認めた場合，相談所などで一定期間カウンセリングを受けることを義務づけて，起訴猶予する制度である。この制度は検察の慣行として法的根拠のないまま行われてきた経緯があり，それに法的根拠が与えられたことになる。しかし，相談条件付起訴猶予については，家庭保護事件の送致に代わる手段として活用される可能性が大きいこと，被害者の安全への思いを体系的に無視することになる危険性があることなどが指摘されている（イ・ホジュン，2009：192）。処罰法は，被害者の人権保護を強化する方向に向かうとともに，加害者の矯正にも力を入れる形に改正された。

2　被害者保護・支援政策の現況

女性政策としてのDV対策は，「女性発展基本法」を根拠に女性政策基本計画が樹立され，これによってDV関連政策の計画が樹立されてきた。女性政策基本計画は，現在第3次女性政策基本計画が樹立され推進されている。第1次計画では女性に対する暴力の根絶を課題として暴力被害女性及び家族の保護や保護制度の導入がなされ，第2次計画では女性に対する暴力の予防と人権保護の強化を課題として各種指針の樹立や保護施設基準及び従事者の資格基準が強化され，さらに加害者矯正治療プログラムの運営などが盛り込まれ，第3次計

画では女性福祉と人権強化が課題とされ，重点項目として，①性暴力・家庭暴力の防止と実効性の向上，②性暴力・家庭暴力防止制度の改善，③性暴力・家庭暴力被害者保護及び支援の内実化の3項目による取り組みが2012年まで推進されることになった。家庭暴力関連予算は増加傾向にあり，2001年約32億ウォンから2007年には210億ウォンと6.5倍となっている。家庭暴力相談所及び保護施設，緊急電話「1366」，統合相談所への支援額も，2001年と2007年を比較すると約4.3倍に増加している。また女性緊急電話「1366」を再整備・再構築し，365日24時間体制で移住女性のアクセスも容易にした女性ホットラインが運営されている。相談所は法律制定以後量的な拡大が顕著に進み，2001年142カ所から2010年は303カ所となっている。これは相談所の設置が，認可制から届出制になったことによるところが大きい。これにより相談所の質的な問題や地域的な偏りなどの問題が顕在化している。保護施設は，2010年時点で62カ所である。

（1）女性政策基本計画における DV 対策

　韓国の DV 対策は，女性暴力関連二法の制定以後急速に進展したが，国家的次元の取り組みは，1995年制定の「女性発展基本法」を根拠に樹立される女性政策基本計画の政策課題に位置づけられている。女性政策基本計画は，これまでに第1次女性政策基本計画（1998-2002年，以下，第1次計画），第2次女性政策基本計画（2003-2007年，以下，第2次計画），第3次女性政策基本計画（2008-2012年，以下，第3次計画）が樹立され，現在は第3次計画のもとで推進されている。2001年に女性部（Ministry of Gender Equality）が創設され，女性政策の樹立及び推進・評価などを担当し，DV 関連業務も保健福祉部から移管され，女性部が中央監督部署としての役割を果たしている。保健福祉部からの移管は，家庭暴力被害者の大多数は女性であり，家庭暴力政策は女性の人権保護と権益増進の次元で女性部が担当すべきという女性界の世論を反映したものである。家庭暴力問題は性売買問題とともに女性に対する暴力の観点から，女性政策の課題として扱われるようになった（朴，2009：215）。

　第1次計画における家庭暴力被害者支援政策は，女性に対する暴力の根絶を政策課題として，暴力被害女性や家族の保護と，保護制度を導入することであった。家庭暴力関連法が制定され，後続補完措置の推進として家庭暴力の事例

調査・研究及び対策の樹立，家庭暴力を予防し被害者保護のための法律や制度を整え必要な財源を準備すること，民間の家庭暴力相談所や保護施設及び医療施設などに対する国家の補助金支援などの計画が樹立された（イ・ミジョンら，2008：44）。

第2次計画では，女性に対する暴力の予防と人権保護の強化が課題とされた。具体的には，家庭暴力・性暴力被害者に対する保護強化及び社会復帰支援として，各種指針の樹立，捜査過程での2次被害の防止，相談所や被害者保護施設の質の向上のための施設基準や従事者の資格基準の強化，統合サービス体系の構築，加害者関連サービスのインフラ構築及び加害者矯正・治療プログラムの運営，女性緊急電話「1366」の女性暴力関連の中枢機関化などが推進された。また，家庭暴力・性暴力関連法の制度の整備及び実効性の強化として，関連法の整備及び改正，2次被害防止と人権保護の強化，警察署の捜査要員及びONE-STOP支援センター拡大と運営人力増員，家庭暴力・性暴力捜査従事者に対する職務教育強化なども推進された。家庭暴力・性暴力予防のための教育及び広報強化として，迅速で適切な対応のための警察官の教育及び広報強化，家庭暴力・性暴力予防教育プログラムの開発及び普及，相談員や検察など関連業務指針の開発などが推進された。

第3次計画では，女性福祉と人権強化を課題としている。第2次計画に続き女性の人権に重点を置いた計画であり，重点項目は，①性暴力・家庭暴力の防止と実効性の向上，②性暴力・家庭暴力防止制度の改善，③性暴力・家庭暴力被害者保護及び支援の内実化の3項目で，①においては，予防教育のための講師の人材バンクを構築し運営することで多様な場での予防教育プログラムの実施を可能にすること，初・中等学校などでの予防教育をジェンダー（性認知）人権教育に統合すること，教員の研修課程に女性・児童に対する暴力の予防教育を含めることなどが挙げられている。②では，3年ごとの全国実態調査の実施と自治体次元での「女性に対する暴力根絶総合計画」の樹立，サイバー相談体制の樹立，支援施設の従事者教育の強化，捜査過程での2次被害予防のための捜査マニュアル開発・普及，初等・中等学校や青少年施設，代案学校，一般などを対象に教育実施，司法研修員や警察官の教育に女性に対する暴力に関する科目を追加，再犯防止のため加害者処罰の強化，③では相談所の市・郡・区別

の配置と保護施設の支援拡大，障害者や移住女性のための相談及び保護施設拡充，女性緊急電話「1366」センターと連携した緊急救助体系の強化及び被害者の応急保護サービスの拡大などを挙げている。これらの計画が2012年までに推進されることになった。

（2）家庭暴力関連予算の推移

　家庭暴力・性暴力関連予算は一般予算と基金予算で組まれたが，基金予算は女性発展基金と宝くじ基金によってまかなわれたものである。女性発展基金は2003年から，宝くじ基金は2005年から導入されている。家庭暴力関連予算額は2001年約32億ウォンから2007年には基金予算も合め210億ウォンと6.5倍となり，家庭暴力相談所及び保護施設，女性緊急電話「1366」，統合相談所への支援額は，2001年約14億6,000万ウォンから2007年には約63億4,000万ウォンと約4.3倍に増加した。

　このうち家庭暴力相談所への支援額は2001年には46カ所の相談所に7億1,000万ウォン，2004年には60カ所に約10億ウォン，2007年には65カ所に約19億6,000万ウォンの予算が充てられた（表3-1参照）。家庭暴力相談所は，2001年142カ所から2007年には302カ所と倍以上に増加しているが，支援を受けているのは，2001年46カ所，2002年60カ所，2005年からは65カ所で2007年まで支援相談所は増加していない。相談所数の増加は顕著であるが，支援相談所は2007年で全体の21.5％，2008年でも25.9％に過ぎない。2008年の相談所総数は316カ所，支援相談所数は82カ所である。支援相談所の増加は顕著ではないが，1カ所当たりの支援額は増加してきている。

　保護施設は2001年30カ所，2007年70カ所でやはり倍以上の増加となっている。2007年，総保護施設70カ所に対して支援を受けているのは63カ所で約90％になり相談所に比べ支援施設の割合は高い。また相談所に比べ保護施設の方が，一施設あたりの支援額も多くなっている。

　女性緊急電話「1366」は2001年に16カ所が設置され，その後2006年に移住女性のための緊急電話を増設し17カ所となった。女性緊急電話「1366」は，すべての施設が支援を受けており支援額も増加している。

　統合相談所は，性暴力と家庭暴力双方の相談を受ける相談所で2003年に39カ

第3章　韓国における DV 防止への取り組みの変遷

表3-1　家庭暴力関連予算額及び関連施設の推移

(単位：百万ウォン，カ所)

年	2001	2002	2003	2004	2005	2006	2007
□　家庭暴力・性暴力　一般予算額	3,238	5,517	7,265	8,672	10,262	13,312	14,530
①　家庭暴力相談所							
──運営支援額	710	954	1,001	1,051	1,196	1,418	1,965
──総相談所数	142	156	175	182	268	343	302
──支援相談所数	46	60	60	60	65	65	65
②　家庭暴力保護施設							
──運営支援額	389	651	919	980	1,220	1,932	2,253
──総保護施設数	30	31	37	48	57	59	70
──支援保護施設数	─	─	─	─	42	57	63
③　女性緊急電話「1366」							
──運営支援額	359	1,106	1,160	1,216	1,277	1,557	1,672
──総「1366」数	16	16	16	16	16	17	17
④　統合相談所							
──運営支援額	0	0	259	432	432	453	453
──総統合相談所数	0	0	39	29	29	29	28
──支援統合相談所			6	10	10	10	10
①+②+③+④　運営支援額	1,458	2,711	3,339	3,679	4,125	5,360	6,343
□家庭暴力・性暴力基金予算額	0	0	318	833	6,111	6,821	6,532

出所：韓国女性政策院（2008）『女性暴力関連サービスの改善方案』58頁，＜表Ⅲ-9＞家庭暴力・性暴力予算額再構成．

所が設置されたが2007年28カ所とむしろ減少し，支援を受けている相談所も2004年以降10カ所と変化がなく，支援額も大きな増加は見られない。

(3) 女性緊急電話「1366」の支援体系

　女性省が，DV対策業務として第1に手がけたのは，保健福祉部が1998年に危機対応のホットラインとして開通させた「1366」の再構築であった。女性部は，財政的支援もなく多くの問題を抱えていた「1366」を，家庭暴力・性暴力に対する女性保護の前哨基地として育成しようという目標のもとに，発足当初112カ所であった「1366」を女性緊急電話「1366」とし，電話圏域が16に統合されたことに合わせ16カ所として，365日24時間体制で保護支援施設を整備した。

　初期には危機相談と連携サービスの提供を中心に支援されていたが，緊急出動や緊急避難所の提供など危機状況に対する積極的介入や情報提供など業務は

拡大してきている（イ・ミジョンら，2008：141）。相談所での電話相談と異なるのは，緊急電話として24時間体制365日無休で運営されていることと，要請があれば警察の出動要請や直接の出動で相談を行う緊急出動態勢を整えていること，警察や裁判所及び病院などとの連携がより緊密であることなどが挙げられる。

「1366」は，特に一般の相談所では難しい夜間や休日も運営しているため，被害者の支援に果たす役割は大きい。2001～2007年の全国の「1366」の利用時間帯の現況を見ると，18～24時が22.3％を占め，1～9時も15.2％にとなっている（女性緊急電話全国「1366」協議会，2008：42）。相談所での相談が不可能な時間帯での利用は，37.5％を占めており，この時間帯での相談は緊急性を要する場合が多く「1366」の支援は欠かせないものとなっている。現在，女性緊急電話「1366」は，自治体の運営が3カ所，残りはキリスト教系の宗教法人，社会福祉法人などに委託されている。「1366」設立当初は，多くの女性運動団体が「1366」の運営に関与していたが，2011年現在女性運動団体の関与は1カ所もない。

2006年からは移住女性のための緊急電話「1577-1366」が設置された。相談件数は2006年731件，2007年1万3,024件，2008年1万9,464件，2009年3万3,705件である。移住女性緊急支援センターが地方にも設置されるようになり，センターへ来訪しての相談も増えてきているが，365日24時間体制で相談を受け付けている電話相談の役割は，迅速かつ直接的相談手段として今後も大きな役割を果たすと考えられる（移住女性緊急支援センター，2010：27）。移住女性緊急電話の相談相談員は移住女性自らが担当している。相談業務を担当する移住女性は，同じ立場の女性たちの抱える問題の相談にのりながら解決の道筋を探し出すという役割を果たしている。こうした活動を通して，相談業務を担当する移住女性自身が成長してきたことも大きな意味を持つと考えられると指摘されている（移住女性緊急支援センター，2010：9）。国際結婚は2000年以降急速に増加し，2005年には13.6％を占めている。中でも農林漁業従事者の国際結婚比率は，2005年で35.9％に達している。「1577-1366」移住女性緊急支援センターをはじめ多文化家庭支援センターの設置など移住女性の保護支援の拡充は，第3次計画にも位置づけられ，文化的背景の異なる女性たちへの支援が進められている。

（4）相談所による支援

　相談所の量的拡大には，目を見張るものがある。2001年142カ所であったのが，2007年には302カ所，2008年は316カ所となっている。しかし量的な拡大が必ずしも被害者支援の拡大につながっているとは言えない。相談所は，日本とは異なり民間主導で行われ，それに対して国家が支援する形となっている。法律制定以前は，女性運動団体などが，ジェンダーの視点で進めてきたが，1999年に認可制であった相談所の設置が届出制になったことなどにより，さまざまな運営主体の参入を招き，急激な増加を見せている。特定の宗教活動や個人的な目的のために活用されたり，看板を掲げているだけであったり（イ・ミジョンら，2008：213），質的な面での問題が提起されている。また，届出制であるために，地域的な偏りも問題になっている。良質のサービスの提供と適正規模の相談支援体制を整える制度改革が必要となっている。

3　今後のDV対策

　韓国のDV対策は1983年から民間主導で行われ，1997年のDV関連二法の制定により1998年法律施行以後は，これらDV関連二法と女性発展基本法を根拠にDV関連の支援体制は官主導により整備されてきた。DV対策が制度化されたことにより財政的根拠を得て被害者保護施設や相談所など量的な拡大は目を見張るものがある。しかしながら，制度化されたことによる課題も出てきており，今後のDV対策はこうした課題の解決と民間の活動による問題提起がより活発になされる中で模索されていくことになる。制度化による課題としては，財政的支援による問題，相談の中心視角による支援技法の問題，機関評価のあり方の問題などが指摘されている。民間からは，家庭暴力として制度化されたことにより女性に対する暴力が没性別化し，暴力の性格が弱体化され暴力根絶への代案にはなりえていないという指摘がある。韓国のDV対策は家庭暴力を女性に対する暴力の問題として再構築し暴力根絶に向けた取り組みへを展開しなければならない時期を迎えている。

(1) 制度化による課題

韓国女性政策研究院の研究報告書『女性暴力関連サービスの改善方案』(2008)は，制度化による成果と問題点を点検し改善方案を提示するもので，制度化による変化を，①財政支援による問題，②女性主義相談（フェミニストカウンセリング）[6]とその他のカウンセリングの共存の問題，③機関評価の3点から点検している。ここで指摘された問題点は次のように整理される。

① 財政的支援による問題

財政的支援は，民間の活動に被害を与えるより利得の方が大きいとする主張もあるが，否定的側面として，民間の自律性の侵害，目的置換現象，機関の官僚化現象，が見られる。目的置換現象の代表的な例として，セオル行政情報システム（個人情報の電子化）と呼ばれる行政情報システムへの登録の要請がある。[7] また，被害者の保護という本来の業務を行うために伴う会計処理，管理，提出書類などの行政的業務が多く，機関の官僚化現象が見られる。

② フェミニストカウンセリングとその他のカウンセリングの共存

相談所は，届出制であり支援を受けられる可能性が出てきたことにより，多様な運営主体の参入を引き起こした。現在の相談所は従来の相談所とは異なり，女性の観点を持たない相談所や特定宗教団体による相談所など運営主体は多様である。また，相談所の様相も変わってきた。これまでとは異なり被害女性ばかりではなく加害男性や夫婦の相談もあり，障害者のための相談所もある。加害男性の相談ではフェミニストカウンセリングが受け入れられにくく，具体的な支援では福祉的観点が必要とされる。そこでフェミニストカウンセリングだけでなく，社会福祉の伝達体系を通して具体的サービスを提供する福祉的カウンセリングの観点が求められるなど，相談の中心視角によって支援の技法も異なってくる。また，フェミニストカウンセリングと一般法律相談，どちらに中心を置くのかという論議も必要になっている。さらに，特定の宗教機関の相談所での宗教的観点での相談が，本来の目的に到達できるのかに対する検討も必要になっている。

③ 機関評価の問題

各機関は3年ごとに評価を受けることになっているが，社会福祉事業法によって社会福祉施設として評価し，評価項目にカウンセリングに関する項目や女

性の観点での評価項目がないこと，評価に対するフィードバックがないこと，評価に対する評価が必要であることなどが問題として指摘されている。

（2）暴力根絶に向けての再構築

『女性暴力関連サービスの改善方案』は，制度化による問題を踏まえ，財政的支援に対する原則の提示，良質なサービス提供のための体制整備，支援体系の連携の活性化，などを今後の方向として提示し，これらの政策推進のために，3段階にわたる具体的方案を提示している。ここで注目されるのは第1段階として統合的な女性暴力関連法の制定を挙げていることである（イ・ミジョンら，2008：230）。女性に対する暴力関連業務を，社会福祉サービスとは区別される女性省固有の業務として確立し，家庭暴力・性暴力・性売買などを統合して支援できる法律の整備を進めようという提案である。統合的女性暴力関連法の提案は，家庭暴力という名のもとで，高齢者に対する暴力や子どもに対する暴力など，女性に対する暴力が家庭内で起きる暴力の一つとして扱われ，性差別的で家父長的な社会構造と家族関係に起因する重要で深刻な女性問題であるという妻（女性）に対する暴力の性格を弱体化させた（チョン・チョンスク，2009：99），という指摘があるように，家庭暴力という名のもとでは，女性に対する暴力の問題への対処に限界があることを示しているといえる。制度化は，支援体制を整備・拡大したが，暴力関係の根絶の代案にはなりえていないとの指摘もある（キムホン・ミリ，2009：469）。韓国のDV対策は「妻殴打」問題を可視化し社会問題化した民間主導時代から，「家庭暴力」として制度化し官主導へとシフトし10年の年月を経た。今後は，今一度，家庭暴力ではなく女性に対する暴力として，単なる個別的な事件ではなく女性問題であり性別権力問題として官民双方による再構築の時期を迎えている。

注
(1) 改正前の目的は「この法律は，家庭暴力の被害者を保護することにより，健全な家庭を育成することを目的とする」であった。
(2) 韓国では「性認知予算制度」という用語を使用している。「性認知予算制度」は2006年9月8日に国会を通過し，2010年から本格的に施行された。

(3) 現在は女性家族部と名称を変えているが,「1366」を引き継いだ当時の名称は女性部であったためここでは女性部とした。以後, 女性部, 女性家族部との表記はそれぞれその当時の名称を使用した。
(4) 改正前は,①判事は,家庭保護事件を審議した結果,次の各号の1に該当するときは,処分しないという決定をしなければならない,として1から3が挙げられている。今回はそのうち,被害者の告訴があって初めて公訴を提起することができ,又は被害者の明示の意思に反して公訴を提起できない家庭暴力犯罪のみを対象とする家庭保護事件に対して,告訴が取り消され,又は被害者が処罰を希望しない明示的な意思表示をしたとき,が削除された。
(5) 臨時処置の請求・要請権が付与されても検事か司法警察官に請求または要請するようになっているため,被害者保護への初期介入という点で十分であるとはいえないと指摘されている。
(6) 韓国では,女性主義相談と表現している。
(7) セオル行政情報システムは個人情報を電子化し,行政の効率的運営を進めようというもので,2000年に全国の自治体への普及が始まり2003年から本格的な運営が始まっている。

引用・参考文献

チョン・チュンスク (2009)「家庭暴力追放運動の歴史と実践」『家庭暴力』。
移住女性緊急支援センター1577-1366 (2010)『移住女性の暮らしそして人権』。
キムホン・ミリ (2009)「女性主義の観点から"妻への暴力"を理解する」『家庭暴力』。
イ・ホジュン (2009)「家庭暴力防止法」上の加害者処罰及び被害者保護の現況と争点,課題」『家庭暴力 女性の人権の観点から』ハヌル。
イ・ミジョン, ビョン・ファスン, ファン・ジョンイム, イ・ソヨン (2008)『女性暴力関連サービスの改善方案』韓国女性政策院。
朴英蘭 (2009)「家庭暴力被害者支援制度の現況と今後の課題」『家庭暴力:女性人権の観点から』。
斉藤誠 (2003)「韓国の家庭暴力対策関連二法と日本のドメスティック・バイオレンス法」『ドメスティック・バイオレンス日本・韓国比較研究』明石書店。
女性緊急電話全国「1366」協議会 (2008)『女性緊急電話全国「1366」運営報告書』。

(佐々木典子)

第Ⅱ部
DV被害者への危機介入支援
―――各専門家からのレポート―――

第4章　DV被害者とは誰なのか

「DV被害者とは誰なのか？」という問いかけに，誰しもが女性および子どもと躊躇なく答えるであろう。そして，それは間違っていない。それなら，なぜ明々白々なこの問いを発する必要があるのだろうか。振り返ってみると，確かに今でこそ，この疑問を発する土壌が育ってきたのではないかと思う。なぜなら，DV被害者という言葉について，戦前になかったのはもちろん，戦後65年のうち，ここ最近の20年か30年でやっとこの言葉が，日本でも真剣に議論される土壌が生まれてきたと言えるからである。

1　被害者学はどのように登場したのか

犯罪が起こる時に，加害者と被害者という対立的立場の人間が必ず存在する。加害者がいなければ被害者もいないが，被害者がいることで加害者が生まれるという考え方が成り立つのである。それは例えば，よく引き合いに出されるのが，性犯罪において，女性が刺激的な服装をしているから，性犯罪が起こるのであって，男性が悪いとしても，女性にも男性を刺激した責任はあると，まことしやかに言われるのである。このような考え方は，加害者の言動を正当化しようとすることから生じる詭弁というべきものであろう。そして，被害者の女性は，世間に流布している性犯罪被害者へのこのような間違った見方に影響され，自らを恥じて発言も反論もできないままに，加害者側の論理で一方的に被害者化（victimization）されてきたといえる。加害者の責任を被害者が負わされるという点では，DVの場合も同様である。たとえば，夫が帰宅したときに，部屋が散らかっていたり，食事ができていなかったり，食事の味付けが悪かったりして，些細なことや自分の意に沿わないことで，夫は妻を責めて暴力に走るのであり，妻は自分の非を認めて夫の暴言や暴力に耐えるのである。

このような被害者・加害者との関係性の中で，生物・心理・社会的な見地か

ら，被害者を見ようとするのが，宮澤（1967）の「被害者学」である。ここで宮澤は，「従来の犯罪および犯罪人観は，あまりにも犯罪人中心の見方であった。それに対して，犯罪が成立するにいたるプロセスで，被害者の参加の問題を追究し，被害者となった出来事の推移について，生物学・心理学・社会学的側面から分析し，その成果を予防的・治療的に利用しようとするのが，新しい科学としての『被害者学』の存在理由である」（宮澤，1967：15）という。この「被害者学」の定義は，コミュニティ心理学の視点に相通じるものであり，上述したように夫と妻という夫婦関係の下で，犯罪行為と認知されたDV行為の被害者性と加害者性の２つの側面を包含しつつ，ミクロレベル（生物学的・心理学的）およびエクソ・マクロレベル（社会的・政治的・経済的・文化的・グローバル的レベル）の生態学の視点から捉え，その成果を予防的・治療的・社会変革的に活用しようとするものである。被害者に共通の人格特性は何か，被害者を生む社会的要因は何か，被害者概念は個人を超えて社会規範や社会制度とどう関連するのか，などを検討するのがコミュニティ心理学からの「被害者学」といえる。そして，被害者概念に含まれる個人および環境システムの問題なども明らかにする中で，被害者の回復だけでなく，新たな被害者・加害者概念から被害者への理解を深めて，被害者を孤立させず住みやすいコミュニティ環境，およびQOLの高い社会関係を実現しながら，再び被害者や加害者にならずにウェルビーイングを高める支援を推進する必要があると考える。

2　欧米における被害者学の理論

　欧米において被害者学が誕生した1940年代以降は，犯罪を起こす原因としての被害者の役割が強調され，代表的な理論としてHentig（1948）の「犯罪の二重奏説」説やEllenberger（1954）の「潜在的被害者」説などが挙げられてきた。これらの初期の被害者学は，犯罪の原因を被害者に求め，被害者の責任を追及するものであり，さらに被害者の遺伝的・生物学的要因を重視するもので，「生物学的被害者学」であった。ところが，このように被害者をバッシングする初期の被害者学に対して，新しい被害者学理論が1970年代末から展開され始め，これが被害者支援に結びつく潮流を作ったのである。たとえば，CohenとFelson (1979) の「日常活動理論」などが，それである。

（1）「犯罪の二重奏」説（Hentig, H. V. 1948）

　ドイツの犯罪学者ヘンティッヒは，「犯罪者とその被害者」(1948) の中で，犯罪の行為者 (doer) と犯罪に苦しむ者 (sufferer) の相互作用として犯罪が起こるとして，「犯罪の二重奏 (duet of crime)」説を提唱した。すなわち，犯罪者だけでなく被害者にも科学的な調査をする必要性を重視し，そこから被害者の特性を抽出した。被害を受けやすい人の特性として，若者・女性・精神障害者・移民・マイノリティを挙げ，心理的特性として抑うつ・強欲・浮気性・失恋中・孤独性などを挙げて，生来的に被害を受けやすい特性を備え持った人を「生来性被害者 (born victim)」と呼んだ。このように，ヘンティッヒは，ロンブローソが犯罪者を遺伝学・生物学的に解明しようとして「生来性犯罪者」の概念を打ち立てたのと同様，被害者の生物学的ミクロレベルの特性を強調することによって，被害者に対する偏見や蔑視を助長する役割を果したと考えられる。

（2）「潜在的被害者」説（Ellenberger, H. 1954）

　スイスの精神医学者のエレンベルガーは，「犯罪者と被害者の心理的関係」(1954) の中で，①犯罪者は別の場面では被害者にもなりえる　②犯罪者が同時に被害者でもありえる　③犯罪者の深層心理が，犯罪や被害を発生させることがある，と指摘した。ここから，年齢・職業・精神状態・社会状態などによって被害をこうむる危険性の高い人々のことを「潜在的被害者」と呼び，被害者の中には被害を繰り返し呼び込む人々がいることを指摘した。この説も，ヘンティッヒと同様に生来性被害者説を裏づけるものであるが，さらにこれらの関係性は，DV 問題においても，加害者自身を正当化する言質としてしばしば語られる。「自分自身は DV 家庭に育ち，父親から暴力を受けてきた。父親が母親にやったことを妻にやって何が悪い」という居直り的な発言であり，これこそ①と②を裏づける発言である。このように考えると，初期の被害者学が，どれほど加害者の言説を基にして作られたか，そしてそれがさらに被害者の傷を深くしこそすれ，被害者を守る理論ではないことが明らかである。これは次のメンデルソーンの理論にも顕著に現れている。

（3）「被害受容性・被害者への有責性」説（Mendelsohn, B. 1956）

　イスラエルの弁護士であったメンデルソーンは，「被害受容性理論」と「被害者有責性理論」を提唱した（中田，1958）。前者では，加害者と被害者の間に生物学的・心理学的・社会学的優劣があり，それを「被害受容の潜在性」と定義した。例えば，DV被害者である多くの妻たちは，性差や体力など生物学的に劣勢で，夫の意向で家庭に縛りつけられ，外で活躍するチャンスや時間が少ないために，社会的・経済的に劣勢でもあると言える。その状況から妻たちは，潜在的に被害受容性を持っているとし，劣勢な妻たちは被害を受け易いという本末転倒な理論を提示している。一方，後者「被害者有責性理論」は，犯罪の責任を加害者だけでなく，被害者にも帰すべきであるという理論である。①全く責任のない被害者で，事故や災害や通り魔事件の被害者など，②有責性の少ない被害者で，犯罪多発地域での被害者など，③加害者と同等な有責被害者で，心中や安楽死の被害者など，④加害者より有責な被害者で，挑発して傷害などを負った被害者や規則違反で事故を起こした人など，⑤最も有責な被害者で，攻撃的で正当防衛を行使した被害者などとなっている。このように，彼は5類型を提示することで，裁判における被害者の申し立てによる誤審を防ぎ，適切な量刑が可能になるとしているが，筆者はこれも前者と同様，科学性や論理性や倫理性が欠しい「被害者非難」の理論でしかないと考える。

（4）「ライフスタイル理論」（Hindelang, M. J. ら，1978）

　ライフスタイル理論は，別名をライフスタイル／（危険性）暴露モデル（Lifestyle/Exposure Model）ともいわれ，ここでいうライフスタイルとは，日常的活動を意味し，職業活動と余暇活動から構成される。Hindelangら（1978）は被害調査を元にして，危険な時間・場所・人に晒された場合に，パーソナルクライム（犯罪者と被害者が直接接触する犯罪，暴行傷害や窃盗など）の被害者化が起こると考えた。例えば，深夜に公的な場所に1人で外出するライフスタイルをとる人は，きわめて危険な状況に身を晒すことになり，被害者になる確率が非常に高いということになる。これは，犯罪者と接触する可能性の高いライフスタイルを送る人は，犯罪被害者になり易いということで，言いかえれば，被害者のライフスタイルが潜在的に被害者と加害者の接触の量と質を規定するという

ことである。ヒンデラングらは、同じ社会的状況（性・学歴・職業・所得・地位）にいる人は、概して同じライフスタイルをとるとし、その中でその人への役割期待と、所得・家族形態・学歴などに制約される生活行動によって、適応行動が蓄積されてライフスタイルになるというのである。あるライフスタイルを持つ人が、類似のライフスタイルを持つ人と交際関係（associations）になると、危険性の暴露度が増し、パーソナルクライムの被害者になりやすいのである。

　この理論によれば、DV家庭に育った女性は、同様のライフスタイルを持つ男性と交際関係になることが多く、当初は非常に強い反発を感じながらも、徐々に近づく結果DV危険度が増し、パーソナルクライムであるDV被害者になる危険度が高くなるということである。これは、よく加害者が「自分はDV被害者であって、DVは普通のことだと思う」と、自らの行為を正当化しようとする言説に通じるものである。

(5)「日常活動理論」(Cohen, L. E.ら, 1979)

　「日常活動（Routine Activities）理論」は、正常な人間が容易にアクセスできる状況にあれば、軽微な犯罪をおかすものであるという前提（Felson, 1994）に立つ。例えば、誰もいない部屋に高価な時計が落ちていて、何処かに届けようと思って時計を持って部屋を出たが、そのまま着服する場合である。犯罪が発生するのは、①潜在的犯罪者がいること、②適当な犯罪標的があること（高価な時計）、③防犯のための監視人がいないこと（誰もいない部屋）、この3条件によるのである。前述のライフスタイル理論が、どちらかというと被害者のライフスタイルに注目するのに対して、日常活動理論では犯罪者と被害者の両者のライフスタイルを考慮に入れて、犯罪発生の原因を追求したり、犯罪者と被害者の相互作用に注目して、犯罪可能性を低下させる要因を発見したりして、犯罪予防を図るのである。例えば、DV家庭に育った男性は、女性に暴力を振うという潜在的犯罪者の可能性が高く（①）、身近に「飴と鞭」でコントロールできる好きな女性がいて（②）、家庭という密室で監視人がいないときに（③）、DVが発生する危険性は非常に高くなるのである。したがって、DVを予防しようとすれば、潜在的犯罪者から距離をおくことがまず重要であり、日常生活を共にするとしても、なるべく家庭の中だけに孤立せず仕事や人間関係など社会的な活動

を拡大することによって，被害者自身が自らのライフスタイルを積極的に改善して，被害者になるリスクを最小にすることが，DVの発生防止に繋がるのである。

3　被害者学と被害者化プロセス

前節では，被害者学を成り立たせてきた主要な理論を概括したが，次に被害化プロセスについて，次節の被害者支援に繋げる形で述べる。

（1）被害者化プロセスとは

西村（2001）は，「被害化とは犯罪を起点にして被害の最終結末に至る過程である。被害化は，被害に化けるのであり，また，被害が化けると読むのである」（p.36）と述べている。DV被害者を例に挙げると，被害者化プロセスでは，まず「家庭内における配偶者間（主には夫から妻へ）の暴力」という人権侵害的犯罪行為の開始があって，その行為によって相手に身体的・精神的・物質的苦痛や損失を生じさせ，さらに相手の生活や人生を根こそぎ破壊する結果になる。しかし，このような危機状況から脱し，さまざまな社会的・心理的支援を受けながら，被害体験に気づき（これが西村のいう「被害に化ける」こと）それを受容し，さらに統合して相手からの犯罪行為を被害者化することで，被害者が支配して新しい状況を作り出す（これが西村のいう「被害が化ける」こと）プロセスである。そして，最終結末はDVが始まる前の状態に戻すだけでなく，被害者（victim）からサヴァイバー（survivor，生還者）へと，人生における自らの立ち位置を変容させることである。Karmen（2001）によれば，被害者化プロセスは被害の始期，深刻期，緩和期，終息期からなっており，すべての時期を含んだ総称である。

（2）沈黙する被害者

被害者研究の中では，被害者の中に「闘争する被害者」と「沈黙する被害者」がいるといわれているが，ここでは「沈黙する被害者」に焦点を当てることが，DV被害を考える場合に有効であろう。但し，はじめは「沈黙する被害者」であったが，さまざまな支援者や当事者との出会いと協働によって，個人的な体

験を語る語り部になったり、支援活動のリーダーになったり、ロビー活動を行ったりするなどして、「闘争する被害者」に変わることも少なからずある。

それでは、何故人は被害を受けていながら、沈黙するのであろうか？　まず、「沈黙する被害者」の多くは、レイプなどの性被害を受けた人々で、「何故、私がこんな被害に遭わなければならないのか」という憤りや無念、「自分の受けた被害は自分だけに起こった特殊な被害で、他人に話しても分かるはずがない」という絶望感や孤立感などで、自分が性犯罪被害者であること自体を受け入れ難く、沈黙するのである。

さて、被害者学成立以前や以後も長い間、被害者の声は全く聞かれることさえなかったため、加害者の理不尽な証言、例えば「女性が派手な服装や誘惑するような言葉をかけてきたから、つい手が出てしまった」などによって、「被害者非難」が正当化され、被害者自身が沈黙せざるを得ない状況に追い込まれるのである。このような状況は、DV被害者においても同様で、「私は料理が下手だったり、部屋の片づけが出来なかったり、子どもを泣かせて躾られなかったりするので、ぶたれても仕方がない」とか、自分の親や身内に訴えても「主人を怒らせるお前が悪い」「主人を怒らせずに、うまく操縦するのが妻の役目」などと一蹴され、結局多くの被害者が世間の「被害者非難」を受け入れて、沈黙せざるを得ないのである。

最後は、被害者自身に、DVによって恐怖を感じたり、感情が麻痺したり、出来事を忘れたりなどが起こるためである。被害者はDVによって複雑性PTSD（心的外傷後ストレス障害）に罹患していることが多く、言語化や自己主張ができずに沈黙せざるを得ない状況に陥っているのである。

（3）沈黙する被害者への支援

一般的に人は誰からどのような被害を受けて、被害者となっていくのだろうか。まず、直接加害者から受ける被害を1次被害といい、警察や裁判所などの刑事・司法機関や医療機関などから受けるものを2次被害といい、世間やマスコミから受けるものを3次被害という（宮澤, 1987）。このように、それぞれの被害レベルに沿って、どのような働きかけを行えば、沈黙しない被害者への支援になり、それが広く予防に繋がるのかを述べたい。

1） 1次被害への気づきと支援

　例えば，巧妙な「オレオレ詐欺」や悪徳商法に引っかかった場合，加害者の逮捕や払ったお金が戻らない状況になって始めて，自分が被害者だと気づくことが多い。このような詐欺と同様に，DV でも酷い暴力を再三受けていながら，「夫の希望通りにしなかった私が悪い」「これは，私を良い人間にしようとする夫の愛の鞭」など，被害者の誤った思い込みで，被害者であることの気づきが遅れることがある。また，Herman（1992）が述べる複雑性 PTSD 症状のように，長期間暴力を受けてきたことから，自己感覚および加害者への感覚に変化が生じ，沈黙せざるを得ないことも少なくない。前者の自己感覚の変化とは，「自分は他の人と違った人間になり下がってしまった」「私は汚れて恥ずかしい人間」「私は罪深く生きる価値のない人間」など，自己への恥辱感・罪業感・自責感・スティグマ感などが支配する自己感覚である。後者の加害者への感覚の変化とは，「主人は私には相応しくない立派な人」「私を主人に相応しい人間にしようと躾てくれている」など，加害者に対する理想化・超人化・非現実的な全能感・相手への没入感などが，被害者を支配している。このような自他への感覚の変化の中で，加害者が振う暴力は正当化され，加害者によって自分自身が被害者になっていく過程を自覚できないのである。

　このように，自分が DV 被害者であるという自覚のない人々への支援は，まず自分が加害者から被害を受けていること，すなわち自分が 1 次被害者であることに気づかせることである。それには，夫にしがみついている被害者を物理的に引き離すことであるが，必ずしも容易なことではない。加害者と同居する限り，複雑性 PTSD 症状は強化されこそすれ，収まることは無いといっても過言ではない。したがって，被害者が現実を少し見始めて相談にきた時や，子どもの問題で間接的に支援を求めてきた時が，数少ない介入のチャンスといえる。多くの場合，被害者は夫から離れることによって，自分自身が孤立化し無力化することを恐れるあまり，夫の元を離れられないのである。そこで，さまざまな支援者や当事者に出会うこと，DV 被害についての心理教育プログラムや DV 被害からの回復プログラムを知ること，そしてプログラムを受けてみることで，「自分も何とか立ち直ることができるかもしれない」と思えることが，加害者から離れるきっかけになるだろう。

2) 2次被害への気づきと支援

　2次被害については，被害者や家族や関係者が事件についてさまざまな詮索を受けたり，治療機関の医師の言動によって傷つけられたり，マスメディアによって犯罪状況が暴かれたりして，被害者がさらにひどい心身の被害を受けることがあり，これを2次被害という。特に，警察・検察・裁判所などの公的刑事司法機関の対応によって，被害者への人権侵害などが起こり易く，傷口をさらに大きくすることもしばしば起こる。欧米に比べて日本では，個人のプライバシーや人権を守る意識が低く，さらに公的権力によって尋問されると，逆らえない国民性が被害者や関係者への侵害を大きくしてきたといえる。一方，DV事件の場合は，長らく警察が「民事不介入」の立場を取ってきたため，家庭内で暴力事件が起こって警察が呼ばれても，被害者は保護されず加害者の元に放置され，今まで以上に深刻な被害を受けることも少なくなかった。

　DV防止法によって，この従来の最悪な事態は回避され，DVは人権侵害という犯罪行為であるとの認識がされるようになった。しかし，裁判では被害者が告訴したとしても，厳しい検察側の追及に晒されたり，身内の非難にあったりして，被害者にとって2次被害的状況は続くのである。このような理不尽な被害状況を，法的な手続きによって改善しようとして，1996（平成8）年に警察庁による「犯罪被害者対策要綱」が策定され，2000（平成12）年には刑事手続きの上で被害者等の負担軽減を図る「犯罪被害者等保護二法」が制定され，そして2004（平成16）年には「犯罪被害者等基本法」の成立をみた。基本法は，①被害者の個人としての尊厳，および尊厳にふさわしい処遇を受ける権利，②被害者ごとの個別の状況に応じた施策の実施，③再び平穏な生活を営めるようになるまでの途切れない支援が成文化され，国・地方自治体・国民の責務が謳われ，2004（平成16）年の「改正DV防止法」にも反映された。

　このようにして，2次被害によって，正当な主張ができず自分を責め沈黙せざるを得なかった被害者に対して，司法的・行政的・社会的・福祉的支援が徐々に進み，個人としての権利が守られる状況において，沈黙を破って立ち直り回復するきっかけができるようになったといえる。

3) 3次被害への気づきと支援

　以上述べたように，1次・2次被害により，心身に大きなトラウマを負った

被害者が、適切にケアされずにいると、怒りや恨みなどの激しい感情が行き場を失ったまま内在化され、3次被害へとつながることが考えられる。例えば、怒りや怨念などが異物として外に飛び出すように、動機なき凶悪事件や通り魔的事件につながったり、また時にはわが子を虐待してしまったりして、被害者自身が加害者になることでより深刻なトラウマを背負い込むような場合もないとはいえない。それぞれの個人的事情や背景はどうであれ、他者を巻き込んだ自己破壊的な行動や事件を防止するためには、内在化された感情が、他者と共有されたり適切にマネジメントされたりする必要がある。それをしない限り、社会は大きな爆弾を抱え込んでいるようなものである。事件を起こす加害者が、被害者としての苦しみや内在化されたネガティブな感情を、マクロレベルで解決しない限り、最近頻発する犯罪や事件を予防することは困難であろう。これは、DVの被害者が起こす事件などを、正当防衛としての暴力や、自分自身を守るためのぎりぎりの行為として理解する視点を持つ一方で、現代社会が抱えている集団病理として事件を理解し解決する視点、すなわちマクロ的な視点が必要であると考える。

4 被害者学と被害者支援

(1) 日本における被害者支援の歴史

日本における被害者支援の活動は、1970年代にまでさかのぼることができる。被害当事者や被害者の遺族たちによって、被害者への「刑事賠償制度」や「被害者補償制度」の提案がなされたが、現実的に人権や生活の保障システムが整えられることはなかった。なぜなら、その頃は加害者の人権を保護する方に人々の関心が向かい、被害者の人権や生活が振り返られることは少なかったからである。しかし、1970年代半ばごろから、爆破事件や自然災害や通り魔殺人など、理不尽な犯罪や災害に巻き込まれる被害者が多発して、国家的レベルでも被害者救済の必要性が認識され、1980（昭和55）年には「犯罪被害者等給付金支給法」が制定され、遅まきながら被害者支援の方向性が認められはじめた。

さらに、前述したように諸外国では、被害者学の初期において、「被害者非難」や「被害者への有責性」の追及などがあったが、フェミニストの立場から、こ

れらは男性社会のエゴに基づく理論であり，被害者化や女性の差別化と偏見に基づく女性蔑視の考え方であるという批判が巻き起こった。アメリカでの性犯罪被害者の救済活動は，こうしたフェミニズムの視点で運動が展開され，被害者学に新しい道筋を与えたものとして注目された。日本でも，1983（昭和58）年には「東京強姦救済センター」が設立され，電話相談による被害者の「声」を聴き取ろうとする新たな動きが出始めた。

　一方，被害者化（victimization）の考え方は初期の被害者学では，その対象を犯罪そのものから受けた1次被害に限定していたが，犯罪が多様化し複雑化してくると，警察や刑事司法による過酷な取調べや人権侵害などから，被害者は1次被害だけでなく，2次被害・3次被害などを受けることが明らかになってきた（宮澤，1992）。そして，1次・2次・3次被害などを受けて何重にも傷ついてきた被害者に，何らかの支援の手を差し伸べる必要性から，被害者学のあり方が変化してきた。加害者から直接受けた1次被害は，PTSDという形で顕在化するので，当然それらに対する手当は必要不可欠である。また，取調べの段階において，警察官や検察官等から受ける2次・3次被害を防止するためには，警察官や司法関係者に対する心理教育や人権侵害防止研修やワークショップが必要であることが認識され，徐々改善されるようになったが，それは1990年代以降のことである。

　1990年代は，被害者の法的地位の補償が進んだと同時に，被害者支援活動が活発化した時期でもある。まず，1990（平成2）年に「日本被害者学会」が発足し，『被害者学研究』が毎年刊行され現在に至っている。次に，1992（平成4）年に東京医科歯科大学に犯罪被害者相談室が開設され，専門家による電話相談やカウンセリング，さらにはボランティアによる法廷への同行サービスなどが，被害者や遺族に対して行われた。さらに，1995（平成7）年を皮切りに，民間ボランティアによる被害者支援組織が各地に立ち上がり，1998（平成10）年には「全国被害者支援ネットワーク」が結成され，各地のボランティアへの研修プログラムの実施や被害者の法的地位向上のための立法化の動きなども活発に行われた。一方で，被害者や遺族による自助グループの結成などもこの時期に始まり，被害者の視点に立った司法の改革に向けた運動が盛んになった。

（2）「犯罪被害者等基本法」に至る被害者支援の法的整備

　日本では，（1）ですでに触れたように，1980（昭和55）年に「犯罪被害者等給付金支給法」が制定され，法的な補償が始まった。しかし，その後も長い間，被害者対策は民間の支援グループや遺族団体によるものが多く，法的な整備は大幅に遅れた。これは欧米諸国とは異なり，日本では被害者の人権が憲法に明文化されていないこと，刑事訴訟法では被害者が訴訟関係者と位置づけられていないことなど，被害者の法的地位の確立が最優先されるべき課題であった。

　1999（平成11）年に，「全国被害者支援ネットワーク」では被害者の権利宣言を公表し，「犯罪被害者を助けることは，本来社会の当然の責務である」とし，7つの権利の上に立った被害者救済措置を立法化することを求めた。ところで，被害者の権利とは，①公平な処遇を受ける権利，②情報を提供される権利，③被害からの回復の権利，④意見を述べる権利，⑤支援を受ける権利，⑥再被害から守られる権利，⑦平穏かつ安全に生活する権利であり，これらを含めて日本弁護士会では，「犯罪被害者基本法」に向けて試案作りを行った。

　そして，日本弁護士連合会の要綱案が取り入れられる形で，2004（平成16）年に「犯罪被害者等基本法」（以下，基本法）が成立し，3つの理念が掲げられ，それを具体的に施策に反映させる形で「犯罪被害者等基本計画」（基本計画）が閣議決定された。そこには，国・地方自治体・国民の責務が明確化され，基本計画における5つの重点課題が盛り込まれた。すなわち，①損害回復・経済的支援などの取り組み，②精神的・身体的被害の回復・防止への取り組み，③刑事手続きへの関与拡充への取り組み，④支援等のための体制整備への取り組み，⑤国民の理解の増進と配慮・協力確保への取り組みである。中でも，経済的支援に関しては，犯罪被害を国が防止できなかった責任の一端として，「社会の連帯共助の精神に基づき，犯罪被害者等の尊厳ある自立を支援すること」が掲げられた。また，重点課題について3つの検討会（経済的支援に関する検討会，支援のための連携に関する検討会，民間団体への援助に関する検討会）における検討事項が，基本計画にかなり繰り込まれたのである。

　さて，DV被害者に関しても，「基本法」および「基本計画」に見合う形で，DV防止法の第2次改正（2004〔平成16〕年）および第3次改正（2007〔平成19〕年）が進められてきた。まず基本法の第一の理念である，「（被害者）個人としての

尊厳」に関しては，DV 防止法の前文に，「配偶者からの暴力は，犯罪となる行為をも含む重大な人権侵害である」と定義しており，人権擁護と男女平等の実現を図るために，個々の尊厳にふさわしい処遇を受ける権利を保障している。また第2の理念の「個人の状況に応じた施策の実施」を実現するために，国および都道府県の負うべき責任を明確にし（基本法に則った基本計画を策定している），特に配偶者暴力相談支援センターの機能を明確にし，相談に応じながら，被害者および同伴子の安全で自立した生活のために，情報提供・助言・関係機関との連絡調整などの支援を行う一方で，就業・住宅・援護の制度などは，都道府県から国のマクロレベルの法整備と施策を整備・確立させ，第3の理念である「途切れない支援」を進めている。

5　まとめに代えて

　この章では，被害者学というあまりなじみのない視点から，DV 問題を考察してみた。DV 被害女性や子どもたちを支援するためには，個々の当事者が受けたトラウマを中心に据えて，医学的・心理的・社会的にケアされることが不可欠である。と同時に，被害者学に内在化されている「被害者非難」や「被害者有責性」や「1・2・3次被害の3層性」の誤った視点を，さまざまなケアの中で被害者も支援者も意識化した上で，これらの差別・偏見を払拭することが重要であると考える。そして，ミクロからメゾ・マクロレベルに至る支援のあり方が，DV 被害者にとって victim から survivor に生き直させることができるのではないかと考える。

引用・参考文献

荒木二郎（2008）「犯罪被害者等支援施策の新たな展開」『ジュリスト』1351号，2-8頁．

Cohen, L. E. & Felson, M. (1979) Social Change and Crime Rate Trends: A Routine Activity Approach. American Sociological Review. 44, pp. 588-608.

Ellenberger, H. (1954) Relations psychologiques entre le criminal et la victime, Revue internationale de criminologie et de police technique, Vol. 8, pp. 103-121.

Felson, M. (1994) Crime and Everyday Life: Insights and Implications for Society.

Thousand Oaks, California : Pine Forge.
Felson, M. ・朴訳（1997）「被害者と犯罪者：ルーティン・アクティビティと合理的選択」『被害者学研究』7号，4-9頁。
Hentig, H. V. (1948) The Criminal and His Victim.
Herman. J.I. (1992) Trauma and Recovery. Basic Books（＝1996年，中井久夫訳『心的外傷と回復』みすず書房）.
Hindelang, M. J., Gottfredson & Garofalo, (1978) Victims of personal crime : An empirccal foundation for a theory of personal victimization.（増本1988による）
Karmen, A. (2001) Crime victims : An introduction to victimology (4th ed.) Wadsworth Publishing Company.
増本弘文（1998）「ライフスタイル理論の現状と展望」『被害者学研究』8号，17-29頁。
宮澤浩一（1967）『被害者学』紀伊国屋新書。
宮澤浩一（1987）「犯罪被害と被害者化」『法律のひろば』40（1），20-28頁。
宮澤浩一（1992）「被害者学の現況」『被害者学研究』創刊号，30-43頁。
宮澤浩一・国松孝次監修（2000）『犯罪被害者の支援の基礎』（講座被害者支援1）東京法令出版。
内閣府『犯罪被害者白書　平成20年版』佐伯印刷
中島聡美（2008）「犯罪被害者への精神医療に関する検討会報告の役割と課題」『ジュリスト』1351号，28-33頁。
中田修「Mendelsohn 氏の被害者学（La Vietimologie）」（1958）『犯罪学雑誌』24(6) 178-184頁。
中田修（1987）「メンデルソーンの被害者学」『犯罪精神医学　増補版』，374-388頁。
長井進（2004）『犯罪被害者の心理と支援』ナカニシヤ出版。
西村春夫（2001）「被害化要因」宮澤浩一・國松孝次監修『被害者学と被害者心理』（講座被害者支援4）東京法令出版，36-65頁。
奥村正雄（2008）「犯罪被害者等基本計画の重点課題について：3つの検討会の最終取りまとめ」『ジュリスト』1351号，18-27頁。
山上皓（1999）「被害者の心のケア」『ジュリスト』1163号，80-86頁。

　　　　　　　　　　　　　　　　　　　　　　　　　　　　（高畠克子）

| 第5章 | フェミニスト・セラピストによる
草の根支援活動
：シェルターにおける危機介入支援 |

 シェルターにおける草の根支援活動を開始して15年になる。これまでに600人以上のDV被害女性と子どもたちが利用し，そのうちの6割が今も，暴力の再被害に遭うことなく，ひとり親家庭や単身家庭を維持している。
 しかしここ数年は，シェルター利用者をめぐる状況も利用のきっかけになる理由も変わってきた。単身の若い世代の女性が増え，被害もますます深刻になり，支援が複雑になっている。医療機関との連携が以前より頻繁になったのは，暴力被害による後遺症が重症化したからであろう。
 こうした女性たちは筆者たちが作った親密圏に入ろうとしない。人とのコミュニケーションが苦手であり，他人に対する不信感が強い。女性たちは幼児期に親から見捨てられていたり，虐待されていることが多い。また10代で性暴力被害に遭っていたり，望まない妊娠や人工妊娠中絶を経験していることもある。いわゆる重複的暴力被害者であり，困難事例と呼ばれる人たちである。経済的困窮者でもあるこれらの人たちを，筆者たちは「親密圏に身を寄せない消息不明の人たち」と名づけた（平川, 2007）。今後は，この人たちに対する危機介入支援のあり方を問い直す必要があるのではないかと思う。

1 ジェンダーの視点で行う草の根支援活動

 社会的弱者に対して行使されるさまざまな形態の暴力は，女性や子どもたちの生きづらさを増大させ，心身の健康に悪影響を及ぼす。また男女が平等に生きることのできる社会の実現を妨げる。2001（平成13）年に成立した「配偶者からの暴力の防止及び被害者の保護に関する法律」には，配偶者間暴力が犯罪となる行為であり，人権侵害であることが明記された。それに伴い被害者からの相談件数や保護命令申し立て件数も増加した。また2008（平成20）年1月には，主務大臣（内閣総理大臣，国家公安委員長，法務大臣，厚生労働大臣）により策定され

た「配偶者からの暴力の防止及び被害者の保護のための施策に関する基本的な方針」が公表された。そこには「被害者の意思を尊重した切れ目のない支援」の必要性が明記され、危機介入の際はいうまでもなく、自立支援の際にも、切れ目のない支援のための施策が書き込まれている（平川, 2008）。

とはいえ、まだまだ潜在化した被害の大きさを示す調査結果（内閣府男女共同参画局, 2009）によれば、過去5年以内に配偶者からなんらかの暴力を受けた女性は13.6％である。また今までに異性から無理やり性交された経験のある女性は7.3％であり、実数にすれば推計100万～200万人になるといわれるほどに、その性暴力被害者数は大きい。また被害者のうち、35.5％が配偶者からの被害であるという結果からも、DV被害者支援は今後に向けての大きな課題を残しているといえよう。

本章では、多岐にわたる総合的支援の必要を提唱してきた経験（FTCシェルター, 2003）から、安全の確保や生活再建、アドボカシー、他機関との連携、心身のケア、人間関係の再構築など、危機介入支援の実際の概要について述べる。加えて支援が届きにくい女性や子どもたちの被害実態と支援の難しさについても述べる。逆境の子ども時代を生き抜いてきたDV被害者にかかわる機会の多い医療関係者や心理職、あるいは区市町村の福祉事務所で働く女性（婦人）相談員や母子自立相談員による更なる支援が、今後とも、大きく期待されるからである。

（1）被害当事者からのSOSに応える責任

筆者は1970年代のはじめから、総合病院小児科や精神科クリニックでの心理臨床にかかわりながら、子どもの問題行動や女性の訴えに耳を傾けてきた。こうした中、女性たちの訴えの背後にある「生きにくさ」や心身の健康に影響を及ぼす要因として、ジェンダーの視点を入れる必要を痛感し、1991（平成3）年には、東京フェミニストセラピィセンターを開業し、現在まで働いてきた。そこでは個人・集団カウンセリングを行うとともに、1990年代に各地の女性センターに開設された「女性のための相談室」に相談員を派遣する委託業務を行ってきた。これらの相談室は「女性のためのなんでも相談」という名称の通り、地域に暮らす女性や子どもたちの駆け込み寺的役割を担い続けている。

どちらの相談現場にも女性たちの抱える特有な問題が大量に持ち込まれた。たとえば夫婦間のコミュニケーション不全，夫が振るう暴力や女性問題，子育てや子ども虐待，嫁と姑をめぐる抗争，母と娘の間に生じる葛藤など，その多くは家庭の中で起きるトラブルや暴力，あるいは世代間連鎖をめぐる問題群であった。摂食障害やうつ状態，あるいは各種のアディクションなどの心身健康問題を加えて，これら女性に特有な問題については，1960年代後半に世界的規模で始まった第2波フェミニズム運動の中で，「名前のない病（Friedan, 1963）」や「フェミニスト・イシュー（feminist issue）」と名づけられてきた経緯があることを，まずはおさえておきたい。

　なかでも女性と子どもに対する暴力に関する相談は非常に深刻であった。1995年に北京で開かれた世界女性会議の直後には，各メディアを通じて，夫婦間に起きる暴力は，夫婦喧嘩という個人的な問題ではなく，ジェンダーに基づく構造的暴力であるという情報が発信された。この情報は民事不介入という警察の常識を問い返し，覆す，画期的なものであった。このパラダイムの転換に力を得た女性たちは，自らの暴力被害経験を新たな視点から捉えて，その解決のために相談室を訪れるようになったのである。「ドメスティック・バイオレンス（以下，DV）」という名づけを得て，家庭の中のトラブルや問題群は，ジェンダーの視点からパラダイムの転換がはかられるという，いわば時代の変わり目を迎えたのだった。

（2）草の根支援活動としてのシェルターの開設

　ところが残念なことに，公的機関による対応は非常に不十分なものであった。緊急対応を期待して来談する女性たちを保護できなかったからである。女性と子どもたちが安心して避難する安全な場所の確保が急務であった。必要に迫られて，筆者たちは1年間の準備期間を経て，1997（平成9）年3月にFTCシェルターを開設し，危機介入支援を開始したのである。

　まさに被害当事者の訴えと勇気ある行動に背中を押されながら，シェルター活動に乗り出したことになる。これらの事情は他の国の草の根支援活動の始まりと変わることはなかった。いわばDVは被害当事者により再発見されたのであり，1970年代後半には欧米で「バタードウーマン運動」とも呼ばれた所以

である。この点が児童虐待や高齢者虐待の再発見とは異なる。ちなみに児童虐待は1966年に，子どもの骨折治療にあたった小児科医により症例が発表され，高齢者虐待は介護者により報告されたといわれている。

（3）全国女性シェルターネットの結成

　世界初のシェルターは1972年にイギリスのチズウィックに開設された。Pizzi（1974）が，町にあった廃屋にDV被害女性や子どもたちと一緒に住むようになったのが始まりであった。ここは開放型のシェルターであり，電話番号も住所も公開されていて，そのために妻の行方を追跡してくるDV加害男性に踏み込まれることも多かったという。やがてこの共同体的シェルターには，世界各地からジェンダーの視点をもった女性支援者たちが見学に訪れ，その女性たちを通じてシェルター開設運動は大きく拡がっていったのである。

　日本のシェルター運動は欧米の運動からおよそ20年おくれた1990年代後半から始まり，1997（平成9）年には8つの民間シェルターが活動を開始した。どのシェルターも少ない人材と資源にもかかわらず，暴力被害女性と子どもを積極的に迎え入れ，女性たちの苛酷な人生航路の宿まり木の役目を果たし，女性たちが仲間とつながりながら，地域のなかで共に生きる力を取り戻す闘いを支援したのである。

　FTCシェルターは1997（平成9）年の開設から現在まで，世界的レベルで共有されてきた活動の基本理念として，以下の4つを引き継いできた。①ホットラインやシェルターなどの社会資源を創設すること，②民間団体を含めた関係機関と連携すること，③アドボカシーを行うこと，④被害者や支援者の声を施策へと連動することの4つである（平川，2000）。これらの理念のもとに活動していたFTCシェルターとAKK（後にAWSと変更）シェルターは，1998（平成10）年に，他の6つのシェルターに呼びかけ，「全国女性シェルターネット第1回会議」を結成し，2000（平成12）年の東京大会では，DV防止法制定のための大きな流れを導き出したのである。今ではシェルターは100を超えたが，年に1回の大会を開催し，全体会としてのシンポジウムや20を超える分科会に多くの参加者を集めている（第1章，高畠記述）。

（4）＜まゆ＞としてのシェルターの中で葛藤する女性たち

　ほんのわずかな荷物を抱えて，着の身着のままの状態で家を出てくる女性たちを，筆者たちは「難民のようだ」と名づけた。どの人も疲れきっていて，極度の緊張状態にある。顔や胸に怪我や骨折をしている場合もあり，痛々しい。夏でも小刻みに震えていることもある。女性たちとともに家を出てきた幼い子どもたちは，女性のそばを離れようとしない。暦年齢を聞いて驚くが，子どもたちは総じておとなしく，痩せすぎていたり，肥満していたりと，さまざまである。

　家庭という密室の中で起こる暴力の影響が，女性たちの健康面だけでなく，子どもたちの成長にまで悪影響を与えているのは明らかである。

　難民については，世界中の難民を支えて17年の経験を持ち，2003（平成15）年からはNPO法人JEN事務局を務めている木山啓子さんにも学んだ。難民とは，その人にとっての＜失ったもの＞が大きすぎて動けなくなる状態のことであり，動けなくなるのは，その人たちが幸せを見失うからであるという。しかし木山さんは続けて，「悲しみすぎて前に進めなくなることを恐れる必要はないし，そのことを，難民となった人たちから学ぶことができる」とつけ加える（木山，2011）。確かにその通りである。

　こうした理念に学びながら，筆者たちはシェルターを＜まゆ＞のイメージに重ねあわせて，支援プログラムを実践してきた。まゆは孵化（インキュベーション）を準備する空間と時間とを象徴する場であり，一時期，外との連絡を断つことにより，自閉する力を蓄える場でもある。自閉する力については，神田橋（1988）の提唱する「自閉」の利用という論文から，その発想を学んだが，筆者たちは女性や子どもたちが，＜まゆ＞の中で，いくつかの作業に取り組んでくれることを願った。例えば安全と安心感を確保すること，暴力被害によって受けた心身の傷に気づくこと，破壊された生活を再建するための準備に取りかかること，あるいは新しい生活や「新しい自分の物語（オルタナティブ・ストーリー）」を紡ぐことなどである。児童虐待防止法が2004（平成16）年に改正されてからは，DVを目撃させることが児童虐待にあたることになったので，女性たちはDVが子どもに及ぼす影響にも気づく必要が生じた。

　シェルターでは，特別な事情のある場合を除いて，外との連絡を取らないよ

うにするために，携帯電話の電源を切ってもらうことにしている。自分自身の安全確保は言うまでもないが，他の利用者やシェルター自体の安全を確保するためでもある。ところがここ2～3年で増えてきた「親密圏に身を寄せない消息不明の人たち」と筆者たちが名づけた利用者にとって，このルールを守ることは難しい。幼児期に大切な人との愛着関係を作れなかった人たちにとって，携帯電話は大切な人の代用になっているからだろう。歩きながら携帯メールを打ち，食事の時間すら，携帯電話を手放さない女性たちを目の当たりにすると，悲しい気持ちになることが多い。

こうして自閉する力を取り戻す作業に取り組もうと努めながら，それでも女性たちは夫のもとに戻るか，それとも新しい生活圏に入るかの選択肢の間を揺れ動いて悩むのである。スタッフはこの揺れに伴走し，女性たちが選択しやすい条件をつくるためにさまざまな情報を提供する。また外部の関係機関と女性たちをつなぐコーディネーターの役割を担う。

2　危機介入支援としてのさまざまな役割

多岐にわたる総合的支援のうち以下の5つについて述べる。

(1) アドボカシー

1つ目はアドボカシーである。必要な社会資源に関する情報を提供したり，関係機関と連携し，そこと被害者を橋渡しする支援である。こうしておけばシェルター退所後にも，女性たちが地域の支援システムに入りやすくなるからである。

多くの被害者は，殴られて顔や腕や背中がアザになっていたり，骨折や怪我をしたりしているので，外科や整形外科での治療やリハビリが必要である。時に手術が必要なほど重症の場合もある。家にいる時からうつ状態や不眠状態になっている人が多いので，精神科につなぐ必要もある。また被害届や保護命令申立が急務の場合には，書類作成を手伝うこともあるし，書類提出や審尋の際には警察署や地方裁判所に同行する。保護命令が発令されてからは，警視庁や各地域にある警察署の生活安全課と連絡を取り合う必要がある。加害者に対し

て退去命令が出た際には，被害者が家に荷物を取りに行く時に，所轄の警察署と連絡を取り合いながら，家まで同行する。被害者の心身状態が悪化したり，フラッシュバックや解離症状を発現したりする場合もあり，この同行は欠かせない。家を出る準備をしていたとはいえ，女性たちが持ち出す現金はわずかである。多くの人が福祉事務所に相談しているので，そことの連絡も欠かせない。また子どもの就学のために学校に出向くこともある。最近はDV加害者である夫が生活費を渡さないために，借金をする女性が増えている。その多重債務をめぐる法的処理の相談のため，法テラスにも出向く。

　これらはいわばケースワークであり，時にアウトリーチを必要とする仕事であるが，筆者たちは「アドボカシー（advocacy）」と名づけて，これも心理的援助のなかに含めている。同行支援などを行う過程で，うつや不安発作やPTSDの諸症状が出てくることも多く，その都度，手当をして，それを他のスッタフに伝え，必要があれば入所直後に行ったアセスメントを修正することもある。

　アドボカシーについては，2004（平成16）年度に開催したアドボケイター養成講座のなかで，「声をあげられない被害者の権利を擁護し，必要ならば同行する支援」（FTCシェルター編，2007：6）と定義して，被害者のニーズに応えられるアドボカシーのあり方を検討した。

　アドボカシーはシェルター利用者の退所後も続けられる。シェルター利用者には入所の際，退所から3年間の支援を保障することを約束しているからである。退所後に行うアドボカシーは，離婚のための法的解決に関する件や面会交流をめぐる件がほとんどであるが，中には家庭裁判所で行われる調停申立書作成の手伝いや，時に，地方裁判所での離婚裁判に同行することもある。子どもと前夫（子どもの父親）との面会交流をめぐる支援では，前夫に対する恐怖をコントロールできない妻と，子どもの福祉との狭間で，アドボケイターは悩むことが多い。親権は離婚した双方の親が持つことが世界的潮流である。加えて2011（平成23）年5月には面会交流が民法の中に明記された。子どもとDV加害者である父親の面会交流のあり方については，今後も検討の余地を含む大きな課題である。

　また最近では外国籍の夫と婚姻した妻が，ハーグ条約の制約により，面会交流を避けることができない事態に直面する場合も起きている。加えて調停の場

で取り決めた養育費や慰謝料を支払らわないDV加害者が多いのも残念なことである。平均年収が180万円以下である母子のひとり親家庭の経済的困窮はいうまでもないが、その中で育つ子どもにも大きな悪影響が及ぶ。現状ではますます広がる経済格差は「子どもの貧困」に拍車をかけている。

（2）生き延びてきた工夫へのねぎらい

　この支援の中心をなすのがグループ・カウンセリングである。暴力被害者に対するグループ・カウンセリングの有効性は、1970年代以降、世界的にも提唱されてきた。初期の頃には、アサーティブ・トレーニング・グループが盛んに行われたが、ここではグループ・カウンセリングを取り上げる。

　女性と子どもたちは、シェルターという一時の宿り木を得て、まずは安堵する。それから1カ月も経つと、日々の暮らしの中で受け続けた暴力被害の詳細を語る力が戻ってくる。どの人の声もふっくらしてくるのが、嬉しい変化である。女性たちの語りが、被害実態にとどまらず、苛酷な日々を、なんとか生き延びてきた工夫についても、語り合うからだろう。この工夫こそが自分自身と他の女性たちを力づけることになるのである。

　「子どもの頃から、秋風にゆれるコスモスが好きだったから、殴られた後には必ず、花を植えました」と語った人がいる。夫に覚醒剤使用を強要され、身動きがとれなくなっていた女性は、「年越しの夜に、実家の母の声を電話口でただ黙って聞いていました」と語る。いよいよ家を出る決心がついた女性は、「前の晩に使った蚊取り線香の灰を、ていねいに掃除してから、家を出てきました」と話した。

　女性というジェンダーにとって、その人の核心部分を支える工夫の多くは、暮らしの中の些細な出来事であることが多い（平川、2002）。もちろん必ずしも肯定的なものばかりではない。アルコールや薬物などの物質依存をはじめとして、ギャンブルや過食や喫煙などといったさまざまな依存行動もみられる。だからこそ出来事や工夫をありのままに話し合える安全な場が、女性たちの回復の始まりを保障するのだといえよう。

　このプロセスの中で、女性たちの暮らしの工夫はくりかえし語られることにより、世代を超えた記憶として、あるいは生き延びる知恵として、確かな言葉

として生まれ変わる。前述したフェミニスト・イシューがそのことを示している。生活再建に際しての情報や経験が、同じ体験をもつ者同士のつながりの中で、引き継がれ、洗練されていく。こうして徐々に女性たちは、自前の親密圏を作り直していくのである。

親密圏とは、「具体的な他者の生と生命に対する関心や配慮を媒体とする、比較的持続する関係である」(齋藤, 2003:213)。加害者から地域や友人とのつきあいを制限されることの多い女性と子どもたちは、他者からの関心や配慮を失い、孤立し、生活上のさまざまな危険や困難に無防備でさらされやすい。そのためにも新たな親密圏の構築は、暮らしの安全と安定に欠かすことができない資源である。

(3) エンパワメント

DV 被害者を「監禁状態」として特徴づけたのは、アメリカの精神科医ハーマンである (Herman, 1992, 中井訳:111)。その被害が長期に続く場合には、日常的に行使される身体的暴力に加え、威嚇、手なづけ、説得などの支配により、被害者は身動きがとれない状態にまで追い詰められ、打ちのめされ、疲労困憊状態に陥る。こうして強烈な恐怖、孤立無援感、絶望感と不信、希望の喪失、自尊心の低下、罪悪感などを抱えるようになるのである。ここからの離脱のためには、同じ体験をした仲間に出会い、暴力被害にもかかわらず生き延びてきた工夫を思い出し、人とのつながりのなかで力を取り戻すこと (Empowerment) とつながり (Connection) の感覚が有効になる。

エンパワメントという言葉が、世界規模で盛んに使われるようになったのは、1995年に北京で開催された世界女性会議以降である。この会議では、女性に対する暴力の撤廃に向けての行動綱領が採択され、それがエンパワメントのアジェンダとして位置づけられた。1980年代における女性運動では、力(権力)はそれを持つものを勝者とする男性優位社会に固有の装置であり、批判の対象であった。ところが1995年以降は、力を持たない者がネットワークをつくり、社会や政治や経済の変化を担う担い手になる過程に焦点が当たるようになったのである。

村松 (2002:47) が、エンパワメント・アプローチの実践モデルとして、イン

ドにおける女性自営業組合セワを挙げているように,運動的には南の女性たちが使いはじめた概念であった。ここで重視されるのは,女性の組織化,変革者としての自己に対する自信,問題解決能力であるという。

一方,エンパワメントをコンシャスネス・レイジング・グループ（Consciousness Raising group）との関連で捉えた M. Ham（1999）の考え方も重要である。コンシャスネス・レイジングは,1960年代後半から世界的規模で起きたフェミニズム運動の中で生まれた。この方法の特徴は意識の覚醒体験にある。安全と安心感が保障された小さなグループの中で,自分の気持ちや体験など具体的経験を繰り返し語りなおすこと,あるいはグループの他のメンバーの具体的経験を繰り返し聴くこと,これらの作業を通じて,その人が過去に体験したさまざまな出来事が,「新しい物語」へと組みかえられる瞬間を,他のメンバーとともに体験することである。

暴力被害女性にとっては,過去の断片的な出来事が一つにまとまる経験であるといえるだろう。この作業の迫力は,＜過去＞の出来事がある種の断念と希望を含む＜未来＞を経由して,＜現在＞に戻ってくるという覚醒体験にあると筆者は考えている（平川,2005）。過ぎ去った過去を取り戻すことではなく,過去を受け入れ,自分の人生に希望をもつことができるようになる過程の中でこそ,多くの気づきが生まれるのである。

エンパワメントとは,人間の回復力（Resiliency）や工夫という対処能力（Coping）が筆者たちの予想をはるかに超えて大きなものであることを示す理念である。

（4）大切な人とのつながり

「回復力」を意味する語として使われる Resiliency という語には,「鋼の弾力性」という意味があり,人の中に潜在的にある「困難を撥ね返す力」を表す。さらに重要なことは,この語が他者とのコミュニケーション能力にかかわる点についてである。van der Kolk, B. A.（1986）はこの「弾力性」についての定義を,「その人が大切だと思う人とつながっていること」と定義して,人間の自己回復力を,生理的レベルの治癒力やホメオスタシスから説明することなく,成育の過程で発達する愛着や他者とのコミュニケーション能力に,その根拠をおいて

いる。彼によれば心的外傷的経験とは，「人生には秩序と連続性があるという信頼感が失われること」であるが，それは，驚愕的な感情や経験を処理するうえで，個人の内部や外界に退却可能な安全な場があるという感覚が失われたときに生じるという。本来は人間の中にある自己治癒力や回復力を再発見するという方法は，人との温かいつながりのなかでこそ機能するものであり，被害者を弱者として治療対象にする家父長的な精神医療の方法からは遠いものである。またかわいそうな人として同情する世間的好奇心からも距離を置いている。

（5）人間関係を作り直す難しさ

シェルター退所後にも筆者たちの作った親密圏に入ることなく，次々と支援者のあいだを漂流するかに見える女性たちが増えてきたことは，すでに述べた通りである。実はこの女性たちはシェルター利用回数が多く，区市町村の福祉事務所経由での利用者である。残念であるが，問題を解決する力を取り戻すために必要な「三つの時期に対応する心理的ケア」（平川，2009）が，使えない場合が多い。ここでいう心理的ケアとは，問題を解決する力を持つ「新しい自分」を生み出す作業やグリーフワークのことである。

この人たちが以下のような深刻なトラウマ体験をしていることがその理由の一つであろう。直近の被害が，夫（内縁の夫を含む）やパートナーからのDV被害であるとしても，それ以前にも多数の外傷的出来事に遭っているのである。例えば夫が起こした殺人事件，夫からの虐待による乳児の大怪我，子どもを児童相談所に措置されたり離婚時に子どもの親権を手放したことからくる喪失感，友人が殺害されるという事件，路上生活中にふりかかった生命の危険と強烈な恐怖など，多数の外傷的出来事に遭っているのである。

また子どもの頃の体験としては出生時の遺棄，実父からの近親姦被害，母親の出奔，家族内に起きた殺人事件，家族内で起きた自殺や親の死，親やきょうだいのアルコール・薬物依存，母親のDV被害，親の離婚，思春期の性暴力被害と望まない妊娠と中絶，監禁状態の中での売春の強要などである。

子どもの頃の辛い体験については，アメリカで実施されたACE（The Adverse Childhood Experience, 1996）調査結果に詳しい。これはHP上で検索することができ，多くの論文や情報を読むことができる。なお概要については，宮

地（2005：143-152）が詳しく紹介するように，子ども時代に体験した外傷的出来事が，成人になってからの心身の健康に深刻な影響を及ぼすことを示すものである。

　この人たちのシェルター内で見られる行動の特徴は，トラブルを伴う対人関係である（平川，2007）。他人と関わろうとするとトラブルになってしまうと言い換えた方が，この人たちの対人関係を正確に示すことになるだろうか。

　例えば「根性を入れないと立っていられない」と話す女性は，短いスカートに太ももをすっぽりと包みこむ踵の高いブーツを履き，首や腰には金属製の鎖を幾重にも巻くいでたちとなる。髪の色もくるくると変わる。概して女性たちの服装や肌の露出部分が多くなるのに比例するかのように，その人の対人緊張度は高くなる。しかもこんなときほど，自分の生い立ちや暴力被害の詳細を垂れ流すかのようにしゃべりだすのである。あきらかに境界線が崩れている。幼児期の大切な人との間では，開示と自閉をめぐる微妙なバランスを獲得できなかったのであろう。相手の状況に共感したり，相手の話に耳を傾けることができないという，対人関係に距離がとれない人のコミュニケーションパターンとなる。

　こんなとき，聞き手に回った人が距離をうまく取れる人であれば問題は起きないが，同様の対人関係パターンを持つ場合には，怒りと不信感が噴出する。時に幻覚を伴う被害感を訴えるが，その一方で，スタッフに訴えたことで，相手の女性から危害を加えられるのではないかと怯えて疑心暗鬼になり，ほんの小さな家具の配置移動や入所者の笑い声が気になり恐怖心でいっぱいになってしまうのである。ついには苛立ちと怒りが爆発したり，むちゃ喰いが繰り返されたり，すぐさま「死にたくなる」という訴えに変わるのである。

　こうなると施設は修羅場の様相を呈して，スタッフも疲弊する。また利用者の緊張も極度に高まる。こうした女性たちは，筆者たちの作った親密圏に留まることはない。病院や他の施設へと退出していく。荷物を置いたまま戻ってこないこともある。最悪の場合，それぞれの女性を担当する相談員やケースワーカーがこのトラブルに巻き込まれる。

　こうしてスタッフの無力感は大きくなっていく。この困難に直面した際のスタッフの傷つき（vulnerability）をどのように処理すればいいのかも大きな課題

となる。また女性たちが漂流していく他の施設であっても，女性たちをすぐになんとかできる保証があるわけではないだろう。そもそも関係機関の連携とは，こうした無力感や困難さを内包するものであり，とりあえずは，直近に遭ったDV被害に対する危機介入支援ができたことを共有することが重要であろう。これこそが法的根拠を持つDV被害者支援の強みであると思うからである。

3　子どもたちの被害と回復

　子どもたちのDV目撃の被害が虐待であると定義づけられたのは，2004（平成16）年に改正された児童虐待防止法においてである。
　シェルターに来る子どもたちのほとんどは，親のDV目撃に曝されている。暴力が始まると父親から「2階に上がっていろ」などと言われ，はじめのうちは命令に従っている子どもたちであるが，階下の物音や母親の泣き叫ぶ声が聞こえてくると，母親が殺されるのではないかと心配になり，階下に降りてくるのだという。母親が暴力を振るわれる目の前で，TVを見たりトランプをしたりしていたという子どもたちもいる。いざというときに母親を助けたり，110番する子どももいる。あるいは父親から外に放り出されて，迷い子になって警察に保護される子どももいる。また半数以上の子どもたちは父親から身体的暴力を受けている。
　こんな子どもたちのシェルター内での様子を見聞きするにつけ悲しくなる。どの子も落ち着きがないし，発達の遅れや学力の低下がみられる。家庭の中の暴力に巻き込まれ，勉強どころではないのだろう。吃音やチックもよくみられる症状である。父親にランドセルを燃やされるという外傷的出来事を経験した子どもに，夜驚が続いたという例もある。父親に包丁を突き付けられた思春期の子どもには，自傷行為の跡が腕に生々しく残っている。父親が雇った探偵に追跡された子どもの恐怖は，長い間消えることはなかった。
　また養育の余裕がなくなり，自分が自分でなくなる感覚に陥った母親のもとでは，子どもたちは入浴や食事の世話を受けられなくなる。こんな子どもは年長になってもおむつを外してもらえないし，避難後の母親から叩かれたり怒鳴られたりする場合もある。トラウマ再現遊びをすることも多い。母親が父親に

強姦される場面を目撃していた子どもたちは，きょうだい間での性的な擬態を示すこともある。

　さらに，逆境の中で育った子どもたちに見られるのは，怪我や事故の多さである。わざと危険な状況に自分から飛び込んでいくように見える子どもたちに対しては，細心の注意と安全な居場所の確保が必要となる。

　幸いなことに，子どもたちの変化は女性たちの回復よりも早くに始まる。シェルターにいられる3カ月の間に，保育士や臨床心理士と一緒になって，戸外やプレイ・ルームで遊びながら，父親をモンスターに見たてて，恐怖や怒りを表現し，いく分かの子どもらしい感情を取り戻していく様子が見られることもある。このように子どもたちの言動から，加害者が行使した暴力的行為や母親を貶める言動などを推測することができる。暴力を振るう加害者は，実父や継父のこともあるが，内縁の夫として子どもの前に現れる「おじちゃん」や「おにいちゃん」の場合もある。これらの加害者に共通している特徴は，暴力を選択するにもかかわらず，暴力を否認し，あるいは過小評価したり正当化したりする，またその責任を妻や子どもに転嫁する点である。

　上述したように，ACE調査研究からは，子どもたちの暮らしてきたDV被害のある環境は，子どもにとって明らかに成長過程における逆境となっているといえよう。この環境が新たな支援困難な人たちを生み出す温床になっていることを思えば，子どもたちに対する早期の発見と早急な支援が望まれるところである。

引用・参考文献

ACE (The Adverse Childhood Experience) 調査 (1996) (http://www.acestudy.org/aboutus.php).

Friedan, B. (1963) *The feminine mystique*. New York Norton (＝1986年，三浦冨美子訳『新しい女性の創造』大和書房).

FTCシェルター編 (2003)『シェルターからの発信：DV被害者の総合的支援——地域で生きるために』。

FTCシェルター編 (2007)『記録と証言：アドボケイター養成プログラム』。

Ham, M. (1999) *The Dictionary of Feminist Theory 2nd. edd.* (＝1999年，木本喜美子・高橋準訳『フェミニズム理論辞典』明石書店).

Herman, J. L. (1992) *Trauma and Recovery*. New York Basic Books (＝1996年，中井久夫訳『心的外傷と回復』みすず書房).

平川和子（2000）「暴力被害女性と子供を援助するために」『家族心理学会年報18　気づかれぬ家族病理』金子書房，160-170頁。

平川和子（2002）「ジェンダーと女性の人権」金井淑子ら編『身体のエシックス/ポリティクス・ナカニシヤ出版，179-197頁。

平川和子（2005）「臨床現場における過誤記憶と回復」日本嗜癖行動学会『アディクションと家族』22（3），223-231頁。

平川和子（2007）「入居型施設を利用する境界性パーソナリティ障害と親密圏」日本嗜癖行動学会『アディクションと家族』24（2）132-137頁。

平川和子（2008）「DV防止法改正」『そだちと臨床』Vol. 5, 明石書店，54-57頁。

平川和子（2009）「DV被害女性と子どもへの支援」日本心理臨床学会編『心理臨床の広場3』2（1），28-29頁。

神田橋條治（1988）『神田橋條治著作集　発想の航跡』岩崎学術出版社。

木山啓子（2011）『誰かのためなら人は頑張れる：国際的自立支援の現場でみつけた生き方』かんき出版。

宮地尚子（2005）『トラウマ医療人類学』みすず書房。

村松安子（2002）「エンパワメント」井上輝子・上野千鶴子・江原由美子・大沢真理・加納実紀代編『岩波女性学事典』岩波書店，47頁。

内閣府男女共同参画局（2008）「配偶者からの暴力の防止及び被害者の保護のための施策に関する基本的な方針」。

内閣府男女共同参画局（2009）「男女間における暴力に関する調査報告書」。

Pizzi, E. (1974) *Scream Quietly Or The Neighbours Will Hear*, Penguin (＝1982年，久保紘章・幸ひとみ訳『現代の駆け込み寺：イギリスの場合』ルガール社).

齋藤純一（2003）「親密圏と安全性の政治」齋藤純一編『親密圏のポリティックス』ナカニシヤ出版，211-236頁。

van der Kolk, B. A. (1986) Psychological Trauma. (＝2004年，飛鳥井望・前田正治・元村直靖監訳『サイコロジカル・トラウマ』金剛出版).

　　　　　　　　　　　　　　　　　　　　　　　　　　　　　（平川和子）

第6章　婦人相談員による支援

　婦人相談員（自治体によって、「女性福祉相談員」「女性相談員」などの名称になっている）は、自治体の「配偶者暴力相談支援センター」（以下、支援センター）や、社会福祉事務所等の相談窓口に配置されている。したがって婦人相談員による支援とは、行政機関におけるドメスティック・バイオレンス（以下、DV）被害者支援を意味する。婦人相談員は、売春防止法第35条に規定されている職務を行うが、「配偶者からの暴力の防止及び被害者の保護に関する法律」（以下、DV防止法）に規定されたことにより、新たな役割を付与された。本章では、婦人相談員による相談の現状と、DV被害者の安全対策や自立支援における婦人相談員の役割と課題について述べる。

1　「DV防止法」と婦人相談員

（1）「DV防止法」概要
　DV防止法が対象とする暴力は、「法的婚姻関係（事実婚含む）にある男女間でおこる暴力」であり、身体的暴力及び精神的・性的暴力を含む。
　DV防止法制定の成果は、第1にその前文でDVが「犯罪となる行為」であることを明文化したことである。同時に前文は、DV被害者の多くが経済的自立の困難な女性であるという現状が、「男女平等参画社会実現の妨げ」となっていることを指摘した。従来、家庭内のプライベートな問題で民事不介入と考えられてきたDVが、夫婦間で起こる個人的問題ではなく、社会的問題であるとの認識を示したのである。
　またDV防止法は、被害者支援の新しい仕組みを創出した。具体的には、被害者支援の専門相談機関としての「配偶者暴力相談支援センター」（第3条）、「通報制度」（第6条）、被害者が裁判所に申立てることによって自らの安全を確保できる「保護命令制度」（第10条）などである。

支援センターとは，DV被害者から直接相談を受け，必要に応じて一時保護等によって被害者の安全確保を図り，保護命令申立て等の支援を行うものである。2011（平成23）年11月18日現在で全国に210施設ある。
　「通報制度」には，一般人によるものと医師その他の医療関係者によるものがあり，通報先は，「支援センター」又は警察官である。通報にあたって医師その他の医療関係者の守秘義務は免除される。
　「保護命令制度」とは，被害者が配偶者からの身体に対する暴力又は生命等に対する脅迫を受けたことにより，その生命又は身体に重大な危害を受けるおそれが大きいときに，被害者からの申立てにより，裁判所が加害者（事実婚の者及び元配偶者を含む）に対し発令するもので，保護命令に違反した場合は，1年以下の懲役又は100万円以下の罰金に処せられる。DV防止法が全面施行された2002年から2009年までの保護命令発令件数は，1万9,000件を超えている。
　保護命令には以下の種類がある。
　① 被害者への接近禁止命令
　被害者の身辺につきまとうこと，被害者の住居，勤務先等の付近をはいかいすることを，加害者に6カ月間禁止するもので，再度の申立ても可能である。
　② 被害者の子又は親族等への接近禁止命令
　被害者への接近禁止命令の実効性を確保するため，被害者の子又は親族等の身辺をつきまとうこと，子又は親族等の住居，勤務先等の付近をはいかいすることを禁止するもので，期間は6カ月で，再度の申立てが可能である。
　③ 電話等禁止命令
　被害者本人への接近禁止命令の実効性を確保するために，被害者に対する一定の電話・電子メール等を禁止するもので，期間は6カ月とされる。
　④ 退去命令
　被害者とともに住む住居から退去することを加害者に命じるもので，期間は2カ月で，再度の申立ても可能である。
　DV防止法制定によって，大きく変化したのは警察の対応である。配偶者間における傷害や暴行の被害者は，ほとんどが女性であるが，暴行罪で夫が検挙された件数は，2010（平成22）年の1,376件は，DV防止法制定前の2000（平成12）年の124件のおよそ11倍，傷害罪については，2010年の1,437件は2000年の836件

のおよそ1.7倍となっている。

（2）「配偶者暴力相談支援センター」の業務
　「支援センター」は，被害者支援において中心的な役割を果たしている。
　DV防止法では，都道府県は当該都道府県が設置する婦人相談所その他の適切な施設において，「支援センター」の機能を果たすと定めている（第3条第1項）。婦人相談所は，売春防止法により都道府県に義務設置されているので，「支援センター」は，都道府県に必ず1つは設置されていることになる。2007（平成19）年7月にDV防止法が一部改正され，市町村（特別区を含む。以下同じ）も，「支援センター」の機能を果たすよう努めることが定められた（第3条第2項）。2011（平成23）年11月現在で，「支援センター」業務を実施している市は，北海道札幌市，旭川市，岩手県盛岡市，福島県郡山市，茨城県古河市，栃木県宇都宮市，日光市，埼玉県吉川市，本庄市，朝霞市，川越市，草加市，千葉県野田市，市川市，東京都港区，板橋区，神奈川県横浜市，石川県金沢市，愛知県名古屋市，京都府京都市，大阪府吹田市，大阪市，兵庫県神戸市，伊丹市，宝塚市，芦屋市，岡山県岡山市，倉敷市，広島県広島市，山口県宇部市，徳島県鳴門市，福岡県北九州市，福岡市，長崎県長崎市，南島原市，鹿児島県知名町，の37カ所である。
　「支援センター」が行う業務は次のとおりであるが，各「支援センター」が①〜⑥の業務すべてを行っているわけではなく，各自治体によって異なっている。

① 　相談又は相談機関の紹介
② 　カウンセリング
③ 　被害者及び同伴者の緊急時における安全の確保及び一時保護
④ 　被害者の自立生活促進のための就業促進，住宅確保，援護等に関する制度の利用等についての情報提供，助言，関係機関との連絡調整その他の援助
⑤ 　保護命令制度の利用についての情報提供，助言，関係機関への連絡その他の援助
⑥ 　被害者を居住させ保護する施設の利用についての情報提供，助言，関係

機関との連絡調整その他の援助

　③の一時保護は，婦人相談所が行うことになっている。一時保護期間はおおむね2週間だが，その後の生活の場が定まるまで滞在することができる。滞在中は3食や衣類が提供され，婦人相談員や心理担当職員などが相談に応じる。
　厚生労働省によると，全国の婦人相談所で一時保護された女性及び同伴家族数は，DV防止法が制定された2001（平成13）年度は7,908人（女性4,823人で，そのうちDVによる保護は，2,680人，同伴家族3,085人）であったが，2004（平成16）年度にかけて増加し，2009（平成21）年度は，1万2,160人（女性6,625人で，DV被害者4,681人，同伴家族6,625人）となっている。一時保護後の退所先は，「母子生活支援施設などの施設等入所」や「帰郷」「帰宅」などである。2009年度中の退所者をみると，「施設入所」がもっとも多く，2,107人となっている。
　一時保護は，民間団体等に委託することもできる（第3条第4項）。厚生労働省によると，2010（平成22）年4月現在で一時保護委託契約施設は，284施設である。

（3）婦人相談員による相談

　婦人相談員は，都道府県では義務設置，市では任意設置であり，非常勤と定められている（売春防止法第35条）。
　DV防止法以降は，市に配置される婦人相談員が増加傾向にある。厚生労働省によると，2010（平成22）年4月1日現在で全国に1,074人（47都道府県に441人，東京23区を含む275市に633人）が配置されている。その47％（506人）は，婦人相談員専任だが，残りは母子自立支援員や家庭相談員等との兼任である。母子自立支援員との兼任が最も多く，30.8％（331人）となっている。またDV防止法制定前と比べると在職年数が短期化しており，在職3年未満の相談員が，48.1％（517人）にのぼる。
　DV防止法以前から婦人相談員は，DVだけでなく強制売春や人身売買，望まない妊娠や出産，離婚，何らかの理由で住居を失い路上生活をする女性など，女性の人権にかかわる問題について幅広く相談を受けてきた。この傾向は現在も変化していない。

2009（平成21）年度に婦人相談所及び婦人相談員が受けた来所面接相談は，8万3,483人で，「夫等からの暴力」が32.6％（27,183人）を占める。「夫等」「子・親・親族」「その他の暴力」の3つを合わせると，全体の36.6％を暴力被害の相談が占めている。
　このように婦人相談員が受ける相談は多岐にわたり，日常業務も煩雑で，その業務実態が理解されにくいことも多い。
　「支援センター」では，婦人相談員は電話相談や面接相談，保護命令申立て支援や一時保護中のケースワークなどを行う。社会福祉事務所等の窓口に配置されている婦人相談員は，電話や面接による相談，必要に応じて居宅訪問（居宅を訪ねて相談に応じる）も行う。居宅訪問は，生活の様子等を理解するうえで重要な業務だが，相談者との信頼関係がなくてはできない仕事でもある。
　「配偶者からの暴力の防止及び被害者の保護のための施策に関する基本的な方針」（2004〔平成16〕年12月　内閣府，国家公安委員会，法務省，厚生労働省告示。以下，「基本方針」）では，DV被害者支援における同行支援の必要性を述べているが，同行支援（つきそい）は，DV防止法以前から婦人相談員の業務であった。婦人相談所や民間シェルターでの一時保護，母子生活支援施設等の社会福祉施設入所の際のつきそいだけでなく，裁判所や学校，警察，病院，弁護士事務所などの関係機関につきそい，関係機関との打ち合わせ等も行う。また不動産屋や就職先，買物等にも同行する。また，冷蔵庫などの生活必需品や子どもの衣類などをボランティア等の協力を得て調達し，必要に応じて無償で提供するなどの支援を婦人相談員が行うこともある。
　以上のように相談を受けた時から，住まいと仕事を得て生活を再建していくまでの道のりに寄り添い，関係機関と調整しながら被害者を精神的に支えていくことが，婦人相談員の役割である。

2　婦人相談員の支援の姿勢

（1）「被害者イメージ」を問い直す
　相談・援助の現場では，とかく相談者のマイナス面ばかりに注目しがちである。「本人自身の資質に問題がある」「性格的に偏りがある」「意志が弱く依存的

である」「育った生活環境に問題が多い」などと，相談者個人の資質・性格・行動を取り上げてそれらを矯正し，社会生活に適応できるよう教育し更正させることが支援であると考える傾向がある。このような傾向は，支援者である相談員が相談者よりも優位な立場であるかのように錯覚したり，相談者を貶めるような言動につながったりしかねず，2次被害（相談先で，心無い対応に傷つく）の温床にもなってきた。このように，相談者に対する否定的な捉え方を内在化させていることを，相談員は十分に自覚しておく必要があるだろう。

　支援とは，相談者が本来もっているさまざまな可能性に着目し，それを相談者自身が発見し発展できるように側面から支えていくこと（エンパワメント）であって，相談員が考える「理想の鋳型」に相談者をあてはめることではない。支援の主役は，相談者である。相談員は，自分の中にある「真のDV被害者イメージ」や「完璧な母あるいは妻イメージ」，さらには「自立した女性イメージ」を問い直す必要がある。DV被害者がたとえ酒におぼれることがあっても，わめき散らすことがあっても，立派な母親とはいえないにしても，夫の暴力に対抗したとしても，被害者には保護等の適切な援助を受ける権利がある。法律で守られるために，「理想の妻」や「理想の母親」「理想の主婦」になる必要はないのである。

（2）相談の受付から思いやりをもって接する

　「こんなことを相談してもいいのだろうか」「きちんと話を聞いてもらえるだろうか」「わかってもらえるだろうか」など，相談者（被害者）のほとんどは，不安な気持ちをかかえて来所する。

＜例＞具体的な言葉かけ

> 「大変でしたね」
> 「つらかったでしょう」
> 「ご苦労なさったと思います」
> 「暴力を振るわれて当然の人は，ひとりもいません」
> 「あなたには，暴力の責任はないと思いますよ」
> 「あなたは悪くないと思います」

「援助を求める（誰かに，どこかに相談する）」というのは，被害者にとっては，とても勇気がいることである。援助を求めることについて，「迷惑をかけて申し訳ない」などと負い目を感じている被害者は少なくない。思い悩んだ末に相談に来ているということを理解して，思いやりをもって丁寧に対応する必要がある。

ひどい暴力を受けても，「DVではないので，大丈夫です」などと被害者自身が訴えることもある。自分の経験をDVと認識することは，被害者にとってはつらい場合もあるからだ。相談員は，「それはDVです」などと決めつけるのではなく，その人が求める支援（ニーズ）をよく聞き取り，継続して相談を受けていく。

また，事務手続き等を進めるうえで困難な点があっても，「無理です」「できません」など最初から否定的な応対ではなく，「解決策を一緒に考える」という姿勢で支援する必要がある。

支援とは，「○○してあげる」（DVから逃がしてあげる）ことや「被害者を叱咤激励する」（しっかりしなさい，現実は厳しいんです等々）ことではない。被害者自身が，迷いながらも新しい暮らしを築いていくことができるように側面から支えるのが，相談員の役割である。

> 説明はゆっくりとわかりやすく！
>
> ・支援者にとってはあたりまえのことがらも，被害者にとっては未知で初めての経験である。「説明は，ゆっくりとわかりやすく！」を心がける。
> ・理路整然とまとまった話ができる被害者は，そう多くない。まとまらない話で主訴が分りにくいときは，「あなたが，いま一番心配なことは何ですか？」などと問うとよいだろう。
> ・相談員の一方的な思い込みで支援することを防ぐために，必ず，「いまあなたが心配なのは，○○なんですね」など，ひとつひとつ確認する。

（3）援助を求めることの困難を認識する

DV被害者とその家族は，暴力の関係を断とうと試みるときに，もっとも大きい危険にさらされる。別れ話をきっかけに，暴力が激化することは多い。そのため，暴力の恐怖を感じながらも被害者にとっては，そこから抜け出すこと

が困難なこともある。加害者に経済的に依存していたり，活用できる社会資源や援助システム等についての知識や情報がなかったり，自分の話を信じてもらえないと思っていたり，暴力の被害を訴えて逆に非難された経験があったり，加害者がいつかは変わると期待していたりで，被害者を暴力の関係に押しとどめる理由はさまざまである。「警察に届け出れば，家族がどうなるかわからない」などと，加害者から脅される場合もある。

このように，被害者が暴力から抜け出すことを阻む事情，逃げようとした場合の危険性，援助を求める際の障壁，暴力が被害者に与える影響などを十分に認識した上で，支援を行う必要がある。

(4) 被害者を責めない

夫らからの暴力は，長い間「とるに足らないもの」「単なる夫婦喧嘩」とみなされてきた。「暴力をふるわれるのは，女性にも問題があるからだ」などと，暴力の被害者を非難する傾向は現在も根強い。暴力に耐えていると「なぜ逃げないのか」と責められ，別れようとすると「子どもがかわいそう」と我慢を強いられる。このような中で，多くの被害者は孤立していく。「私がいたらなかったから」「夫婦だから，夫ばかりを悪くいうことはできない」「私が選んだ相手だから」などと自分を責め，問題を解決できない自分の非力を嘆いたり，殴られる自分を恥ずかしいと感じ出すこともある。混乱し，先のことを考えるのが難しい状態にあるのかもしれない。

DVなどの女性に対する暴力が，他の暴力と異なるのは，それが被害者のせいにされるということである。「もっと他に,暴力にあわないですむ方法があったのではないか」「あなた（被害者）にもいたらないところがあったのではないか」等々，この社会には，被害者に暴力の責任を押し付けようとする理屈があふれている。

相談員の役割は，そのとき他にどんなことができたかなどと，相談者の状況を価値判断することではなく，被害者のありのままを受け入れて肯定的に支えていくことである。そのためには「あなたは悪くない」と明確に伝える必要がある。孤立感が深ければ深いほど，自分のことを1人の人間として案じ，気にかけてくれる相談員の存在は大きな支えとなるだろう。

（5）安全と安心への配慮

　被害者の安全を確保するためには，保護命令申立てや警察との連携などの施策を活用することも重要だが，被害者にとっての安全と安心とは第一に，秘密が守られる環境の中で，その訴えが十分に受け入れられることである。秘密が守られないところでは，安心して相談することはできない。暴力の被害について，その時どんな気持ちだったのかなど，痛みや恐怖，葛藤，怒りなどを十分に表現できる環境を保障し，相談員がそれらを肯定的に受け止めることが，被害者の安全感につながることを忘れないでおきたい。

3　どのような選択をしようとも相談者を支える

　相談者には，援助を期待していること（主訴）がある。相談員からみると，主訴は必ずしも問題解決の重要なポイントではなく，時には方向が違っていると感じられることもあるかもしれない。しかし，本人が望んでいる援助であるなら，相談員は主訴を無視したり軽視したりするのではなく，相談者と十分に話し合い主訴が実現できるよう援助していく必要がある。

　問題解決への道筋は，相談者とともに見出していくものであって，相談員が決めるものではない。問題解決に役立つと思われるようなさまざまな情報，例えば，配偶者からの暴力等は犯罪であり刑事罰の対象となる場合もあること，暴力の責任は被害者にはないこと，保護命令制度の申立て手続き，生活再建にむけて社会資源の有効な活用方法などの情報を適宜提供し，出来るだけ多くの選択肢の中から，相談者が解決の道筋を自分で選び取り，決定できるように援助していく。また，相談者がどのような選択をしようとも変わりなく支えていくのが，相談員の役割である。

　相談者の決断が変化することによって，支援計画の見直しが必要となることもあるだろう。そのような場合は，相談者が自ら決定できる力を取り戻したことを評価し，支持すべきである。支援計画は変更可能であることをあらかじめ相談者に伝え，柔軟な支援計画を相談者とともに創るという姿勢が求められる。

（1）夫の暴力をやめさせたい場合

　DV被害者が,「夫に暴力をやめてほしい」などと願って,相談してくる場合もある。そのようなときに相談員が,「暴力の中に留まり続けることによって,子どもの発育に悪影響が出る」などというような姿勢で接したり,「夫を変えることはできないのだから,家を出るように」などと説得したりすると,被害者は,自分の気持ちを受け止めてもらえないと感じるだけでなく,相談員から責められたような感覚を持つかもしれない。相談員からすると,「夫に暴力をやめてほしい」という主訴は,問題解決につながらないと感じられるかもしれないが,相談者の希望は,「夫に変わってほしい」のだから,相談員は相談者の気持ちや希望に沿って,それが実現可能かどうか等について共に考え,相談者が納得できる方策を探って行く必要がある。

（2）「家を出る」と決めていない場合

　「家を出る」と決めることは,周囲が考えているほど容易ではない。「離婚は,子どもから父親を取り上げることになるのではないか」「一人で子どもを育てていけるだろうか」など将来の生活への不安,仕事やそれまで築いてきた人間関係を失うことへのためらいなど,多くの被害者は,揺れる気持ちを抱えている。「離婚するなら子どもは渡さない」「どこまでも追いかけていく」などと,夫らから脅されている場合もある。法的知識の不足から,「夫が離婚には応じないというので,離婚できない」「勝手に家を出たら,離婚に不利になる」などと思い込んでいる場合もある。

　このような場合は被害者の気持ちを尊重しながら,適切で正確な情報を提供する必要がある。暴力の恐怖や夫からのつきまといを恐れている場合は,保護命令制度の利用などによって,安全な生活が可能であることを理解してもらうよう努める。また,離婚手続きなどについての基礎的な情報を提供し,必要に応じて弁護士等の専門家や法的専門機関を紹介するなどして,継続して段階的に支援していく。

　可能ならば,家を出る前に以下のものを準備して,あらかじめ安全なところに保管しておくよう勧める。当座の生活に必要な現金,クレジット・カード,パスポート,保険証書,預金通帳（自分名義）と印鑑,いつも服用している薬,

相談機関・シェルターや親しい人の電話番号や住所録，運転免許証，鍵（家，車，職場など），着替え，子どものランドセル，健康保険証，年金手帳，母子手帳，子どものお気に入りのおもちゃ，住民票（発行後3カ月以内であれば有効），写真など大切なものなどである。

また，現在の家で引き続き生活をしていくための安全計画（友人などに援助を求める，暴力が起こっている場を離れるなど）を，相談者の気持ちを尊重しながら話し合っておく必要もあるだろう。さらに，将来の生活イメージを十分に説明し，希望へとつなげていくことも大切なことである。

以上のような多くの情報を得て，今後どのようにしていくかを決めるのは，被害者自身である。情報提供した場合は，「いま，ここで決めなくてもいいので，少し考えてみませんか」などと伝え，引き続き相談を継続する方がよいだろう。特に，緊急保護について情報提供した場合は「すぐに避難しなくてはならないというわけではないので，少し考えてみませんか」などの言葉を添える必要もあるかもしれない。相談員としては，単に情報を提供しただけのつもりでも，そのような方向に動かなくてはならないと相談者が感じて，相談員の意向に沿うように動くことも少なくないからである。被害者が決断を迫られていると感じるような言葉（例：「結局，あなたはどうしたいんですか」など）は，禁句である。

（3）緊急保護を求めている場合

さまざまな困難の中で「家を出る」という決断をしたことを，まず相談員は支持する。その上で，被害者と話し合いながら以下の支援をすすめていくことになる。

① 緊急保護施設の手配

配偶者暴力相談センターもしくは民間シェルターなどの空き状況の確認など。

② 緊急保護後の住居

長く暮らすことができる場所の心当たりがあるかどうか，親族の援助が可能か否かなど。

③ 所持金

自費でアパート転宅できるか否かなど。

④ 通勤や通学

緊急保護施設からは通勤や通学ができない場合が多い。一時的に仕事や学校を休むことが可能か否か。あるいは何か別の方策が必要か否か。

⑤ 怪我などの外傷

治療が必要な場合は，適切な医療機関につなぐ。診断書や外傷の写真などは，後日の裁判等の証拠として有効である。

⑥ 日常的なケアの必要性

相談者に恐怖や不安が強いと感じられる場合は，DV被害に理解あるスタッフに見守られて，生活できるような場所の確保も検討する必要がある。

⑦ 健康保険証，運転免許証，身分証明書

これからの通院や就労，アパート契約，銀行口座開設などの時に必要となる。ただし，健康保険証等の種類や使い方によっては，避難場所が夫に分かってしまうこともあるので注意が必要である。

⑧ 妊　娠

妊娠している場合は，出産するか中絶するかについて，本人とよく相談する必要がある。

⑨ 離　婚

離婚の意思が明確である場合は，避難後落ち着いてから，安全な離婚成立までのプランを立てる必要があること，また弁護士との連絡調整等，相談にのることを伝える。

⑩ 夫らの追及

夫らの追及の激しさの度合いについては，慎重に判断する必要がある。相談者が，これまでに家を出て避難したことがあるかどうか，その時の夫らの対応はどのようであったかなどを確認し，今後の予測を立てる。安全確保のために，保護命令申立てを検討するとともに，夫が捜索願を出す可能性がある場合は，捜索願を受け取らない対応を警察に依頼する必要がある。

（4）元の家に戻る場合

緊急保護などの支援を受けた後に，元の家に戻ることを選ぶ相談者もいる。将来の生活への不安，経済的問題，夫への期待，子どもの養育など，元の家に戻る理由はさまざまだが，社会資源が乏しく選択肢が限られる中では，「戻る」

ことがぎりぎりの選択である場合も多い。妊娠，病気，生活困窮，暴力の再発など困ったことがあれば，また来訪することができることを伝え，相談員は本人の選択を支持し，継続して相談を受けることを保障し，危険が生じた場合は再度緊急保護が可能であることなどを必ず伝える。暴力の再発が予測される場合は，地元の警察との連携等を含めて，安全対策について相談者と話し合い，今後の連絡方法などについてよく打ち合わせておく。

　相談に至るまでの過程が長かったのを考慮すると，今後も長期にわたって援助を求めることは，相談者の生活再建にとって必要なことであり，援助を受けることへの気兼ねや遠慮は無用であることもあわせて伝えておく。とかく相談者は，繰り返し援助を求めることを「迷惑をかける」などと受け止める傾向がある。相談員は，相談者のこのような心情に留意しつつ対応する必要がある。

（5）すでに家を出て，離婚など生活上の困難を抱えている場合

　家を出たら，直ちに離婚しなくてはならないというわけではない。暴力について十分に話すことができない，思い出せないなど，暴力の実態を明らかにすることが苦痛な時期に，離婚調停を起こしても，十分に争うことができない。夫と接触することが危険なときや離婚を迷っているときは，離婚手続きを始める時期を慎重に見定めるよう，助言する必要がある。

　なお，離婚調停や裁判は，法的知識がないと，その進み具合が分かりにくいものである。代理人である弁護士との意思疎通がうまくいかない場合もある。裁判所等へのつきそいや弁護士との関係調整なども相談員の役割である。

　夫らからの追跡（同行）やつきまといが激化した場合は，安全確保のために保護命令申立てを勧める方がよいが，離婚前にDV被害がない場合は保護命令申立てができないので，注意が必要である。

　就労など生活再建に向けた援助も求められる。保護命令制度を活用して，家を出る前の仕事を継続できる場合もあるので，相談員は，相談者と話し合いながら，職場との連絡調整を行う必要がある。住民票を移動できない場合は，健康保険加入，保育所入所，子どもの転校手続きなどに，不都合が生じることも多い。相談員は，関係部署や関係機関と連絡調整を図ることで，相談者の不安を軽減するように努めなければならない。

4　コーデイネーターとしての婦人相談員

（1）ネットワークの中で支援する

　DV被害者が，DV被害を直接訴えて相談に来所するとは限らない。公営住宅入居や離婚問題，離婚にともなう手当等の申請，子育ての悩みなど，直接的なDV相談でなくても，その背後にDV被害が隠されていることは少なくない。

　DV問題は，1つの機関だけでは解決できないので，相談員は日頃から，関係者（生活保護ケースワーカーや母子自立支援員，高齢者や障害者の担当者など）に，適宜現状を報告しておくのはもちろんのこと，民間シェルターなどの支援団体，社会福祉施設，医療機関，学校・教育委員会，民生委員，警察，弁護士，裁判所，各地域の関係者・関係機関と密接に情報交換を行い，活用できる社会資源についての情報収集に努める必要がある。その際は相談員の仕事について，関係者・関係機関の理解を得られるように働きかけておくことが大切である。

　さて，相談者の自己決定は，時間がかかることが多い。相談員は，関係機関との調整によって，相談者が自己決定できるような環境を整えながら，相談者の歩みに寄り添いつつ自律性を尊重して支援していく必要がある。例えば，相談者に同行して弁護士事務所などを訪れ，打ち合わせを行いつつ，相談者が問題を整理できるように支援し，弁護士との関係を調整するなど，相談員には「通訳者」としての役割も求められる。

　また，関係機関との連携や関係機関への紹介に際しては，その機関の役割について十分に説明するとともに，その機関の限界（できることとできないこと）についても，相談者が理解できるような情報を提供する必要がある。関係機関に紹介する際には，ある程度の事情が先方に通じている方が，援助が円滑にすすむ場合もあるが，時として関係機関に伝わった個人情報が先入観や偏見につながることもあるので，関係機関に個人情報を伝える場合は，その理由や情報提供の内容などについて相談者に十分に説明し，了解を得ておくべきであろう。

　このような日常的な連携によって，相談員が培ってきた個人的ネットワークを，組織的に活用することが厚みのある支援につながるであろう。

（2）安全確保のための情報提供

　DVから逃れて遠方に避難し，安全のために住民票を移すことができない被害者は多いが，住民票を移せないためにさまざまな住民サービスを利用することが難しくなることもある。2004（平成16）年のDV防止法第1次改正を契機に，以下の通知等が出されている。これらは配偶者暴力相談支援センター等の証明に基づいて，DV被害者の安全を確保するために配慮を求めることができる内容となっている。また基本方針も，被害者の安全確保のための配慮を整理している。これらの通知等についても，相談員は被害者に情報提供するとともに，安全が確保されるよう関係機関との調整を行う必要がある。

①　住民基本台帳等の閲覧制限（2004〔平成16〕年5月）

　被害者本人が「支援申出書」を市町村に提出することにより，住民票や戸籍の附票など居所を探されるおそれがある書類を，加害者が請求できないようにするものである。「支援申出書」を提出できるのは，DV被害者及びストーカー行為等の被害者で，加害者がその住所を探索する目的で，住民基本台帳法上の請求を行うおそれがある者に対する禁止措置である。

②　医療保険被扶養者認定等の取扱（2004〔平成16〕年12月）

　被保険者（加害者）自身から，被扶養者を外す旨の届出がなされなくとも，被扶養者（被害者）から，DV被害を受けている旨の証明書を添付して，被扶養者から外れたい旨の申出がなされた場合は，被扶養者から外すことができる。

③　国民年金，厚生年金保険及び船員保険における秘密の保持の配慮について（2007〔平成19〕年2月）

　被害者から申出があった場合，配偶者に年金情報等を知られないように，秘密の保持に配慮するもの。

④　児童虐待・DV事例における児童手当関係事務処理について（2008〔平成20〕年5月）

　配偶者からの暴力が認められる事例については，現に被害者が専属的に子どもの監護を行っており，かつ生計同一である場合，又は，現に児童手当を受給している配偶者の監護が一切ない場合でなくても，児童の生計を維持する程度の高い者が被害者であると認められる場合には，生計同一要件を満たしていないと判断できるとした。このような場合は，職権による児童手当等の支給事由

消滅の処理を行うとともに，児童手当申請の援助・審査等を行う。
　⑤　「公営住宅優先入居の取扱（2004.3.31雇児福発第0331002，2004.3.31国住総第191号，2005.12.26雇児発第1226001号他）」

「DVによるけが等について，保険診療による病院受診を可能とする（2008.5.26児第229号，2008.5.9雇児福発第0509001号，2008.5.9府共発第199号）」「生活保護における扶養能力調査について，被害者の安全確保に配慮した取扱（2008.4.1社援保発第0401007号）」などがある。

（3）被害者が尊重されるような連携

　DV被害について理解ある関係機関ばかりではないなかで，相談員が被害者の言い分だけを聞いて支援することへの疑問が，関係機関や関係者から投げかけられることもあるかもしれない。そのようなときに相談員は，「DV被害者支援とは，被害者の意思を尊重して支援することである」「暴力の責任は，被害者ではなく加害者にある」という姿勢で，関係機関の理解と協力が得られるように働きかけていく必要がある。

　ひどい暴力を受けながらも，「すべて私が悪い」と自分を責めている被害者は多いが，関係機関の心ない対応が，さらに傷を深くすることもある（2次被害）。DV被害を受けながら生き抜いてきたことについて，またさまざまな困難のなかで相談に至ったことについて敬意をもって対応することが，被害者支援の第1歩であることを関係機関や関係者に伝えることも，コーディネーターの重要な役割である。

引用・参考文献

名古屋市（2010）『ハンドブック／DV被害者とその家族の切れ目のない支援のために』。
原田恵理子（2003）「婦人相談員の仕事の充実に向けて」『よりよい援助のために（Ⅱ）』全国婦人相談員連絡協議会，5-20頁。
原田恵理子（2006）「DV防止法の成立・改正と被害者支援策の課題」『働きすぎ：労働・生活時間の社会政策』（社会政策学会誌第15号）法律文化社，81-92頁。

（原田恵理子）

第7章 弁護士による支援

　夫も妻も70代で，夫は妻の食事の準備が遅い，献立が代り映えしないなどと，些細なことから妻に暴行を加えて怪我をさせることを何度となく繰り返していた。妻は自宅近くの親戚宅や子どもの家に身を寄せたこともあったが，その度に夫に連れ戻され，再び些細なことから暴行を振るわれる生活に耐えていた。数年前には，身を隠して2年間ひとり暮らししていたが，居場所を突き止められ，夫に「帰らねえとぶっ殺すぞ！」などと脅され，連れ戻された。その後もビジネスホテルに身を隠したりしていたが，いずれも連れ戻された。

　事件当日，夫はまたもや些細なことに立腹し，怒鳴りつけた。妻は近所の親戚の家で愚痴をこぼすなどして，夜8時頃帰宅した。夫は，妻が無断で外出したうえ帰宅が遅かったなどと憤激し，妻の顔面を手拳で殴打し，さらにその頭部を柱や壁に打ち付けるなどの暴行を加え，「死んじゃうから堪忍してくれ」という妻の懇願を無視して，同人に脳挫傷などの傷害を負わせた。妻は，翌日病院において死亡した。夫は，裁判の結果，懲役刑に処せられた。

　長年連れ添った夫婦が，一方は夫に殺され，一方は刑務所という人生の結末では，余りに悲惨という他ない。これは，2001（平成13）年のDV防止法施行以前の事件である。

1　「DV防止法」によるさまざまな施策の実施

　上記のような深刻な暴力にさらされている被害者保護のために，またこのような深刻な事態に至らないうちに何とかするために，さまざまなDV防止策が行われるようになってきた。

　子どもや親戚を頼るだけでなく，各自治体に配置された婦人相談員などの助力のもとに，居所を隠し，収入がない場合は生活保護を受けて生活し，保護命令を申立てることにより，夫に妻の居所に近づかないように命じることもでき

る。違反すれば夫を逮捕，勾留，起訴して処罰することで，妻の安全を守ることができる。そして，住所を秘匿したままで，調停・訴訟といった離婚のための手続きをとることもできる。離婚後の保護命令も場合によっては可能になった。

　加害者と離れての生活が成り立たないなら，被害者は加害者の下に戻るしかないかもしれないが，それを防ぐために，被害者支援には，弁護士だけでなく，配偶者暴力相談支援センター，福祉事務所，警察，民間シェルターなどさまざまな機関との連携が必須であり，生活全般を安全に支えるシステムが大切である。したがって，弁護士が行える法的支援は，これらのごく一部にすぎないかもしれないが，これら適切なサポート機関と連携することも，弁護士の重要な責務である。

2　「DV防止法」について

　DV防止法は，2001（平成13）年10月13日から施行され，2004（平成16）年12月12日改正法施行，さらに2008（平成20）年1月11日改正法が施行され，現在に至っている。
　その目的とするところは，前文に，「配偶者からの暴力に係る通報，相談，保護，自立支援の体制整備することにより，配偶者からの暴力の防止及び被害者の保護を図るため」とされている。なお，法律上は被害者を女性に限定してはいない。

(1)　「DV防止法」における「配偶者からの暴力」

　DV防止法全体における「配偶者からの暴力」とは，その第1条で，「<u>配偶者からの身体に対する暴力</u>（身体に対する不法な攻撃であって，生命又は身体に危害を及ぼすものをいう。）又は<u>これに準ずる心身に有害な影響を及ぼす言動</u>を言い，身体に対する暴力を受けた後離婚し，引き続き受ける身体に対する暴力を含む」と定義されている（第1条，下線筆者）。
　つまり身体的な暴力だけでなく，精神的暴力や性的な暴力，あるいは経済的な暴力を含むので，こういう広い意味の暴力の被害者を対象として，相談・援

助・啓発活動などを行っていこうとするものである。

「配偶者」には事実婚を含むが，同棲との境界線となると，結構判定は困難な事例がありそうである。事実婚とはつまりは内縁関係のことであるから，夫婦としての共同生活の実態があるかどうかである。後で述べる保護命令の申立てにおいて，この「配偶者」に当たるかどうかで争われるケースがありそうである。なお，「離婚」には事実婚の破綻も含む。

（2）被害者の保護

DV防止法第3章における「配偶者からの暴力」は，身体に対する暴力に限られている。配偶者からの暴力を受けている被害者を発見した者は，通報努力義務があり，医療関係者の通報（第6条），警察官による被害防止（第8条），福祉事務所による自立支援（第8条の3），配偶者暴力相談支援センター，警察，福祉事務所，各自治体との連携（第9条）などの対象となる被害者は，身体に対する暴力を受けた者ということになる。

（3）保護命令における暴力

直近の改正で，生命等に対する脅迫が身体に対する暴力に加わった。しかし，これも将来の身体に対する重大な危害を防止するためのものである。以上を図解すると図7-1のとおりとなる。

（4）国及び地方公共団体の責務等

国及び地方公共団体は，配偶者からの暴力を防止するとともに，被害者の自立を支援することを含め，その適切な保護を図る責務を有するとされ，内閣総理大臣，国家公安委員会，法務大臣及び厚生労働大臣は，配偶者からの暴力の防止及び被害者の保護のための施策に関する基本的な方針を定めなければならないとされている（第2条，2条の2）。

これに基づき2008（平成20）年1月11日付で，内閣府，国家公安委員会，法務省，厚生労働省告示第1号として，「配偶者からの暴力の防止及び被害者の保護のための施策に関する基本的な方針」が定められている。その中で，「被害者の立場に立った，多様な関係機関等による切れ目のない支援」の必要性が唱えら

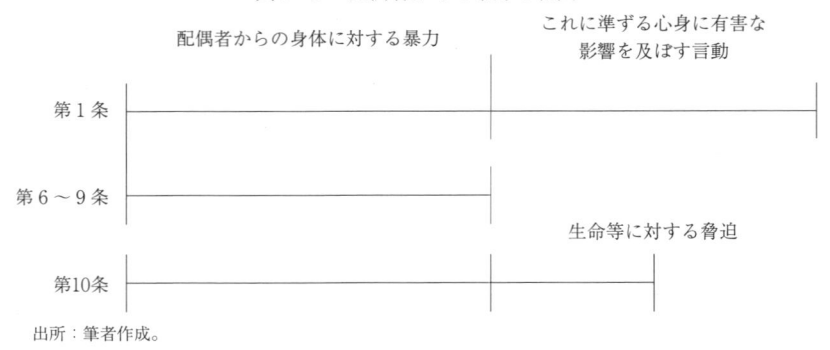

図7-1 配偶者からの暴力の範囲

	配偶者からの身体に対する暴力	これに準ずる心身に有害な影響を及ぼす言動
第1条	←――――――――――――→	←――――――――――――→
第6〜9条	←――――――――――――→	
第10条		生命等に対する脅迫

出所：筆者作成。

れていることは注目される。加害者から逃れ，世間の荒波に立ち向かわなければならない被害者にとって，多面的な連続した援助が不可欠である。ある乳児を抱えた外国人被害者が，「助けますから逃げて下さいと言われて，逃げたけれど誰も助けてくれない」と言われて，ハッとしたことがある。

そして都道府県は，基本方針に即して，当該都道府県における配偶者からの暴力の防止及び被害者の保護のために，施策の実施に関する基本的な計画（都道府県基本計画）を定めなければならず，市町村は市町村基本計画を定める努力義務があるとされる（第2条の3）。

(5) 配偶者暴力相談支援センター（第3条）

都道府県では，当該都道府県が設置する婦人相談所やその他の適切な施設において，当該各施設が配偶者暴力相談支援センターとしての機能を果たすようにするとされ，各都道府県に配偶者暴力相談支援センターが設置されている。また，市町村は適切な施設において同機能を果たすように努めることになっている。配偶者暴力相談支援センターとしての機能を有する自治体の数は増えつつある。

配偶者暴力相談支援センターの相談員は，被害者の相談に乗り，心身の健康回復のための指導を行い，緊急時において安全確保・一時保護を行い，自立促進のための援助を行い，保護命令制度の利用について援助を行い，保護施設の利用について援助を行うことを業務とするとされている。

（6）保護命令（第10条～22条）

　被害者が，将来配偶者からの身体に対する暴力により，生命・身体に重大な危害を受けるおそれが大きいときに，被害者が地方裁判所に申し立て，加害者に一定の行為を禁止することを命令してもらう制度である。違反すると刑罰（懲役1年以下または100万円以下の罰金）が科せられるので効果は絶大である。殆どの人は，きちんと命令を守るので，命令が得られそうな場合は，是非検討すべきである。

　保護命令が発令されると，DVの被害者であることがはっきりするので，話が通りやすく各種の保護も受けやすくなる。例えば，配偶者と路上で子どもの取り合いになったときに，110番して警察官が駆けつけたとしよう。初対面の警察官に，妻と夫が全く正反対の説明をすると，一体どちらに正義があるのか，警察官としても判断が難しいであろう。こういうときに保護命令が発令されていれば，軍配はすぐに被害者（妻）に上がる。

　但し，命令が出るのは裁判所の手続なのでそれほど容易ではなく，事前に申立要件に当てはまるかをよく検討すべきである。申立てが認められないことも往々にしてあると聞く。また，裁判所によって申立てが認められる難易度は，多少異なるようである。証明の程度は「疎明」ではなく「証明」なので，しっかりと客観的な証拠が必要である（ときたま「疎明」と書いた決定書を見かけるが間違いである）。何しろ違反すると刑罰が科せられるので，その元になる保護命令の発令も厳格である。しかし「近づくな。うろうろするな」というだけなら，加害者にとって負担はそれほど大きくはないので，もう少し柔軟に保護命令の発令をしてほしいものだ。離婚訴訟法の受理件数を比較してみると，東京は大阪よりも保護命令の申立件数自体がかなり少ない。

　次に，保護命令の種類を挙げる。

①　2カ月間の退去命令

　同居していた住居からの退去と住居付近のはいかいが禁止される。

　被害者はこの2カ月間で，安心して引越し準備を行い家財道具を搬出できるための制度である。2001（平成13）年にDV防止法が制定された際は，2週間の退去期間であったが，余りにも短いため2カ月に改正された。しかし，住居の所有者である加害者（多くは夫）が，2カ月間も自宅の所有権を行使できないの

は，財産権の侵害ではないか，憲法違反ではないかという批判があった。そのため目的を達したあとは，取り消しの申立てを勧められるようである。

②　6カ月間の接近禁止命令

同居していた住居以外の場所でのつきまとい，住居や勤務先など通常所在する場所付近のはいかいが禁止される。被害者が現にいる場所でつきまとったり，被害者がいそうな場所をはいかいしたりしてはいけないということである。

自営業で飲食店を経営していた夫婦が，店とは別のマンションに住んでいた。住居から店に通っており，朝から閉店後の夜10時頃まで店にいる。そこで保護命令を申し立てる際，裁判所が用意した申立書に印刷してある「住居，勤務先その他の通常所在する場所」というだけの主文では，インパクトが弱いと考えた。普通，目録としては，当事者目録と住居目録を添付するが，そこに「勤務先目録」として店舗名を特定した目録を加えて申し立てたことがある。無事に発令され，夫は店舗に近づけなくなり，妻が勝利する結果となった。ケースに応じたこういう工夫は，最初から無駄と決め付けずにダメモトでやってみることが大切である。

③　被害者と同居している未成年の子への接近禁止命令（被害者への接近禁止命令が前提）

配偶者が幼年の子どもを連れ戻そうとしているなど，被害者が子に関して配偶者と面会せざるをえなくなることを防止するための制度である。少し分かりにくいが，保護命令制度の保護法益は，「被害者の生命・身体の安全」である。子どもへの暴力を直接的に防止する制度ではない。幼い子どもを連れて行かれると，被害者がそのままにはしておけないので，やむを得ず加害者と会わなければならなくなり，その際に重大な暴力を振るわれることを防止するためである。そこで，被害者が子どもを連れて逃げているだけでは要件に当てはまらない。子どもへの接近禁止の申立てを取り下げさせられたとよく耳にするが，この要件を欠いているためであろう。

子どもへの接近禁止命令は，親権争いにとって決定的であるため，裁判所も慎重である。なお，15歳以上の子どもについての申立てには，子どもの同意が必要になる。

④　被害者の親族等への接近禁止命令（被害者への接近禁止命令が前提）

　被害者の親族等とは、「被害者と社会生活において密接な関係を有する者」をいい、被害者の身上、安全などを配慮する立場にある者をいう。配偶者暴力相談支援センターの職員（公務員であっても含む）や民間シェルターの支援員なども、現に被害者に対し、継続的な保護・支援を行っている者などが、これに該当する。親族らの住居に押しかけて、著しく粗野又は乱暴な言動を行うこと、その他の事情から被害者がその親族らに関して配偶者と面会しなければならなくなることを防止するためであり、単に親や親族がいるから申し立てるものでないことは、子どもの場合と同じである。加害者に身元が知られていないが、申し立てた方がいいかと質問を受けたことがあるが、加害者に余計な情報を与えない方がよいのはもちろんである。なお、申立てには親族らの同意が必要である。

　⑤　電話等禁止命令（接近禁止命令が前提）

一　面会を要求すること。

二　その行動を監視していると思わせるような事項を告げ、又はその知りうる状態に置くこと。

三　著しく粗野又は乱暴な言動をすること

四　電話をかけて何も告げず、又は緊急やむを得ない場合を除き、連続して、電話をかけ、ファクシミリ装置を用いて送信し、若しくは電子メールを送信すること。

五　緊急やむを得ない場合を除き、午後10時から午前6時までの間に、電話をかけ、ファクシミリ装置を用いて送信し、若しくは電子メールを送信すること。

六　汚物、動物の死体その他著しく不快又は嫌悪の情を催させるような物を送付し、又はその知りうる状態に置くこと。

七　その名誉を害する事項を告げ、又はその知り得る状態に置くこと。

八　その性的羞恥心を害する事項を告げ、若しくはその知り得る状態に置き、又は性的羞恥心を害する文書、図画その他の物を送付し、若しくはその知りうる状態に置くこと。

一～八号については，項目ごとに選択するのではなく，申し立てるのなら一括である。四号，五号の「緊急やむをえない場合」というのは，子どもが病気になったり急死したりした場合，重大な事件に巻き込まれた，自宅に火災が発生した，といった場合である。夜中に，1回でもメールしたら違反になる。

3　被 害 者

① 配偶者からの身体に対する暴力を受けた者，
② または生命等に対する脅迫を受けた者（脅迫は被害者の生命又は身体に対し害を加える旨を告知してする脅迫に限る）である。

　上記の①か②の人が，更なる身体に対する暴力により，その生命又は身体に重大な危害を受けるおそれが大きい場合に，保護命令が発令されることになる。配偶者からの暴力であるから，配偶者であること（事実婚含む）が要件であることは，前述のとおりである。
　上記の①の暴力は，身体に対するものであれば何でもよいといえるが，程度が軽いと次の要件である「更なる身体に対する暴力により，その生命又は身体に重大な危害を受ける恐れが大きい場合」に当たらないとされる可能性がある。足を蹴られた，腕に薄いアザができたという程度の暴力を受けた場合で，次に暴力を受けた時も足や腕のアザ程度であれば，生命又は身体に重大な危害が加えられるおそれがあるとはいい難いかもしれない。怪我の程度が軽くて，暴力の回数も少ないケースで，警察に相談せず女性相談センターに相談しただけという場合，裁判官が命令を出さないことがあった。ひどい暴力だと思ったら，被害者はすぐ110番するか，警察に相談ぐらいするだろうと，裁判官は考えているようであった。
　PTSDで保護命令が出たケースがある。夫に大声で怒鳴られ威嚇され続けてPTSD状態になり，ベランダから飛び降り自殺しそうになって子どもに止められた事例で，接近禁止命令が発令された。夫の声が録音された留守番電話が，物的証拠として威力を発揮した。
　次に，②の生命等に対する脅迫は，今回の改正で加わった。国会で「刑法の

脅迫罪（相手を畏怖させるに足りる害悪の告知）と基本的には同一だが，加害の対象が生命・身体に限定される。具体的にどういう行為が該当するかは，どういう話の流れという文脈の中で言ったか，また家庭の状況などの総合判断で，最終的には裁判官の総合判断です」という説明がなされている。言葉や態度で脅迫するわけで，目撃者がいたり，ビデオに撮ってあったり，録音されている場合は証明されるだろうが，当事者だけしか居ない場合は，加害者が否定すると証明は難しいのである。

4　申立て

（1）管轄裁判所

申立てる裁判所は，申立人の住所地又は居所（シェルターは不可），暴力が発生した地の地方裁判所である。

住民票を元の住所に置いたままで逃げている場合は，住民登録のある裁判所でよい。つまり現在の居所は秘匿したままで申立てが可能である。ある弁護士は，「保護命令を申し立てるときには，あなたが実際に住んでいる所を申立書に書かないといけないので，申し立てない方がいいですよ」というアドバイスをしたと聞くが，これは間違いである。但し，申立書とは別の用紙で現実に住んでいる住所を提出し，保護命令が発令された場合，警察がその現実の住居を見守ってくれることになる。この用紙は加害者は閲覧できない。

（2）主張する事項（申立書に書く事項）

① 配偶者から今までに受けた身体に対する暴力又は生命又は身体に対する脅迫を受けた状況
② 今後身体的暴力により生命又は身体に重大な危害を受ける恐れが大きい事情として，たとえば，以前に被害者が家を出たときにとった加害者の行動や加害者の執念深い性格などを記載すると良い。
③ 子や親族等への接近禁止命令を発する必要がある事情
④ 電話等禁止命令を発する必要がある事情
⑤ 警察や配偶者暴力相談支援センターに相談したこと（裁判所から警察等に

照会がくる)。

　裁判所に用意されている申立用紙に従って記入すれば，要件は整うので本人申立ても可能である。
　警察に相談していても近所の交番だったり，本署でも違う部署に相談したりすると，記録が残っていない場合もあるので，必ず本署の「生活安全課」に相談すること。記録がないときは公証人に対する宣誓供述書（費用がかかる）を提出する。
　これらが申立ての要件となる。申立て時に書類が整っていないと却下されるので，注意する必要がある。

（3）立証する方法（証拠により証明する）

　「陳述書」というものは，申立人や相手方が口頭で話す代わりに，言いたいことを書いて出す書面のことで，申立書と同じようなことが書かれていても別のものであり，証拠となる。客観的証拠と矛盾せず一貫性があることが重要である。
　加害者が暴力や脅迫を否定している場合は，診断書，写真などにより十分証明されることが必要である。なお，医療機関によっては，関わりをおそれて診断書を発行してくれないこともある。しかし，医師は正当な理由なく診断書の発行を断れないことになっている。カルテの開示請求を行う方法もある。時間がかかるので早めの準備が必要である。また，カルテの保存期間が経過してしまうと，診断書がとれなくなるので，とれるときにできるだけ詳しい内容を書いてもらい保管しておく。また，せっかく取ったものを取り上げられたりしないように，親に預けるなどしておく（ただし，親・兄弟が味方してくれないこともあるので，注意が必要である。夫の元から逃げた若い妻の親が，娘の話を聞きもしないで，夫と一緒になって娘に暴力を振るって以来，親子が絶縁しているケースもある）。
　写真は，インパクトが強いので，効果的である。傷が腫れあがって，一番ひどいときに撮影する。誰かに撮ってもらえないときは，鏡に反射させて自分でとる。1枚や2枚撮影してもうまくいかないので，フィルムの1，2本を使い切るくらいに撮るとよい。顔が写っていないと誰の傷か分からないこともある。

最近は，携帯で写した写真がよくあるが，自分で撮影すると顔と傷が同時に写らないので，証拠としての価値が低いことがある。できたら日付の入った写真にする。デジカメで写した写真が変造されていると主張されたため，鑑定書を作成しなければならなくなり，金も手間も余計にかかることになったケースもある。シェルターなどで写真を撮影したときには，是非，ネガを本人に渡しておいてほしい。長期間経ってから写真が必要になってシェルターに連絡すると，すでに処分されていたということがある。

（4）保護命令違反

保護命令が出ると，裁判所から警察に連絡がいき警察官が何かと気にかけてくれる。

加害者が命令を守らないときは，1年以下の懲役又は100万円以下の罰金が科される。違反の様態により，1回の違反で逮捕という場合もあれば，とりあえず警察からの注意ということもあろう。被害者は，違反の都度警察に連絡することが必要で，警察の動きが悪い場合は，都道府県警に相談するとよい。

最近，加害者が逮捕されたケースでは，警察が入念な事前捜査を行って逮捕に至った。ある意味で知能犯のようなケースでは，こちらも骨が折れる。

（5）不服申立て

不服申立ては，即時抗告期間が1週間であるが，結論が変更になったケースは殆ど聞かない。ほぼ，地方裁判所の判断どおりである。

なお，2カ月，6カ月が経過したときには，再度の申立てが認められるかどうかは，最初の申立てと同一の事実を理由とするときは，特別の事情を要する（退去命令につき第18条）。6カ月終了間近かに，妻が所在を隠していた施設に，夫が語気荒く妻の所在を確認する電話をかけてきたケースで，再度の申立てが認められている。

5　弁護士が関わった事例

（1）住民基本台帳の閲覧等の制限

　住民基本台帳等（住民票や戸籍の附票）を，加害者が閲覧できないようにする制度がある。

　1年毎に更新があり，この制度を知って，住民票を実際の住所に移転してしまった人がいる。しかし，事件解決の前にそうしてしまうと，裁判所で手続をとるときに，当事者の表示として住所を記載しなければならず，その書類が加害者に送達され，その結果加害者が相手方の居住地を知ることになってしまう。しかも，裁判の途中で住所が変わると，裁判所に届けなければならず，したがって判決文には新住所が表示されることになる。一体どの住所を書くのが良いのかについて，現住所しかなくて困ったことがある。

　公正証書を作成する段階になって，実際の住所に住民票を移転していたため大変困ったことがある。公正証書に住所を表記する際，実家に住所を移すと親の収入と合算されるので，子どもの手当を受けられないことになり，どうにもならないと困ったときに，思い出したのがDV防止法第23条である。

　　「第23条　職務関係者による配慮等：第1項，配偶者からの暴力に係る被害者の保護，捜査，裁判等に職務上関係のある者は，その職務を行うに当たり，被害者の心身の状況，その置かれている環境等を踏まえ，被害者の国籍，障害の有無等を問わずその人権を尊重するとともに，その安全の確保及び秘密の保持に十分な配慮をしなければならない。」

　さすが公証人は法律家である。ご存知のように，公証人には元裁判所所長とか元検事正などの法律家がなることが多い。この条文について説明すると，折衷案を考えてくれ，実際に提出する書類には現実の住所を書き，公正証書に表示する住所は実家の住所で良いことにしてくれた。この第23条は，とても頼もしい条文なのである。

（2）福祉担当職員の回答義務の制限

市の福祉担当職員は，夫の元から家出した妻子を保護しているかどうかについて問い合わせがあった場合，それについて回答すべき義務はないとした名古屋高等裁判所の判決がある（平成13年12月11日判決，最高裁も支持。判例時報1795号）。自治体の職員は，この判決を楯にして，情報開示を拒否することができるのである。逆に，ある市は，情報を漏らしたとして，損害賠償の支払が命じられた。

（3）援助者はやりすぎないこと

婚姻関係が破綻して夫と別居中の妻から，夫の元にいる夫婦間の子を連れ戻すことの相談を受けたカウンセラーに対して，夫の親権侵害を理由とする損害賠償請求を認めた判決がある（名古屋地裁平成14年11月29日判決，高裁，最高裁も支持。判例タイムス1134号）。たとえ，被害者のためとはいえ，不法行為の手伝いをすれば足元をすくわれるので，くれぐれも注意する必要がある。

（4）子どもとの面会交流

親権をとりたいなら，子どもと離れてはいけない。離れると大変不利である。

被害者が子どもを連れて別居した場合に，加害者から子どもへの面会交流の要求が出されることがあり，いつも対応に苦慮する。しかし，DV事件といってもさまざまであり，そのポイントは常に「子どもの福祉」である。保護命令が発令されているため，直接の面会交流の申立ては認められず，手紙や写真等の送付を命じた事例もある（これを間接面会交流という）。調停や審判でいったん決定してからでは変更するのが困難なので，こういう局面こそ弁護士の支援が必要であろう。離婚したいあまりに，履行の困難について深く考えずに，加重な面接を認めてしまい，あとからゴタゴタするケースがある。辛くても頑張って安易な解決に飛びつかないことが必要である。

（5）外国人被害者

DV被害者が外国人の場合は，被害者に言葉の問題があるので，特に注意が必要である。かなり日本語が堪能な人でも，法律用語になると理解しにくい上に，事実経過の聞き取りだけでも間違いが発生しやすいので，通訳を入れての

入念な打ち合わせが必要になる。
　また外国人に限らないが，郵便は必ず届くようにしておかなければならない。実際に住んでいる住所に転送すると住所が分かってしまうので，気を付けなければならない。
　裁判では「公示送達」という手続があって，行方不明の場合は裁判所の玄関に書類をぶらさげておいて，一定の日数が経つと被告に届いたことにする。日本人の場合は親兄弟に問い合わせるので，裁判が起こされたことが分かり対応が可能であるが，外国人の場合は，問い合わせるべき親族が日本にいないので，行方不明ということになりやすい。知らないうちに，離婚されたり慰謝料の支払いを命じられたりすることになるかもしれない。
　常日頃からこういうことにならないように相談者にアドヴァイスしていたが，「公示送達」により，外国人女性が欠席裁判で離婚判決を受けてしまうという事態が発生したことがある。そこで，送達が無効であるとして争った結果，無事にきちんとした解決に至ったが，膨大な手間ひまとお金が余計にかかった事例である。

（6）離婚調停

　調停は自分でできると言われて，DV事件なのに弁護士を頼まず，自分一人で調停を申立てるという話を聞くことがある。あるいは弁護士費用が心配で，一人で調停を申立てる人もいる。しかし，筆者の経験からいうと，調停を甘くみてはいけない。特に，DV事件の場合は弁護士が必要である。再被害防止のために住所の秘匿だけを考えても，本人一人で調停に立ち向かうのは危険が多すぎる。裁判所も安全対策はとってくれるが，それも裁判所の敷地内だけである。また事件の本質を短時間のうちに要領よく説明するのは，なかなか骨の折れることでもある。ある離婚調停に代理人として立ち会った時，何故離婚したいのかと調停委員から聞かれて，本人が全く些細なことから話し始めたので驚いたことがある。本人一人で調停に臨むと，こんな風に話して焦点がぼやけて，筋の違う結論になることもあるだろうと思った。
　また，無料の法律相談にあちこち行って知識を得て，調停は自分でやろうという作戦の人もいる。しかし，無料相談は常に最初から話さなければいけない

ので，話が深まらないし，弁護士の方も法律相談だけだとひと通りの回答しかできない。やはり一人の弁護士にじっくりと話を聞き取ってもらい，いろいろな角度から検討してもらうことが大切である。自分で弁護士費用を負担できない人は，勝訴の見込みがあり，収入面での条件（収入が少ないこと）もクリアするとして審査を通ると，日本司法支援センター（法テラス，電話：0570-078374）という国が設立した機関が弁護士費用を立て替えてくれる。相手方から金が取れた場合は，その中から返済すればよいし，取れなかった場合は，少しずつ返済するシステムになっており，基本的には金がないから弁護士を頼めない，ということはないのである。

（7）そ の 他

　以前，定額給付金が支給されることになったが，世帯主に支給されるため，住民票を元の住所のままにして事実上別居している場合，DV被害者や子どもたちが給付金を受け取れないという問題が発生した。そこである弁護士が，世帯主の夫への給付金を差止める仮処分を，家族全員で申し立てさせたことが話題になった。これがきっかけとなって，総務省は自治体側に独自の救済策を求めていく考えを示した。

　このように各弁護士が，直面するさまざまな問題について正面から取り組み，局面を切り開いていくことが期待されているが，できれば筆者もその一端を引き続き担いたいと考えている。

引用・参考文献
内閣府男女共同参画局編（2002）「配偶者からの暴力相談の手引」財務省印刷局。
「配偶者からの暴力の防止及び被害者の保護のための施策に関する基本的な方針」（内閣府，国家公安委員会，法務省，厚生労働省告示第1号）平成20年1月11日。

（中村順子）

第8章　アドボケイターによる支援

　「アドボケイター／アドボカシー／アドボケイト（advocator/advocacy/advocate）」という言葉は，まだ日本社会にはそれほど定着していない。「同行支援者」「権利擁護者」と言った方が幾分理解されやすいかもしれない。筆者は，DV被害者（以下，当事者）の緊急一時保護所「民間シェルター」で，約10年間スタッフとして支援活動を行った。当事者に同行支援し，「アドボケイター」と記した名刺を関係機関で使用すると，多くの人に「アドボケイターって？」と質問を受けた。このような経緯の中で，現在も引き続きアドボケイターの概念および役割は，大変重要だと考えている。

　2001（平成13）年以降，日本ではDV防止法の制定と2回の改正がなされた。第2条および第2条の2に，「保護」と「防止」に加えて，「自立支援」と「国の基本方針」が定められた。2008（平成20）年1月に告示された「国の基本方針」に「同行支援」が書き込まれ，国が「アドボケイター」の必要性を認識したといえる。

　本章では，当事者の支援事例（多数の事例を複合した創作事例）を呈示し，当事者の課題解決の過程で，アドボケイターが果たした役割を示す。筆者はこの支援を通して，関係機関に当事者支援の「伴走者」であると同時に，「アドボケイター」として支援する姿勢を伝え，社会全体の女性と子どもの福祉に，「アドボカシー」の視点を広げ，法制度と社会・福祉的施策が，車の両輪のように機能する一助になればと考える。

1　アドボケイター・アドボカシー・アドボケイトの定義

（1）用語の定義

　ことばの意味を辞書で調べると，ad（to）＋ vocate（calling）に分節でき，「声のするほうへ」ということから，求めの声に応じて支援することを指す。アド

ボケイトには「支援して弁護する」という意味の他動詞と,「弁護する人」「仲裁者・擁護者・唱道者」という意味の名詞がある。アドボケイターは,その名詞と同義語である。アドボカシーは「アドボケイトの機能であり,支持して弁護すること」である（高畠，2007）。

一方『社会福祉用語辞典　第7版』（山懸ら，2009：5）では「アドボカシー」を「自己の権利や生活のニーズを表明することが困難な高齢者,障害者,子どもなどにかわり,援助者がサービス提供主体や行政・制度,社会福祉機関などに対して,柔軟な対応や変革を求めていく一連の行動,代弁,権利擁護などと訳されることもある。その機能は,①発見,②調整,③介入,④対決,⑤変革が挙げられる」と定義している。

（2）アメリカにおけるDV被害者支援とアドボカシーの定義

アメリカでは1970年代からシェルター活動が始まり,1980年代には全米24の州でDV加害者逮捕と保護命令が義務づけられる法律ができた。シェルターとホットラインのみならず,サポートグループ,カウンセリング,子どものプログラム,裁判所での被害者サポート,地域での啓発運動などの「被害者支援」が進められてきた。アメリカでの被害者支援は「アドボカシー」をもとにしており,「支援者」を「アドボケット」と呼んでいる。アドボカシーの定義は「自分,他人のため,あるいは何らかの目的を達成するために必要な変革や正義をもたらすために活動すること」である。「何らかの目的」の一つとして,「女性と子どもを暴力から守る」ことが挙げられてきた。そして,個人的支援,組織的支援のために「アドボケット」には,基本的な態度とスキルが必要であるとしている（尾崎，2005：71-72）。

（3）日本におけるDV被害者支援とアドボカシーの定義

日本でも,1970年代には,草の根の活動として支援が始まり,1980年代後半からシェルター活動が起こった。国際的潮流の中で,2001（平成13）年DV防止法が制定され,2回の改正が行われた。

筆者が関わった民間シェルター（1997〔平成9〕年設立）では,DV被害女性の立場に立ち,総合的・長期的支援を続ける中で,2004（平成16）年「法的アドボ

ケイター養成プログラム」を全10回行い，2007（平成19）年にその内容をブックレットにまとめた。代表の平川和子は，アドボケイトを「声や言葉を奪われて，自分の意思や意見を声に出して伝えられない人と共に歩むこと，その人の権利を擁護すること，その人に言葉が戻ってくることを待つこと，必要に応じて同行支援を行うこと」と4点にわたり定義し，アドボケイターを「声を奪われた被害者の権利を擁護し，必要に応じて同行支援を行う人」と定義している（FTCシェルター編，2007：12）。

（4）「DV防止法」とアドボケイター

アドボケイターは「当事者の権利を擁護し，同行支援も行う人」といえるが，DV防止法に書かれた現場の関係機関の支援者としては，次の8つが挙げられる。①配偶者暴力相談支援センター職員（第3条），②一時保護の委託機関スタッフ（第3条第4項），③民間の団体スタッフ（第3条第5項），④婦人相談員（母子自立支援員を兼務している場合もある）（第4条），⑤婦人保護施設職員（第5条），⑥警察関係者・医療関係者（第6条・第8条），⑦福祉事務所職員（第8条の3），⑧その他の関係機関職員（第9条）である。

DV防止法に明記はないが，現在「一時保護」の段階では，「安全の確保」を目的として上記職員は，必要に応じてアドボケイターの役割を果たす必要があり，保護命令申立てなどの段階では，必要に応じて「同行支援」を行っている自治体も少なくない。その後の「自立支援」の段階では，「同行支援」は「国の基本方針」「自治体の基本計画」など今後の政策に委ねられている。

（5）DV被害者の実際とアドボケイターの重要性

アドボカシーとは『クライアントの権利のために戦うことである』という定義がきわめて簡潔にアドボカシーの本質をついていると，Bateman（1995）の監訳者である西尾祐吾はそのあとがきで述べている（p.212）。

筆者は，DV被害女性と子どもたちの支援においても，この定義は的確だと考える。なぜなら，DV被害者はまさに「犯罪被害者」「人権を侵害された人」だからである。暴力を受けた直後は，ケガや急性ストレス障害の症状により，また長期の複合的暴力を受けた被害者は，複雑性PTSDとうつ症状等により言

葉を失い，自分の権利やニーズを表明することが困難になっている。当事者の中でもマイノリティと言われるのは，外国籍女性，障がい者，高齢者などや，未成年者であることも多く，彼らは自分の権利やニーズを表明することの困難さを抱えている。緊急避難して生活再建することは，想像以上に容易ではなく，とくに法的解決では困難が多い。例えば保護命令の申立書を書くことから，または適切な弁護士に出会い事実を話すことから，権利回復が始まるが，そのときこそ「アドボケイト」は重要だ。

　次に，「自立支援」「生活再建」段階での「アドボケイター」は，区市町村の婦人相談員や民間の団体スタッフが，できる限り孤軍奮闘して行っている。内閣府や東京都の「自立支援等に関する調査結果」からも，当事者は裁判・調停の困難を強く感じており，そこからも同行支援への要望が読み取れる。

　今後は，当事者が「生活再建」段階でも，関係機関において「アドボケイター」の支援を得られるように，支援者の充実と当事者への周知を図るためにも，都道府県や区市町村の基本施策の中に「アドボケイター」機能を取り入れる必要がある。この点は，第4節で詳細を述べる。

2　アドボケイターの役割・知識・技能

(1) アドボケイターの役割

　アドボケイターの6つの役割は，当事者の最善の権利実現のために，当事者とともに最善を尽くすことである。そのためには，必要な知識や技能を身に付ける必要がある。FTCシェルター（2007：13-14）は，以下のように役割を整理しているが，これらは2次被害防止のためにも必要である。

・当事者の現状を正確に把握するために傾聴して整理すること
・当事者の最善の利益に向けて行動すること
・当事者の自己決定を尊重すること
・当事者に対して正確な情報を提供すること
・当事者に対して率直な助言をすること
・当事者の安全確保のために個人情報保護に努めること

(2) アドボケイターに必要な知識と技能

アドボケイターに必要なのは以下の4点である

> ・アセスメント──過去の支援を整理し、今後の必要な支援を査定する力
> ・調整──関係機関に連絡を取り、同行時の内容、日程調整する力
> ・介入と交渉──関係機関に同行し、具体的な援助をしつつ、双方の理解が深まる橋渡し役を行う力
> ・変化──困難な事態を解決する力、制度や運用面の不備を改善する役割

(3) Aさんへの同行支援を通して見るアドボケイターの役割・知識・技能

保護所に緊急避難中のAさんの離婚手続のために、日本司法支援センター（以下、法テラス）と家庭裁判所にアドボケイトした事例である。事前にアセスメント（現状把握）を行い、Aさんに了承を得て（個人情報保護）、その内容を筆者が把握した上で、同行支援を行った。前日、筆者はAさんに電話とFAXで連絡を取り、待ち合わせの場所と時間を決めた。その直後、Aさんの保護所職員から、「保護所まで迎えに来てほしいとAさんが希望している」（自己決定）と連絡があった。東京に慣れていない、一人で歩くのが怖いという理由からだった。筆者の都合を再度電話で話し、保護所の最寄り駅改札口を待ち合わせ場所とした（調整）。

当日、筆者たちは法テラスで無料の弁護士相談を受けた。内容は離婚の方法、弁護士の紹介、また弁護士費用の貸付制度が受けられるかなどであった。担当した弁護士は、Aさんの話をよく聞き、この事例に特有の理由のため、一般的な離婚調停よりも、まずは協議のために弁護士を依頼することを勧めてくれた。Aさんと筆者はほぼその方針を理解し、その方針を取ることに決めた（自己決定・介入と交渉と変化）。

いずれにせよ離婚調停は避けられないと予測されたので、筆者はAさんに、家庭裁判所の1階にある家事事件の窓口で「夫婦関係調停申立書」を受け取り、申立方法について説明を受けることを提案した（助言・介入と変化）。ここで先ほどの弁護士の説明とは違っている事実も判明した（正確な情報・変化の必要）。Aさんはがっかりした。「弁護士さんでも不正確な情報提供があるのだ！」とA

さんも筆者も共に理解した場面であった。

最後に，離婚手続に必要な住民票と戸籍を，住所地に郵送で請求するため，郵便局でその作業を行った(最善の利益・安全確保)。筆者は昼食休憩をとることを勧めたが，Aさんは「とてもその気持ちになれない」と言うので(自己決定)，筆者は，Aさんを保護所の最寄り駅まで送り(安全確保)，約4時間にわたるアドボケイトを終了した。

3　事例に見るアドボケイトの実際

(1) 同行支援の流れ

図8-1は，当事者が問題解決のために関わる関係機関とその支援を，「緊急避難」から「新たな地域生活の始まり」まで，流れに沿って示した図である。当事者の問題解決方法は，激しい暴力で緊急避難から始まる事例，長い相談の末加害者と離れる決心をする事例，加害者と同居して安全を確保する事例などがあり，一様でない。

本節では，シェルターに緊急避難をし，加害者とは別の地域で生活再建した3事例を示す。Bさんは，単身で刑事告訴して生活再建した。Cさんは，母子でアパートに転居し，調停離婚する際に適宜アドボケイターを活用した。Dさんは，保護命令の発令後，情報公開制度の利用などで親権を取得した。

図8-1を参照しながら事例を読むと，当事者が関わる関係機関の多さを実感するであろう。したがって，関係機関のスタッフは，「アドボカシー」の視点で個々の責務を果たす必要がある。中でも法的手続は，一般的に敷居の高い警察や裁判所に，被害直後の当事者が直接出向いて行わなければならない。保護命令や離婚調停の申立は，いずれも自己申立が可能な制度ではあるが，申立書を作成するための支援や裁判所への同行支援など，「自立支援」と「権利回復」のためにアドボケイターの存在や役割が非常に重要である。

(2) Bさんへのアドボケイト支援

激しい身体的暴力を受け，刑事告訴を行い，加害者の逮捕と起訴の後に職場復帰したBさん

① 警察・病院・男女共同参画センターへの同行支援(友人)
② アセスメント(男女共同参画センター相談員・職員)
③ シェルター入所への同行支援(同上)
④ 警察の現場検証への同行支援(アドボケイター)

　一般に当事者は危険にさらされているとき,警察に飛び込むことが多い。被害届を出し,告訴するか否かを決める際には,当事者は迷い悩み,最終的に告訴をしないことも多い。Bさんは,警察と相談し告訴した結果,友人や相談員

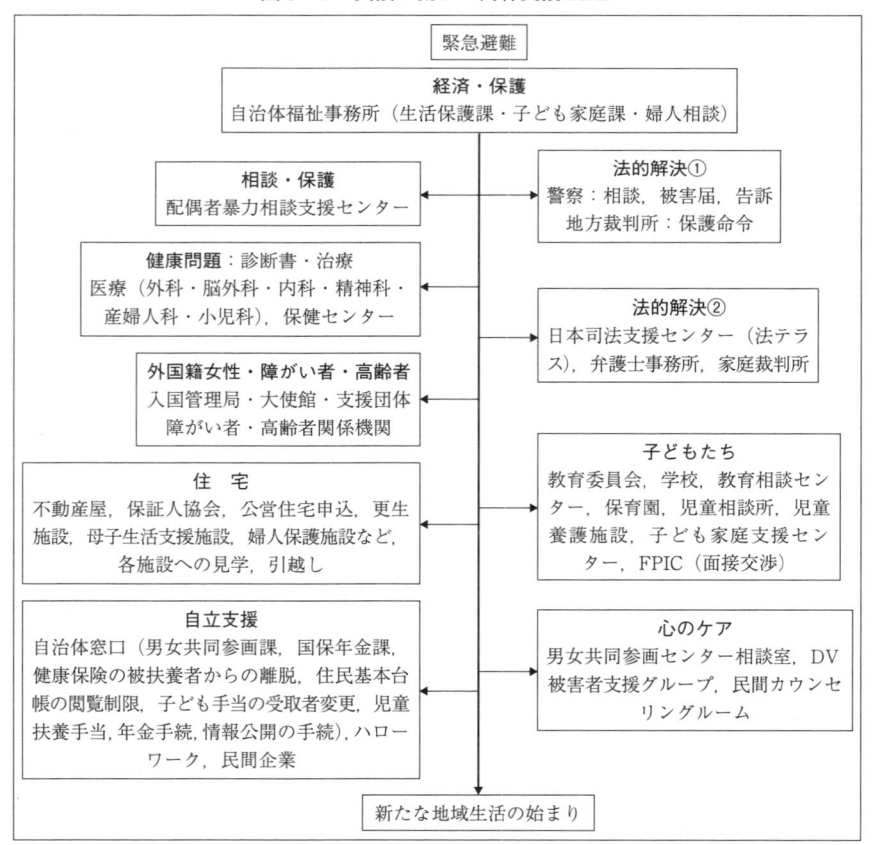

図8-1　支援の流れと同行支援 MAP

```
                        ┌──────────┐
                        │ 緊急避難 │
                        └──────────┘
                    経済・保護
         自治体福祉事務所(生活保護課・子ども家庭課・婦人相談)

   相談・保護                              法的解決①
   配偶者暴力相談支援センター       警察:相談,被害届,告訴
                                       地方裁判所:保護命令

   健康問題:診断書・治療
   医療(外科・脳外科・内科・精神科・     法的解決②
   産婦人科・小児科),保健センター     日本司法支援センター(法テラ
                                       ス),弁護士事務所,家庭裁判所
   外国籍女性・障がい者・高齢者
   入国管理局・大使館・支援団体
   障がい者・高齢者関係機関              子どもたち
                                       教育委員会,学校,教育相談セン
   住　宅                               ター,保育園,児童相談所,児童
   不動産屋,保証人協会,公営住宅申込,更生   養護施設,子ども家庭支援セン
   施設,母子生活支援施設,婦人保護施設など,   ター,FPIC(面接交渉)
   各施設への見学,引越し

   自立支援                             心のケア
   自治体窓口(男女共同参画課,国保年金課,   男女共同参画センター相談室,DV
   健康保険の被扶養者からの離脱,住民基本台   被害者支援グループ,民間カウンセ
   帳の閲覧制限,子ども手当の受取者変更,児童   リングルーム
   扶養手当,年金手続,情報公開の手続),ハロー
   ワーク,民間企業
                        ┌────────────────────┐
                        │ 新たな地域生活の始まり │
                        └────────────────────┘
```

出所:FTC シェルター編(2007)を部分的に修正。

第8章 アドボケイターによる支援

やアドボケイターの協力を得て，早期にDV被害から脱し生活再建ができた。

1) 友人の同行支援

Bさんは，30代の単身で，派遣で会社に勤務していた。半年前から，内縁関係の相手と同居している。激しい身体的暴力を受け，友人の協力で警察に飛び込み，被害届を出した。その後，病院に行き診断書ももらった。相談，宿泊，同行など協力してくれる友人がいることは，Bさんにとって大きな資源だったが，さらに公的相談機関につながったことが重要であった。友人や親族の支援には限界があり，Bさんに必要な安全で安心でき，かつ告訴に対応するための宿泊施設は，公的相談機関に相談して，提供してもらうしかなかった。

2) アセスメント

友人に同行してもらい，Bさんは男女共同参画センターのDV相談を訪れた。相談員は，Bさんの現在のニーズをアセスメントするために，Bさんに今の希望を尋ねた。Bさんは相手と離れ，実家に戻り，できれば今の仕事を継続したいと希望した。

3) シェルター入所

そこで相談員は，Bさんが心身の安全を確保でき，そこで身体を休め，問題解決を図ることができるのはシェルターだと考え，公的および民間シェルターを紹介した。Bさんは，自費で民間シェルターを利用することに決めたので，相談員はシェルターへの入所の同行支援を行った。

4) 警察の現場検証

警察では，Bさんと加害者の関係は内縁関係に該当しないと判断され，DV防止法の適用にならず，「ストーカー行為等の規制等に関する法律」（平成12年）の適用に該当すると説明を受けた。加害者には前科があり，今回Bさんが受けた暴力は後遺症を残すほどであった。加害者と離れるために，Bさんは刑事告訴することを決心した。警察の捜査過程で現場検証が行われた。加害者はすでに勾留中であったため，警察官，アドボケイターとともに，Bさんは同居していたアパートに行った。そこで暴力時の再現が行われ，詳しい証言が求められた。当事者にとっては，最も厳しい場面である。終了後，PTSDの症状が再燃し，睡眠障害も起こり通院した。加害者が起訴されたことにより，Bさんの実家の家族も安心し，Bさん名義で借りたアパートを引き払い，実家への引越し

の協力を得ることもできた。休職中であった会社にも，戻ることができた。もちろん，加害者が釈放された後の危険性は否定できないが，まずは第一段階の生活再建ができたといえる。

（3）Cさんへのアドボケイト支援

精神的暴力を受け，子どもを連れて避難し，転居後弁護士を依頼して離婚したCさん

> ① X区福祉事務所への相談（婦人相談員）
> ② 一時保護所でのアセスメント・病院への同行支援（アドボケイター）
> ③ 不動産屋でのアパート探しと転宅
> ④ Y市での転校・国民健康保険の手続への同行支援（アドボケイター）
> ⑤ 離婚手続のための弁護士相談
> ⑥ 離婚調停への同行支援（アドボケイター）

Cさんは一時保護の間に，転宅準備を行い新しい居所を決めた。アドボケイターのアセスメントと同行で，Cさんは従来から通院していた病院での治療を再開した。さらに転居後の行政窓口手続への同行，離婚調停への同行も行った。以下にその実際を示す。

1）婦人相談員への相談

Cさんは，30代で結婚歴8年，子どもは小学校3年の女児である。夫は仕事はするが，アルコールを飲んでは暴れて家中を壊し，暴言を浴びせる。直接の身体的暴力はないが，貯金を持って家を出る決心をし，X区福祉事務所の婦人相談員に相談をした。Cさんは以前に書かされた離婚届を勝手に出される心配があるというので，X区婦人相談員が同行して，離婚届の不受理届を区役所窓口に提出した。その後，同行して公的シェルターへの一時保護となった。

2）アセスメントと病院への同行

Cさんが住んでいたX区では，民間団体に委託したアドボケイト事業を行っており，Cさんは利用を希望した。アドボケイターは一時保護所を訪問し，アセスメントを行った。慢性疾患治療のため，加害者も知っている病院への通院が必要であり，アドボケイターによる第1回目の病院への同行支援を行った。

3） アパートへの転宅

Cさんは子どもの通学を希望していたので，早目にアパート転宅を進め，所持金を転宅費用に当てることとした。Y市に物件を探し，転居した。

4） 転校・国民健康保険の手続への同行

Cさんは，転居後子どもの転校や国民健康保険（これまでは夫の健康保険の被扶養者）の手続のために，2回目の同行支援を求めた。CさんとアドボケイターはY市役所に行き，新しいY市の婦人相談員に転入の事情を伝えた。相談員は，Y市庁内の学務課や国保年金課，社会保険事務所などと連絡を取り，Cさんの状況を伝え，対応方法を聞くなど橋渡し役を担った。一方，DV事例の場合は，離婚成立までは急いで住民票を異動しないことが支援の原則である。そこで，住民票を異動せず，Y市への転入の事実を示すために，「DV一時保護証明書」（配偶者暴力相談支援センター〔以下，支援センター〕発行）と「賃貸契約書」等を所持していたので，諸手続が速やかに進んだ。国保年金課では，国民健康保険への加入が実現した。

夫から元の学校への追跡が激しいため，学務係での子どもの転校手続では，Cさんは一般的な「転校」ではなく，元の学校に転校先を伝えないための手続を求めた。その場では保留になったが，交渉の結果X区とY市の学務課で協議が行われ，可能になった。

5） 離婚手続きの開始

子どもとの生活が落ち着いた頃（転居して2カ月），Cさんは知人の弁護士に依頼し，離婚調停を始めた。その際，申立書だけでは結婚の経過や離婚理由が十分に説明しきれないため，調停申立書および陳述書を添付した。第1回目の調停で，調停委員に十分事案を理解してもらうためには，申立書にA4用紙数枚程度の「陳述書」を添付することが有効である。

6） 離婚調停への同行

第1回目の調停期日に同行したが，正面入口から入った直後，Cさんはサングラスにマスクをした相手方を目撃した。幸い相手方には気づかれず，Cさんは申立人待合室に入ったため，最後まで相手方と顔を合わせることはなかった。しかし，Cさんは，家を出て以来初めての再会で，かなり動揺し落ち着かなくなった。裁判所への入り方は，一般に正面入口やエレベーターは避ける必要が

あることについて，アドボケイターは改めて痛感した。地域によっては，裁判所が非常に小さいところもあるので，建物の構造を前もって良く知り，相手方と鉢合わせすることのない工夫が必要である。万が一遭遇した場合は，目を合わさず，書記官に援助を求めるなど，事前にシミュレーションをしておくことが必要である。

　数回の調停で離婚，親権，養育費，面接交渉について話し合い，調停調書にすることができ，Cさん親子は新たなステップに踏み出すことができた。

（4）Dさんへのアドボケイト支援
　保護命令を申立てた後，離婚調停，訴訟を経て，離婚と親権が確定したDさん

> ① シェルターへの入所（支援センター職員同行）
> ② 保護命令申立書の作成と提出（アドボケイターの助言と同行）
> ③ 母子生活支援施設入所→弁護士依頼（アドボケイター同行）
> ④ 離婚調停申立て→不調→離婚訴訟申立て→離婚成立と親権の確保
> 　（弁護士とアドボケイター同行）

　アドボケイターには，保護命令申立書や陳述書を作成する支援，自治体の情報公開制度で裁判資料を集める支援，当事者と弁護士の橋渡しの役割が求められ，以下にその実際を示す。

1）シェルター入所
　Dさんは，生活保護を受給しており，5歳と3歳の男児と共にシェルターに入所した。

2）保護命令の発令
　自分で申立書を作成し，アドボケイター同行で保護命令の申立てを行った。かなり激しい身体的暴力があり，病院の診断書やアザの写真があったので，Dさんと子どもたちへの接近禁止命令がすぐに発令された。

　なお，保護命令の申立書には「暴力の事実」を書くが，まず，出会いから避難にいたるまでの「暴力の事実」を，時系列に沿って陳述書としてまとめた後

に，申立書を作成した。申立ての当日には，地方裁判所に同行したが，アドボケイターは裁判官と被害者の尋問には同席できなかった。しかし，被害者とは「迷ったり困ったりした場合は，部屋から出てアドボケイターと相談できること」を事前に確認しておくことが大切で，そのため無事書面が受理され，発令に至った。

3) 施設入所と離婚手続

その後Dさんは，中期保護施設（母子生活支援施設）に入所して，生活の安定をはかった。さらに，弁護士の紹介を受け，法テラスでの貸付制度を利用して，離婚調停の申立てを行った。

4) 離婚訴訟と親権の確定

相手方は離婚には応じたが，親権を譲らなかった。Dさんと弁護士は相談の上，2回で調停を不調にして，離婚訴訟を申し立てた。その際の資料として，父親から子どもたちへ，直接の身体暴力があったことを証明する必要が出てきた。そこで，Dさんはアドボケイターとともに，市役所担当窓口で情報公開制度を利用して，保育園での子どもたちの記録を求めた。そこには，Dさんと子どもたちが，父親から受けた暴力のアザが発見でき，園関係者の証言などの記述もあったので，父親からの「児童虐待」を明確にできた。Dさんは本人尋問の際，暴力の事実を語り，今後の養育の決意を述べた結果，Dさんに親権を渡す離婚判決が出た。

法廷での当事者への本人尋問は1回で終わるが，加害者から数メートルの場所で証言しなければならない。加害者とは，シェルターに避難して以来初めて再会し，相手の目の前で証言するため，緊張と恐怖で終了後に時には倒れてしまうこともある。遮へい措置がなされた事例もあるので，当事者が要望することが大切である。ビデオでの尋問など，今後制度の検討が必要である。

4 改正「DV防止法」と今後の課題

(1) 配偶者からの暴力の防止及び被害者の保護のための施策に関する基本的な方針（「国の基本方針」）

改正DV防止法第2条の2に定められた「国の基本方針」は，法に基づく施

策の基本方針であり，都道府県・区市町村の基本計画の指針となるべきものである。計画の基本的な視点として，以下4点を挙げている。①被害者の立場に立った切れ目のない支援，②関係機関等の連携，③安全の確保への配慮，④地域の状況の考慮である。

改正前に比べ，「アドボカシー」の視点は強化された。その具体的内容の一つが，「同行支援」の明記であるため，以下に抜粋し内容を記載する。

(2)「同行支援」の内容

資料8-1の2）から5）までは，「第2-6　被害者の緊急時における安全の確保及び一時保護等」に関わるもので，緊急時の被害者の安全確保のための職員の同行支援を責務としている。

6）は，被害者の自立の支援のために，なぜ同行支援が必要かを明記した上で，具体例を挙げ，支援センター職員等の同行支援を推奨している。

7）では，支援センター関係者が，保護命令の申立てに裁判所に付き添うことが想定されている。この時期の「安全の確保」は必須課題である。

1）と8）では，民間団体との連携の例として，「同行支援等の自立支援」が挙げられている。国および関係省庁は，自立支援時期に「同行支援」が必要であるため，「同行支援等の自立支援」を行う体制づくりを明確に認識して策定した内容である。

(3) 都道府県及び区市町村の「基本計画」策定

前述の国の基本方針のもとに，各都道府県は基本計画を作成した。2011（平成23）年7月現在，47都道府県の各公式ホームページでは，「都道府県の基本計画」を数県を除きすべて見ることができる。DV防止法の改正に伴い，2009（平成21）年3月以降に基本計画を改定した都道府県が約75%，2011（平成23）年春に改定した都道府県が7，今後の改定が3となっている。

「司法手続のための同行支援」「自立のための同行支援」と2つの文言が書かれているのは，14都道府県（約30%）であり，「同行支援の検討」が2都道府県あった。7割は「司法手続の情報提供，助言」「裁判所との連絡」「保護命令の書面作成援助」「相談窓口，民事扶助制度の周知」に留まった。

第8章　アドボケイターによる支援

資料8-1　「配偶者からの暴力の防止及び被害者の保護のための施策に関する基本的な方針」

---
1) 第2―1―(3)　民間団体との連携
　　支援センターが，民間団体との連携の例としては，相談業務，広報啓発業務，同行支援等の自立支援，研修等における専門的知見の活用，関係機関の協議会への参加の招請が考えられる。
2) 第2―6―(1)　緊急時における安全の確保
　　緊急時における安全の確保は，…一時保護が行われるまでの間，婦人相談所に<u>同行支援</u>を行うことも含むものである。
3) 第2―6―(2)―ア　一時保護までの同行支援等
　　一時保護所への来所までの間に，被害者の状況から<u>同行支援</u>等の支援が必要な場合は，被害者からの相談に応じた支援センター等において対応することが望ましい。
4) 第2―6―(4)―ア　広域的な対応　――　一時保護
　　被害者が他の都道府県の一時保護所等に移る際には，双方の婦人相談所が確認し，送り出し側の職員等が<u>同行支援</u>すること。
5) 第2―6―(4)―イ―(ウ)　広域的な対応　――　施設入所
　　(ア)(イ)いずれの場合も，被害者が入所する施設へ移る際には，送り出し側の婦人相談所職員等が<u>同行支援</u>し，その費用については送り出し側が負担すること。
6) 第2―7―(1)―イ　被害者の自立の支援　――　同行支援
　　被害者は，加害者の元から避難して新しい生活を始めるに際して強い不安や負担感を持ち，自身で様々な手続を行うことが難しい場合も少なくない。このため，支援センターにおいて，事案に応じ，関係機関への<u>同行支援</u>を行うことにより，被害者の負担の軽減と，手続の円滑化を図ることが望ましい。
　　<u>同行支援</u>の内容としては，被害者が関係機関において手続を行う際に，支援センターの職員等が同行し，被害者の安全に配慮するとともに，必要に応じ，当該関係機関に対し，被害者の置かれた状況等について補足して説明を行い，関係機関の理解を得ることによって手続が円滑に進むよう支援を行い，また，被害者に対し，手続の方法等をわかりやすく教示すること等が考えられる。
7) 第2―8―(1)―イ　保護命令制度の利用　――　関係機関への連絡
　　関係機関への連絡については，…支援センターの関係者が申立人の裁判所への<u>出頭に付き添う</u>こと等を連絡することが考えられる。
8) 第2―14　民間の団体に対する援助等
　　連携の例としては，一時保護の委託及びそれ以外の緊急時における安全の確保，相談業務，広報啓発業務，<u>同行支援</u>等の自立支援，研修等における専門的知見の活用，関係機関の協議会への参加の招請等様々なものが考えられる。

出所：「内閣府・国家公安委員会・法務省・厚生労働省告示第1号」抜粋，平成20年1月11日（下線筆者）。

　たとえば，山形県の基本計画（2011〔平成23〕年3月改定）ではその23頁に，「<u>自立のための同行支援</u>　被害者が裁判所等関係機関において手続きを行う際に，配偶者暴力相談支援センター，民間支援団体，関係機関施設の職員が同行し，被害者の安全に配慮するとともに，必要に応じ，被害者の置かれた状況等について補足して手続きが円滑に進むよう支援します」（下線筆者）とある。

　神奈川県の基本計画（2009〔平成21〕年3月改定）では，その18頁に「地域における支援の充実　各種制度の利用手続について，必要に応じて，県・市町村

の担当職員，民間団体のスタッフが被害者に同行します」（下線筆者）とある。

東京都（2009〔平成21〕年3月改定）の基本計画では，その45頁に「②配偶者暴力相談支援センターの自立支援機能の拡充　民間団体等と連携して，被害者に対する同行支援の充実について検討します」（下線筆者）とある（東京都，2009a：45）。

このように2009（平成21）年に改定した都道府県では，2011（平成23）年度は基本計画の実施期間3年間の最終年または5年間の中間年を迎える都道府県も多い。基本計画の文言は言葉だけに終わらず，その進捗状況の調査報告で「同行支援」についても検証され，新たな基本計画改定に活かされるべきである。

区市町村では，支援センター設置と基本計画の策定のための課題について，検討段階から具体的実施に進んだ自治体がある。今後も年々増加し，当事者の支援の充実は進むだろう。当事者や関係機関のスタッフの声を反映し，「同行支援」「アドボカシー」を盛り込む契機に期待したい。

（4）アドボケイターの支援を推進するための提言

第1に，都道府県の支援センター職員や婦人相談員が，当事者自立のために必要な離婚手続や生活再建への同行支援を積極的に行い，そのための人員の確保を行う必要がある。

第2に，区市町村の基本計画策定と支援センター設置は努力義務だが，当事者支援の全庁的な取り組みと，支援センターの機能整備が必須である。また，自治体窓口での諸手続は，当事者が何度も同じ説明を繰り返さなくてもすむように，DV被害者相談共通シートを作成して，ワンストップサービスの展開を行う自治体がすでにある。これを実現するためには，縦割り行政を越えて当事者を支援するという「アドボカシー」の視点を持ち，男女共同参画課と福祉事務所の連携のもとに，当事者が学務課，国保年金課，市民課などいずれの窓口に訪れても，役所全体で支援される仕組みを作る必要がある。また，当事者の情報が加害者に漏れることがないような体制づくりや職員研修も必須である。

第3に，区市町村の福祉事務所における，婦人・母子自立支援員の増員が必要である。区市町村での相談・早期発見・一時保護の業務は，これまで以上に綿密に行う必要がある。一時保護後，送り出し側の婦人・母子自立支援員及び

生活保護のケースワーカーが，受け入れた区市町村の担当者に丁寧に引き継ぐことが重要である。さらに，その担当者は当事者の新ネットワーク体制を整備する必要がある。自立支援のための同行支援や訪問，子どものケアへの対応，関係機関とのコーディネートなど，アドボカシー感覚をもった複数の婦人・母子自立支援員が担うことによって，「切れ目ない支援」が実現するだろう。

第4に，男女共同参画センターの活用である。啓発，研修，ネットワーク，相談などの機能を担うのは，地域の男女共同参画の拠点であるが，ここで同行支援などをより積極的に行うことが検討されれば，上記の福祉分野とのより緊密なネットワークが構築されるだろう。

第5に，「民間支援団体との連携」による同行支援の充実である。自治体が民間団体と適切な費用で委託事業契約を結び，同行支援を行うことが考えられる。

緊急対応から自立支援へと，DV防止法は進化してきた。しかし，行政担当者が数年毎に移動する行政システムの中で，DV被害者支援の質を向上させていくことは容易ではない。子どもたちの健康で安全な成長をも射程に入れた「アドボカシー」の視点に立った基本計画と施策の構築を忘れず，「同行支援」における当事者の切実な声を聞き取り，支援者・関係機関はできる努力を惜しまず，有効な施策と財源獲得に知恵を絞らなければならない。

引用・参考文献

Bateman, N. (1995) Advocacy Skills : A hand book for human service professionals. Arena, Ashqate Pub. Co.（＝1998年，西尾祐吾監訳 『アドボカシーの理論と実際：社会福祉における代弁と擁護』八千代出版）.

FTCシェルター編（2007）『記録と証言：アドボケイター養成プログラム』FTCシェルター。

石井朝子ほか（2008）『DV被害者の支援に関するガイドライン作成に関する研究　平成19年度研究報告書』厚生労働科学研究費補助金厚生労働科学研究政策科学総合研究事業（政策科学推進研究事業）　東京都女性相談センター。

矯風会ステップハウス編（2010）『DV防止法　保護命令申立て：支援のためのハンドブック』矯同会ステップハウス。

内閣府（2007）『配偶者からの暴力の被害者の自立支援に関する調査結果』　内閣府男女共同参画局。

南野知惠子他監修（2008）『詳解　DV防止法　2008年度版』　ぎょうせい。

尾崎礼子（2005）『DV被害者支援ハンドブック：サバイバーとともに』朱鷺書房。
高畠克子（2007）「人権擁護領域」日本コミュニティ心理学会編『コミュニティ心理学ハンドブック』東京大学出版会，551-565頁。
東京都（2009a）『東京都配偶者暴力対策基本計画』東京都生活文化スポーツ局都民生部男女平等参画室。
東京都（2009b）『平成20年度　配偶者等暴力被害の実態と関係機関の現状に関する調査報告書』東京都生活文化スポーツ局都民生活部男女平等参画室。
山懸文治・柏女霊峰編（2009）『社会福祉用語辞典　第7版』ミネルヴァ書房。

（丸山聖子）

第9章　コミュニティ・セラピストによる支援

　コミュニティ・セラピストとは，コミュニティ心理学に基づく実践者であり，危機介入は，コミュニティ心理学の介入戦略の重要な柱の一つである。危機状態が慢性化している虐待やDVに介入を行うことは一筋縄ではいかず，被害者の陥りがちな状況を十分に理解したうえで，アセスメントと介入を行う必要がある。DV被害者はDVを主訴としてDV支援機関にアクセスするとは限らず，一般の相談場面に，別の主訴で現れる可能性もある。DVがあることが分かったなら，危機の程度を測り，介入計画を立てる必要がある。危機度3では緊急保護が必要であり，危機度2ではさらに詳しいアセスメントを行って，セーフティ・プランを作成する。危機度1では，セルフケアの推奨や，DVとその影響についての心理教育，ソーシャルサポートの強化，経済的自立の促進などが役に立つ。コミュニティ心理学の介入戦略には，危機介入以外にも，コンサルテーション，ソーシャルサポート・ネットワーキング，セルフヘルプ・グループ，予防教育などが挙げられる。個別のケースに対処する一方で，公共教育における啓発や予防教育，援助のための社会資源の開発，法改正など，回復する環境の構築の努力も必要である。

1　コミュニティ心理学と危機介入

（1）コミュニティ心理学と生態学的視点

　コミュニティ・セラピストとは，コミュニティ心理学に基づく実践者であり，コミュニティ心理学とは，集団や組織（そしてその中の個人）に影響を与える社会問題や社会制度，およびそのほかの場面に焦点を合わせ，影響を受けたコミュニティ・メンバーとの協働の中で作り出される革新的で交互的な介入を用いて，コミュニティや個人の幸福をできるだけ完全にすることを目指すものである（Duffy & Wong, 1996）。

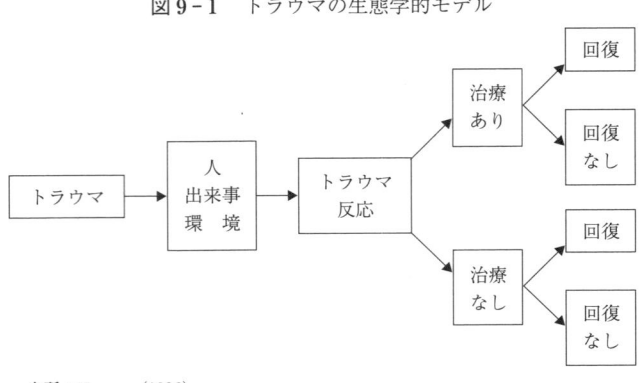

図9-1 トラウマの生態学的モデル

トラウマ → 人/出来事/環境 → トラウマ反応 → 治療あり → 回復／回復なし
　　　　　　　　　　　　　　　　　　　　治療なし → 回復／回復なし

出所：Harvey（1996）

　コミュニティ心理学は，人間の行動を生態学的視点（ecological perspective）から捉えようとする。生態学のアナロジーをトラウマの領域に応用すると，トラウマとなる暴力的出来事は，人の適応能力への脅威と捉えられるばかりでなく，成員が関わり合って，健康とレジリエンス（resilience）を育てるというコミュニティの能力への脅威とも考えられる。暴力的な出来事がコミュニティ資源を汚染し破壊するように，コミュニティの価値・信念・伝統は，コミュニティ成員の防御壁となり，回復を支える基盤となる（Harvey, 1996）。

　図9-1はトラウマ，治療，回復の生態学的モデルである。トラウマとなる出来事が，そのままトラウマ反応を決定するわけではなく，人々との関係，経験された出来事，環境の影響を受けながら，人は出来事を経験し，対処し，意味づけを行っていく。トラウマとなる出来事があった後，臨床的援助を求める場合もあれば，求めない場合もある。実際には求めない人の方が多いし，臨床的援助が必ずしも回復の保証にはならないこともある。生態学的視点からは，人の孤立感を減らし，社会的能力を高め，良い対処を促し，コミュニティへの所属感を促進するとともに，回復する環境の構築が重要になる。

（2）コミュニティ心理学における危機介入

　危機介入は，コミュニティ心理学の介入戦略の重要な柱の一つであり，危機をアセスメントして，介入計画を立て，介入を実施し，効果の評価とフィード

バックを行う。コミュニティ心理学における理論的枠組みでいうなら，危機とは，「人生上の重要目標が達成されるのを妨げられる事態に直面した時，習慣的な課題解決法をまず初めに用いてその事態を解決しようとするが，それでも克服できない結果発生する状態」(Caplan, 1961) である。すなわち，難問が発生し，個人やコミュニティにストレスと苦痛を与え，万策尽きた時，危機状態が訪れる。山本 (2000) によれば，危機状態では，①不安が増大し，状況認知および行動が制約され，混乱が起こる，②新しい対処方法を求める要求や動機が増大する，③すでにもっていた自己の対処方法が使えなくなっている，④1〜6週間しか続かない，という特徴が見られる。

　危機状態において，他人に相談する可能性が高まるため，介入の好機となり得ること，自己防衛機制のゆるみによって，自己変革の可能性が高まることなどから，危機は，成長のチャンスとも考えられる。コミュニティ・セラピストにとって，1〜6週間しか続かないといわれる危機状態に，タイミングのよい介入ができるかどうかが，危機に陥った個人やコミュニティが，「より健康な平衡状態」に移行するか，「より不健康な平衡状態」に移行するかの分かれ道となる。

　ただし，DV 被害者を想定した場合，危機の理解に特別な考慮が必要となる。DV のある生活においては，危機状態が慢性化し，「不健康な平衡状態」が持続している。いわゆる事件や災害など，単回型トラウマと呼ばれるものに対し，虐待や DV は，長期反復型トラウマと呼ばれ，逃れようのない状況下で危機が繰り返される場合，人間は，危機状態に適応していくような方向で症状を形成していく。すなわち，複雑性 PTSD といわれる状態だが，この状況において，介入を行うことは一筋縄ではいかない。

　Aguilera (1994) は，危機介入の4つの技術として，①個人が自分の当面している危機を知的に理解していけるような援助，②個人が自分でも触れたくないような現在の感情をオープンにする援助，③対処機制の探究，④社会関係の再開，の4点を挙げている。これらの技術は，DV 被害者にも適用できるが，DV 被害者の陥りがちな状況を十分に理解したうえで，アセスメントと介入を行う必要がある。

2 コミュニティ・セラピストがDV被害者と出会う時

(1) DV 被害者の特徴

　2009（平成21）年に内閣府が行った最新の調査によれば，これまでに「身体的暴行」を受けたことのある女性は24.9％，「心理的攻撃」を受けたことのある女性は16.6％，「性的強要」を受けたことのある女性は15.8％，これら3つの暴力のいずれか一つでも受けたことのある女性は33.2％，それを何度も受けたという女性は10.8％だった。何をもってDVとするか，定義は困難だが，10人に1人以上の女性が，パートナーから何度も暴力を受けていることになる。過去5年に絞ると，これまでに何らかの暴力を受けたことのある女性は13.6％に減るが，そのうち，34.8％の女性が，暴力の結果，怪我や精神の不調を生じ，13.3％の女性が命の危機を感じたことがあると回答している。これは，全女性のそれぞれ11.6％と4.4％にあたる。パートナーの暴力によって，怪我や精神の不調を生じ，命の危機を感じるというのが危機でなくて何だろう。このような女性たちに，どのような危機介入が可能なのだろうか。

　同調査によれば，これらについての相談先は，家族や親戚27.6％，友人・知人27.6％，医療機関3.2％，警察2.2％，民間の専門機関1.6％，配偶者暴力支援センター1.1％，男女共同参画センター／女性センター1.1％，法務局／人権擁護委員0.5％，学校関係者0.5％であり，どこにも相談しなかったが53.0％となっている。半数以上の女性たちが，被害を受けても，誰にも相談しないわけである。その理由は，相談するほどのことでもないと思ったから（50.0％），自分にも悪いところがあると思ったから（35.7％），自分さえがまんすれば，なんとかこのままやっていけると思ったから（22.4％），恥ずかしくて誰にも言えなかったから（17.3％），相談しても無駄だと思ったから（12.2％），相手の行為は愛情の表現だと思ったから（10.2％），世間体が悪いから（9.2％）…と続いていく。これらの理由は，まさにDV被害者が陥りがちな思考パターンであり，親密な関係における暴力は，危機として自覚されにくいことを示している。

第9章　コミュニティ・セラピストによる支援

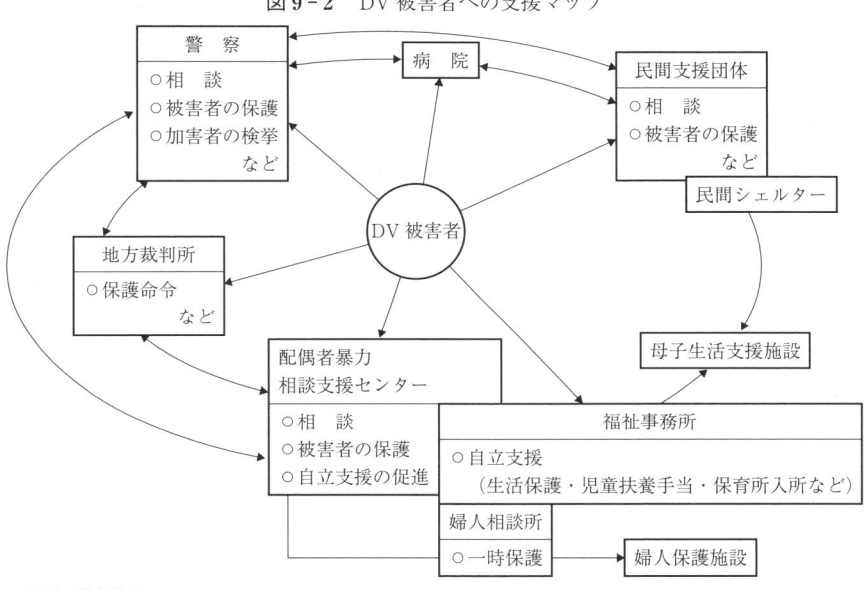

図9-2　DV被害者への支援マップ

```
           警　察                  病　院          民間支援団体
        ○相　談                                ○相　談
        ○被害者の保護                          ○被害者の保護
        ○加害者の検挙                                    など
                 など
                                                      民間シェルター
           地方裁判所        DV被害者
        ○保護命令
                 など
                                                   母子生活支援施設
           配偶者暴力
           相談支援センター
                              福祉事務所
        ○相　談              ○自立支援
        ○被害者の保護            （生活保護・児童扶養手当・保育所入所など）
        ○自立支援の促進
                              婦人相談所
                           ○一時保護        婦人保護施設
```

出所：筆者作成。

（2）DV被害者への支援体制

　女性をめぐる社会の支援状況は，2001（平成13）年のDV防止法制定後，大きな変化を遂げつつある。生態学的視点で支援を考えるとき，DV被害者がどのような社会に暮らしているのかを理解し，被害者を取り巻く社会情勢や社会資源の現状を踏まえながら支援計画を立てる必要がある。現在のDV被害者の支援体制を示したものが図9-2である。

　内閣府の発表によれば，配偶者暴力相談支援センターで受けたDV相談件数は，年々増加傾向にあり，2007（平成19）年度が6万2,078件，2008（平成20）年4～12月が5万1,450件となっている。2008（平成20）年4月現在では，全国の配偶者暴力相談支援センター数は180カ所（市町村の支援センターは9カ所）ある。データが揃っている2006（平成18）年度を例に挙げると，配偶者暴力相談支援センターが受けたDV相談件数は5万8,528件，警察で対応されたDV件数は2万992件，婦人相談所における一時保護数は，DV被害者に絞ると4,565人，配偶者暴力防止法に基づく保護命令事件の既済件数が2,769件とされている。ち

131

なみに，配偶者間の犯罪検挙件数を見ると，女性が被害者となっているものでは，殺人117件，傷害1,294件，暴行671件，総数2,082件と報告されている。

　社会支援体制が整備されつつあるとはいえ，上述したデータやDV被害者の特徴を考慮するならば，このような社会資源にアクセスするDV被害者の割合はまだまだ少数であると言わざるを得ない。

（3）コミュニティ・セラピストがDV被害者と出会う時

　これらの支援体制の中にコミュニティ・セラピストがいるとすれば，配偶者暴力相談支援センター，婦人保護施設，母子生活支援施設，民間支援団体，病院などに勤務するカウンセラーだろう。筆者は20年ほど，民間の研究所という形で女性支援事業を展開してきたが，大阪，京都にある研究所で行う開業カウンセリングのほか，配偶者暴力相談支援センター，母子生活支援施設，病院へのカウンセラー派遣，民間支援団体へのボランティア派遣を行うなどの形で，こういった支援体制の中に参加してきた。

　しかしながら，これまでの経験から言えば，DV被害者が，DV被害を主訴に相談に訪れるとは限らない。DVに関する社会啓発や市民の意識向上の成果として，DV被害を訴えて相談に来る割合は着実に増えたが，全体の割合から言うなら，まだまだ少数である。それよりも，別の主訴をもって相談に訪れ，本人にもDV被害の認識がないままに，他の問題の背後にDVが潜んでいるパターンが多い。直接的訴えは，対人関係がうまくいかない，不眠，不安，うつ，身体症状など，さまざまな可能性がある。暴力が認識されないまま慢性化する中で，複雑性PTSDが生じており，結果として，苦しさの訴えがある。

　そのほか，スクールカウンセリングの場で，DVを発見することも少なくない。子どもの相談，もしくは母親による子どもの相談をよく聞いていくと，背後にDVが見えてくるようなパターンである。本人が症状と暴力の連関を捉えていない状況下で，DVが報告されることはまずない。コミュニティのなかで相談を受けるセラピストは，DVが訴えられる，訴えられないにかかわらず，DVの可能性を頭に置いておくことが重要だろう。

3 DV被害者へのアセスメント

(1) 危機のアセスメント

　DVがあるということは，つねに危機的であると言えるが，介入計画を立てるうえで，危機の程度を測る必要がある。もっとも緊急度の高いものとしては，今，暴力を受けている，もしくは，暴力を受けた直後で，怪我をしていたり，生命に危険があるような場合である。これを危機度3とする。このような状態は，警察や病院，もしくはホットラインなどで発見されやすいだろう。即座に治療と安全の確保が必要である。時々，暴力を受けている，いつ暴力を受けるか分からないというような場合を危機度2とする。とりあえず，身体的暴力はないが，パートナーが支配的であり，慢性的な心理的暴力によって，被害者にさまざまな症状が表れているような場合を，危機度1とする。

　危機度が上がるにつれ，危機介入の必要性は高まるが，DVが与えている影響に関して言うなら，必ずしも，危機度3が危機度2よりも深刻であるとは限らない。危機度3とは，とにかく緊急の現実対応が必要であるということを意味している。危機介入の必要性を測る一方，DVが与えている否定的影響についてのアセスメントが別途，必要になる。

　図9-3「暴力のスパイラル」を見てほしい。これは，ウォーカーによる「暴力のサイクル」(Walker, 1979) を念頭に置きながら，暴力が繰り返される中で，事態はより一層悪い方向に向かっているかもしれないことを表している。暴力発生後，被害者は，実家や友人宅，あるいは，警察などを介して，一時保護所に避難するかもしれない。この時点にいる被害者は危機度3の状態にあるが，とりあえず，その状態を脱し，再度，安心や緊張の高まりを経験している状態になると，危機度は2に下がる。しかし，それが繰り返される中で，深刻度がより一層増していく可能性がある。つまり，その時点における危機度だけでなく，長期的な影響も見る必要がある。

(2) DVが与えている否定的影響のアセスメント

　DVによる影響は，PTSDなどの精神症状に限らず，認知，行動，感情，対人

図9-3 暴力のスパイラル

――結婚生活のスタート
　　　安　心
緊張の高まり　暴力発生　避難？
　　　安　心
緊張の高まり　暴力発生　避難？
　　　安　心
緊張の高まり　暴力発生　避難？
　　　服従または死

出所：筆者作成。

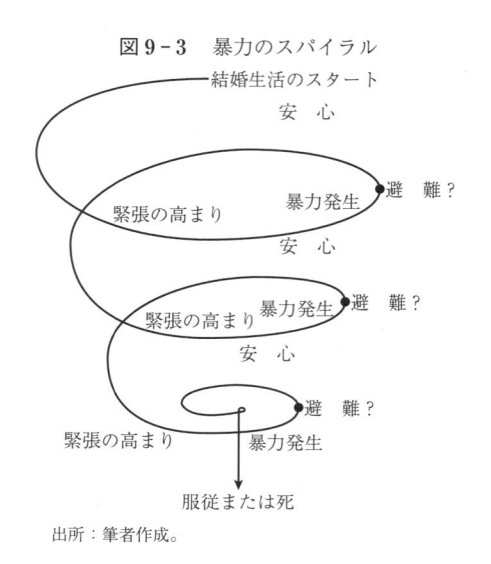

関係など多岐にわたる（Dutton, 1992）。表9-1のチェックリストを用い，どの程度，被害者がDVの影響を受け，トラウマ症状を抱えているかを査定すると良い。睡眠障害やうつなど，心理的症状が強く，日常生活に困難が生じているようなら，医者につなげ，投薬治療を受ける必要があるだろう。認知の歪みによって，無力感が強く，暴力への許容度が増大していたり，対人関係の歪みによって，パートナーへの依存が強くなったり，信頼することの困難を抱えていたりするなら，援助者による介入は困難であることを予測する方がよい。

（3）その他の要因のアセスメント

被害者がDVにどのような反応をするかに影響を与えるその他の要因がある。個人的な力と内的資源，教育的・職業的・経済的資源，ソーシャルサポート，過去の暴力の経験から学習したこと，暴力以外のストレス，パートナーとの肯定的関係（肯定的関係が多いほど，虐待の認識は困難になる）などである。内的・外的資源は，介入計画を立てる際に大いに利用したいものである。

4　DV被害者への介入

（1）緊急保護

危機度3の場合は，何はともあれ，緊急保護が必要である。この段階で求められるのは，ケースワークであり，病院，警察，一時保護所につなげなければならない。自分の職域を越える場合は，ケースワークをしてくれる婦人相談員などにリファーする。そのためには，日頃から，地域の社会資源をよく知り，信頼関係を作っておく必要がある。

表9-1　DVが与えている影響を査定するチェックリスト

心理的症状	認知の歪み
□恐　怖 □侵入症状 　（フラッシュバック・悪夢・侵入的思考など） □麻痺反応 □不　安 □睡眠障害 □集中困難 □過覚醒 □身体的反応の激しさ（動悸や過呼吸など） □悲哀・抑うつ・自殺念慮 □恥 □自己評価の低さ □病的憎悪 □身体症状（頭痛・腹痛・腰痛など） □嗜癖（アルコール・薬物・食物など） □機能不全（親役割や仕事ができなくなるなど）	□安全感の喪失 □人生の意味の喪失 □無力感 □自己についての否定的信念 □暴力への許容度の増大 □パートナーの一貫性のなさへの許容
	対人関係の歪み □パートナーへの愛着・依存 □信頼することの困難 □親密な関係をもつことの困難 □性的困難

出所：筆者作成。

　この時，たとえ短い時間であっても，被害者のニーズに耳を傾け，共感と理解を示しながら，信頼関係を築いていく努力を惜しんではならないことは言わずもがなである。勝手に決めたり，指示的になったりすることなく，自分の理解した情報を本人にフィードバックして確認し，とり得る選択肢と起こり得ることについて分かりやすく説明し，本人が納得して決めることが重要である。役割によっては，リファーして介入は終了となるが，可能であれば，その後のフォローが望ましい。

（2）セーフティ・プランの作成

　危機度2の場合は，さらに詳しいアセスメントを行って，緊急時に備え，セーフティ・プランを作成しなければならない。一緒にセーフティ・プランを立てること自体が，被害者をエンパワーする介入となる。
　表9-2のように，ステップ1では暴力のパターン分析を行い，ステップ2では緊急避難計画を立てる。計画ができたらイメージ・リハーサルを行い，実現可能であることを確認し，必要であれば調整しセーフティ・プランをシートに書き出しておくと良い。もちろん，このシートを隠し持っておく方が良いか，

表9-2 セーフティ・プランのためのステップ

ステップ1 暴力のパターン分析	ステップ2 緊急避難計画
①これまで暴力を受けた4つのパターン 　・初めて暴力を受けた時 　・典型的なパターン 　・一番ひどかったパターン 　・一番最近受けたパターン ②通常，どこで暴力が始まるか？ 　・リビング 　・寝　室 　・台　所 　・その他の部屋 ③暴力が始まるときの特徴 　・声のトーンやスピード 　・薬物やアルコールの影響 　・顔の特徴（眼の様子や表情など） 　・姿勢や格好 　・その他，危険なサイン ④これまでの対処法 　・通常の対処 　・比較的うまく対処できたと思われる対処 ⑤安全の限界と家を出ることを決めるサイン	①家の見取り図 　・扉や窓の位置 　・子どものいる場所 　・子どもへの合図 ②いざという時に必要なもののリストアップ 　・現　金 　・通帳，キャッシュカード，印鑑 　・健康保険証 　・免許証，年金手帳 　・重要な書類など 　・服や下着 　・住所録 　・手放せない大切なもの（写真，子どものおもちゃ，ペットなど） ③いざという時助けを求められるところ 　・警　察 　・婦人保護施設 　・シェルター 　・家　族 　・友　人 　・その他 ④緊急避難のイメージ・リハーサル

出所：筆者作成。

頭に入れてしまう方が良いかは，当事者が知っているだろう。事前に地域の警察，暴力支援相談センター，福祉事務所に相談しておくと，緊急時にスムーズな援助を受けやすい。

（3）DVが与えている影響への対応

　DVによるトラウマ症状は，とどまらざるを得ない危機状態に適応し，生き延びるために生じるものである。従って，危機状態の改善なしに，トラウマ治療はあり得ない。例えば，頻繁に暴力を受けながら生きていかなければならない時に，麻痺症状を取り去るならば，痛みのあまり，生き続けることができなくなるかもしれない。いざというときに即座に対処しなければならない時に，過覚醒状態を失くすならば，対処できずに怪我をしてしまうかもしれない。つまり，DVが与える影響への対応は，安心と安全感の増加に伴って行われる必

要がある。

　できることはたくさんある。第1に、セルフケアを推奨することである。睡眠や栄養をとる、体に不調があれば治療を求める、生活のリズムをつくる、一人でくつろげる時間をつくる、好きなことをする時間をつくる、運動を取り入れるなど、それまでおろそかにしてきた自分の心身の状態に気を配ることで、力を蓄えていくことができる。第2に、心理教育によって、DVとその影響についての知識を提供していくことである。もちろん、表9-1に挙げたようなアセスメントによって、どの時点でどの程度の情報提供が効果的かを考慮する必要がある。第3に、ソーシャルサポートを増やすような働きかけである。友人、知人、家族など非公式な関係、サポート・グループや公的機関など、被害者を支えてくれるネットワークを拡げることは、エンパワメントにつながる。第4に、貯金を始めるとか、仕事を始めるなど、経済的自立を促すことも役に立つ。

（4）介入のポイント

　DV被害者が危機を脱して安全を確立し、過去のDVによる否定的影響を乗り越えていくのは、多くの場合長い道のりになる。いったん暴力から逃れても、一段落すると再びパートナーのもとに戻るということも少なくないし、暴力的なパートナーと別れた後、また新たに暴力的なパートナーと結びつくということもある。長期的な支援が必要とされるゆえんである。

　とは言え、危機介入とは、基本的に短期的な介入である。長期的な視野を持ってアセスメントしながらも、介入においては、危機の前より少しでも良い状態を目指すことである。一度の危機介入によって、DVの問題がすべて解決するということはあり得ない。コミュニティ・セラピストとしては、「より健康な平衡状態」に移行することができれば、まずは危機介入に成功したことになる。被害者たちが回復していくプロセスは、専門家によってのみ支えられるものではない。何もかも自分がやると考えるのではなく、被害者を取り巻く人間関係や社会資源を質量ともに増加させていくように、働きかけをすることが、コミュニティ・セラピストとしては重要である。

5　コミュニティ・セラピストとしてできること

　コミュニティ心理学の介入戦略には，危機介入以外にも，コンサルテーション，ソーシャルサポート・ネットワーキング，セルフヘルプ・グループ，予防教育などが挙げられる。ここでは，紙面の都合上，詳しく述べることができないが，個別のケースに対処する一方で，公共教育における啓発や予防教育，援助のための社会資源の開発，法改正など，回復する環境の構築の努力も必要である。

　たとえば，筆者は，2005（平成17）年より「無限責任中間法人DVスペシャリスト協会」[1]の主催する婦人相談員のためのカウンセリング研修を継続して行ってきた（村本，2006：249-259）。毎月，土・日曜の2日を使い，少人数のクローズド・グループで半年の研修を続け，九州ブロック，中国ブロック，中部ブロック…と，毎年各地を回って，地域の中核となる婦人相談員に心理学的知識を提供し，ケース検討やグループワークをしながら，互いに信頼関係を築き，ネットワーキングしていくことを目指している。被害女性の権利擁護者，アドボケイターの役割を担っているのが婦人相談員である。コウリーらは，準専門家としてのコミュニティ・ワーカーたちが，共同体としての感覚を生み出し，多くのクライエントが経験する疎外感を和らげることによって支援を提供することができると示唆している（Corey, 2003）。経済的な困難を抱える女性たちにとって，アクセスしやすい地域の援助機関で質の高いサービスが受けられることが望ましい。第一線の現場で頑張っている援助者たちの後方支援も重要な役割である。

　また，筆者は，たまたま電車で一緒に乗り合わせた外国人女性と話す中で，彼女が，まもなく結婚するために日本に来たこと，結婚する相手は「とても残忍」であると知った。その時は，とっさに女性センターの電話番号のメモを渡すことしかできなかったが，その後，機会あって，7カ国語でDV関連情報を掲載したパンフレットを作成してもらうことが可能になった[2]。最近は，このパンフレットを持ち歩いている。思わぬところで，コミュニティ・セラピストの出番がある。気負うことなく，自分たちの暮らす地域が，豊かな復元力のあるコミュニティとして機能していけるよう力を尽くしたいものである。

注

(1) 「無限責任中間法人DVスペシャリスト協会」とは，配偶者暴力相談支援センターおよび福祉事務所等でDV被害者支援に携わっている/携わってきた婦人相談員の有志によって2003（平成15）年に設立された団体で，相談員や相談担当者等の研修等を行っている（http://www.k3.dion.ne.jp/~tyoshida/DVSpecialist/page1.html, 2009／9／15閲覧）。

(2) きょうと外国人支援ネットワーク（http://blog.canpan.info/kyotoshie）によって立命館大学法科大学院平成19・20年度文部科学省推進プログラム「地域密着型司法臨床教育の模索と拡充」事業の一環として作成された。

引用・参考文献

Aguilera, D. C. (1994) *Crisis intervention*. The C. V. Mosbly Co.（＝1997年，小松源助・荒川義子訳『危機介入の理論と実際』川島書店）.

Caplan, G. (1961) *An approach to community mental health*, NY: Grun & Stratton.（＝1968年，山本和郎訳『地域精神衛生の理論と実際』医学書店）.

Corey, G., Corey, M. S. and Callana, P. (2003) *Issues and ethics in the helping profession, sixth edition,* Pacific Grove.（＝2004年，村本詔司監訳『援助専門家のための倫理問題ワークブック』創元社）.

Duffy, K. G. & Wong, F. Y. (1996) *Community psychology*, Allyn & Bacon.（＝1999年，植村勝彦監訳『コミュニティ心理学』ナカニシヤ出版）.

Dutton, M. A. (1992) *Empowering and healing the battered woman*, Springer.

Harvey, M. (1996) An ecological view of psychological trauma and trauma recovery, Journal of Traumatic Stress, 9 (1), pp. 3-23（＝2000年，村本邦子訳「生態学的視点から見たトラウマと回復」『女性ライフサイクル研究』9号，4-17頁）.

村本邦子（2006）「女性をめぐる臨床心理学的地域援助：婦人相談員研修を通じて」『別冊　臨床心理地域援助研究セミナー』。

内閣府HP（2009〔平成21〕）「男女間における暴力に関する調査」（http://www.gender.go.jp/e-vaw/chousa/images/pdf/chousagaiyou2103.pdf, 2012／1／8閲覧）。

内閣府HP「配偶者からの暴力に関するデータ」（http://www.gender.go.jp/e-vaw/data/index.html, 2012／1／8閲覧）

山本和郎（2000）『危機介入とコンサルテーション』ミネルヴァ書房。

Walker, L. E. A. (1979) *The battered woman*, NY : Harper & Row.（＝1999年，斉藤學監訳『バタード・ウーマン』金剛出版。

（村本邦子）

第10章 臨床心理士による支援

　DV被害者が暴力から逃れるための一時保護施設は，DV防止法に基づき，婦人相談所の他，母子生活支援施設や婦人保護施設，民間団体などの委託契約施設（NPOシェルターなど）が全国に約260カ所ある。婦人相談所及び委託契約施設に保護されたDV被害者は，2007（平成19）年度は約6,200人で，同伴家族も含めると約1万3,000人以上が保護されている（厚生労働省雇用均等・児童家庭局家庭福祉課, 2008）。

　筆者は現在，委託を受けた民間の一時保護施設（以下，シェルター）で，被害者本人と同伴児童の心理的ケアを担当している。DV問題は社会的にもようやく認知されつつあるが，DVが子どもに及ぼす影響やそのケアについては，未だ手探りの状態にある。そこで本章では，学習会を通じて，シェルターでの子どもの実態と実際の対応を述べ，子どもたちと関わる時の留意点（7点）を挙げ，地域生活における子ども及び母子へのケアとその支援についての一助としたい。

1　DV被害者にとってのシェルターとは

　厚生労働省雇用均等・児童家庭局家庭福祉課（2008）によると，シェルターでの平均在所日数は約14日であり，一時保護後の主な退所先は，「施設等への入所」が約3割，「帰宅」が約2割，「帰郷」と「自立」がそれぞれ約1割強，残りが「その他」となっている。「その他」には生活保護での住宅設定も含まれる。母子生活支援施設を希望しても空きがない場合もあれば，住宅設定を希望しても諸事情で叶わない場合もある。

　短期間で自分たちに何が起こっていたのか，安全を守るために法的手段も含めて何が必要か，今後，どこでどのように生活していくのかを決めるには，多大なエネルギーを要する。筆者が勤務するシェルターの場合，婦人相談所からの委託でDV被害を受けた母子が入所すると，各母子に一部屋の個室が提供さ

れ，担当支援員（上下関係をもつ指導員とは言わない）が中心となり，婦人相談所や福祉事務所，警察など関係機関と連繋をとりながら，当事者が自立的な地域生活への移行を自己決定できるように，その人の状態や状況に合せた支援を行う。

筆者が行っている主な仕事は，DV被害者（以下，便宜上母親と記す）に対して，①心理教育を中心とした面接を行い，母親自身のDVによる心理的影響の軽減を図ること。さらに，DVの子どもへの影響や子どもと加害者（以下，便宜上父親と記す）との関係など，母親がもつ子どもへの不安の軽減を図ること，②必要に応じて神経科などの医療機関につなぐこと，③情報提供などである。また子どもに対しては，④学習会や個別面接を通してのケアである。さらに，シェルターは生活の場であり，筆者を含め支援員は母子の日常生活に入り込んで支援を行うことになる。そのため，母親，子ども，母子関係から生じる問題を目の当たりにする機会も多く，筆者の仕事は当事者への介入と同時に，⑤他の支援員へのコンサルテーションも欠かせない。退所後，母子が抱えるであろう問題を予測しやすい立場にあり，⑥予防あるいは問題を軽減するための情報提供も重要である。このようなさまざまな役割があるが，本章では④について重点的に報告する。

2　学習会での子どもの実態と子どもへの対応

筆者が勤めるシェルターでは，平日の午前中に1時間半程，筆者と職員（保育士や支援員など）とで学童を対象に，それぞれの学力に合わせた学習指導を実施している（以下，学習会）。筆者の印象では，多くの子どもの学力はそれほど高くない。DVが起こっている家庭では勉強どころではなく，心理的傷つきやDVにより学校に行けなくなった子どももいる。学習を保障することで，勉強の遅れに対する不安や劣等感を軽減し，自信回復につなげることができる。

また，安全な環境の中で無力感を軽減し，コントロール感や能動性を回復させることは，今後の心理的発達に与える悪影響を軽減あるいは予防する上で重要である（山下，2004）。一方，シェルターは安全ではあるが，自由に外出できない制約から，閉塞感を伴うこともある。学習会を設定することで，生活にリズムができ，子ども自身で1日あるいは当面の計画を立てやすくなり，不安やス

トレスの軽減にも役立っている。もちろん，学習会への参加は自由であるが，不登校だった子どもも仲間に誘われて参加し，慣れてくると自分からやりたい課題を言ってくるようになる。また，色々なシールを用意して，課題に応じてもらえるシール集めも，やる気を引き起こすきっかけの一つになっている。さらに，勉強の後にボードゲームや工作など好きなことをして，楽しい時間を過ごしたり，時には公園に散歩に出掛けたりもする。トラウマからの回復には，遊びや学習の保障が重要である。支援員は，子どもの安全と安心は大人が守り，一人ひとりに丁寧に温かく接することや，子ども同士の関係を通して承認され，大切にされるという体験をしてほしいと考えている。

しかし，さまざまなトラウマを抱えた子どもたちが集まっているため，トラブルも起こりやすく，必ずしもエンパワメントにつながるとは限らない。学習会は子どもの抱える問題が，一挙に噴出したり垣間見せたりする場でもある。時には，突然，暴力について話し出す子どももいる。子どもが受けたDVの影響をアセスメントしながら，その都度介入し，今後の生活を視野に入れたケア・支援を行っている。

次に述べる事例は，当事者のプライバシー保護のために，大筋を逸脱しない程度に修正を加えてある。

（1）ある学習会での子どもの実態

A君（小学校3年生）とBちゃん（小学校1年生）の兄妹は，父親から母親への暴力を見て育ってきた。2人とも自分は身体的な暴力を受けることはなかったが，A君は勉強ができないことを両親から責められ，妹には馬鹿にされ，学校では落ち着きのなさからADHD（注意欠陥・多動性障害）ではないかと言われてきた。学習会でも最初は落ち着かず，周りの子にちょっかいを出したり，分からない問題があるとイライラし，鉛筆を噛んだり投げたりした。その行動が仲間から非難されると，「ごめんなさいは嫌！」と机の下にうずくまって出てこなくなったり，寝転んで手足をバタつかせて泣いたりするため，さらに非難されるという悪循環が起こってしまう。そこで職員と相談し，筆者がA君と1対1で関わるようにしたところ，比較的短期間で落ち着き始め，学力も学年相当であることが分かってきた。

しばらくしてC君（小学校4年生）が入所した。C君は母親を守る中で、父親から身体的暴力を受けてきた。C君は他の仲間から許容されるようになっていたA君の言動が許せず、A君を批判し手を出すこともあったため、A君は入所当初の状態に戻ってしまった。ただ、C君も勉強が苦手で、できない問題があるとイライラするため、A君に八つ当たりしているのだと他児からの批判を受け、さらに苛立っていた。

　同時期に父親からは身体的暴力、母親からはネグレクトされてきたD君（小学校3年生）とE君（小学校1年生）の兄弟が入所すると、C君の矛先はこの兄弟に向けられた。特にD君は衝動性が強く、勉強中に他の子どもの肘が当たっただけで、瞬間的に暴力を振るうこともあった。D君は勉強の遅れは見られなかったが、プリントを何枚もできる時もあれば、リクエストに応えて用意したプリントを、「何これ？」と丸めて投げ捨てることもあった。職員や仲間へのD君の挑発的な言動に、C君が怒り出しD君を攻撃すると、D君も暴力で対抗し、C君とD君への対応に筆者や職員の手が取られると、A君がイライラするという負の連鎖が起こり、学習会は一気に崩壊した。E君は日和見主義で、優勢な子どもに追随し、他の子どもはそれぞれのペースで勉強し、彼らとは一線を画していた。このように、子どもたちは日常生活でも仲良く遊んでいるかと思えば、一瞬にして暴力・暴言によって決裂し、対立構造は流動的であった。

1）A君と母親への関わり

　既述したように、A君は個別に関わることで落ち着いてきたが、「どうせ俺なんて…」と自己卑下するような言葉が端々に聞かれた。そのため自信回復が必要であると考え、できる課題を数多くこなし、シールを集めるという目に見える成果が効を奏した。さらに、昼食時などを利用し、筆者はA君の前で母親に学習会の様子を報告し、できた課題を見せて褒めることに徹した。

　母親の話によると、夫からの身体的暴力はA君の妊娠中から始まった。最近ではA君の学業不振を理由に、夫から彼女が暴力を振るわれることもあり、A君に対し腹が立ち、A君への夫の暴言も仕方がないと容認していた。一方で、学校からADHDではないかと言われ、母親の不安や苛立ちが募っていたという。筆者は、母親への心理教育を行うと同時に、日常場面でA君を褒め続けていると、母親も次第にA君を褒めるようになった。すると、A君も積極的に勉

強に取り組み，母子関係や兄妹関係も好転しはじめた。

　また，A君は学習会で仲間同士の諍いを時に仲裁しようとしたが，かえって攻撃されるため，筆者はA君に大人に守ってもらう体験もしてほしいと思い，解決は職員に任せていいことを伝え続けた。並行して心理面接も行ったが，A君は相談室では赤ちゃん言葉を使い，家族やシェルター内の仲間関係や転校の不安などを話した。転校に関しては，学習会で達成したことを振り返り，自己紹介の練習も行った。今後，何か困ったことがあったらどうするかを聞くと，「お母さんや学校の先生に相談する」と答え，元気に退所した。

　ただ，環境の変化はA君を不安にさせ，前の学校でADHDと思われたのと同様のことが起こると考えられたため，母親と一緒に，転校先への説明の仕方を時間をかけて話し合った。新しい学校でどのような理解や支援を得られるかは，母親に拠るところが大きい。DVを受けていたことを恥と考えたり，どのように思われるのかという警戒心から，転校先にDVのことを言えなかったりする母親も多い。母子の心理的負担を軽減できる支援が必要なのは言うまでもない。

2）C君と母親への関わり

　C君の母親は外国人だった。彼女は結婚して日本に来たが，日本語の勉強も他者との交流も母国語を話すことも夫から禁じられており，日常会話程度の日本語は話せても，C君との言語的コミュニケーションは乏しい。母親は身体的暴力を日常的に受けており，C君が止めに入って，父親から身体的暴力を受けることも少なくなかった。

　C君は学習会でも日常生活でも，常にイライラしており，仲間に対し監視の目を光らせ，衝突し孤立することが続いた。ある時，C君が一人でいるのを見かけ，「学校は楽しかった？」と聞くと，「全然。学習会の方がいい」と言い，その理由として，学習会ではトラブルがあってもすぐに職員が介入することや，学校でいじめられていたことを挙げ，さらにイライラ感をどうしていいか分からないことなどを話してくれた。

　そこで，学習会でのルールをC君と一緒に考えた。まず，A君とD君から離れて座ること，イライラしたら外に出て落ち着いたら戻ってくること，何に腹が立ったのか，どうやって伝えたらいいのか，筆者と一緒に考えることを約束

した。また，筆者も今まで以上に「C君は○○で腹が立ってるんだね」「そういう時は□□って言ってくれると分かりやすい」「自分のことに集中しよう」など，C君の気持ちを代弁したり介入したりした。しばらくするとC君から，「Dとこんなことがあった。どうしてくれる？」「Aにむかついて本当は50発ぐらい殴りたかったけど，10発で我慢した」と報告に来るようになった。筆者も，頑張っていることは認めつつ，暴力ではなく言葉での代替案を提示し続けた。

C君が単にキレやすい子どもと学校で見られないように，転校先へどのようにつないで理解・支援を得るか，また母子の孤独感や無援感（helplessness）や不安感を軽減するために，言葉や文化を同じくする地域の母国コミュニティにどのようにつなげ，支援するかの課題が残された。

3） D君とE君および母親への関わり

母親は夫との離婚を望んでおり，パートから正社員になった矢先，数回目の近所からの通報で，警察が説得する形で保護された。保護後も，職場に未練を残す母親は，包丁を振り回す夫よりも，家庭でも学校でも問題を起こす子どもたちに手を焼いていると話した。

D君とE君はシェルター内でも大声で走り回ったり暴れたりするため，彼らの言動から夫の暴力を思い出してつらくなるという訴えが，他の利用者から続いた。職員が兄弟に注意してもそっぽを向いて反発し，母親と対応を話し合っても，母親が「父親と同じことをするなら，お前らだけ帰れ！」などと，子どもを怒鳴ったり叩いたりするため逆効果となり，筆者も職員もお手上げ状態であった。また，E君は母親に対しては，要求が受け入れられないと，30分でも大声を上げて床に寝転んで泣き叫ぶという具合だった。

母親との面接で，DVのある中で2人の子どもへの対応は大変だっただろうと労うと，「2人とも性暴力で出来たから，かわいいと思えないし，子どもも自分を嫌っている。ついて来るって言うから連れて来たけど…」と言う。母親を嫌っている理由を聞くと，「Dが年中の頃，夫に殴られている最中，警察を呼ぶよう助けを求めたが，Dはじっと睨んで動いてくれなかった。自分もDに手を挙げていたため，ざまあ見ろと思っていたに違いないし，言うことをきかないのもあてつけか，遺伝だと思う」とのことだった。子どもの恐怖反応として，心身を凍結させて動けなくなることや，E君の暴れっぷりは母親を求め，構っ

てほしいためではないかと伝えると「頭では分るけど…」と困惑した。まず出来ることとして「父親の所に帰れ」「連れて来なければよかった」など，子どもの見捨てられ不安をかきたてるようなことは言わないことを約束した。

　子どもたちには，「してもいいこと」と「悪いこと」の区別をしっかり伝えることから始まった。暴力については，「俺は殴られても痛くも怖くもないから，暴力は悪くない」「何であかんの？大人もやっているのに」「怒らせる方が悪い」と主張した。暴力が起こる度に介入し，代替案を提示するだけで精一杯だった。彼らとは平行線が続いたが，気が向くと片づけを手伝うなどの変化もみられた。しかし，褒める時も彼らの怒りや疑問にきちんと応えようとする時も，こちらから近づくと逃げていき，十分に話しができないまま退所となった。

（2）母親と子どもの負担軽減のために

　母子の生活を見ていると，虐待やネグレクトは十分に予想される。学校が子どもの一番の受け皿であるが，母親との関係も情報もないまま関わることは難しく限界もあるようだ。また，保育所や学校が母子に関わる際，子どもの年齢が上がれば上がるほど介入は困難だろう。もともと児童相談所が関わっていない場合，母親自らが相談に行くことはまれで，何か問題が起こるまでは放置される。シェルター入所中から児童相談所と関わりがあると，理解も得やすく退所後の支援にもつながりやすいと考えられる。

3　シェルターで子どもたちと関わる時の留意点

（1）子どもへの心理教育

　まず，子どもへの心理教育の内容について補足して述べる。

　初めて子どもと面接する前には，必ず母親と面接し，家庭や学校での子どもの様子，DVの目撃，子どもへの直接的な暴力の有無と種類，父親の関わり方，家を出ることについての子どもへの説明，シェルターに来てからの変化などについて確認する。その上で，学習会や日常生活の子どもの姿を母親と情報交換し，検討した上で母親からの許可を得て子どもと面接を行う。

　面接内容は子どもによって異なるが，暴力に関して子どもたちに責任はない

こと，暴力は間違ったやり方であること，身近な人への怒りや悲しみなど，どんな気持ちも持っていいことなどは必ず伝える。ほとんどの子どもは"暴力"について聞くと，「殴ったり蹴ったりしてボコボコにすること」「髪の毛を持って引きずること」など，母親や自分たちの体験を話し出す。他に精神的暴力について説明すると，そういうことも暴力なのかと驚く子どもは大変多い。次に暴力の影響として，以下の13点を適宜説明する（NPO法人FLC, 2004；大澤，1999）。

① 恐怖を感じる。時には怖くて，身体が動かなかったり声が出なくなったりする。
② よく眠れない。怖い夢や嫌な夢を見る。寝ることや暗い所が怖い。
③ ちょっとした物音でビクっとする。
④ 何かのきっかけで暴力のことを思い出す。
⑤ ソワソワして落ち着かなくなる。集中力が低下する。
⑥ 楽しいことをしていても急に落ち込む。涙が出てくる。
⑦ よく分からないがイライラする。ちょっとしたことでカッとなる。
⑧ 今までできていたことが出来なくなったり，忘れっぽくなったりする。
⑨ 一人でいたいと思う時がある。一人ぼっちのようなさみしい気持ちにもなる。
⑩ 投げやりになる。やる気が出てこない。楽しいや嬉しいなどの気持ちを感じない。
⑪ なぜこんなことになったのかと，腹が立ったり悲しくなったりする。
⑫ 自分に何かできることがあったのではないかと考えたり，自分を責めたり，弱虫に感じたりする。
⑬ 頭痛や下痢など体調が悪くなる。身体が強張る。食欲がなくなる。

これらを伝えると，「本当はずっと布団の中で耳塞いでた」「パパが怒ると部屋から逃げた」「こんな夢を見て怖かった」などと話し，自分だけに起こっていることではなかったと安心するようである。同時に，暴力のない生活は想像さえつかず，今まで子どもなりに築いてきた価値観などが，根底から覆されることも起こり得る。子どもの動揺にしっかり向き合う姿勢が，面接者にも施設全

また、シェルター退所後も継続的なケアが必要な場合も多いが、個別に面接していると、母親も子どももカウンセリングや心理的ケアのイメージができやすく、新たな相談機関にも繋がりやすくなるようである。

(2) 子どもの疑問・不安に応える

子どもは大人の話に耳をそばだてて聞いている。子どもから家を出ることを提案した場合でも、シェルターに入所し、裁判所に行き、関係機関との面接をし…という一連の支援の流れは、子どもを時に困惑させ圧倒させる。子どもが疑問に感じたことを言える雰囲気を作ると、「離婚て何？」「保護命令て何？」「家はお金がない。どうやって生活していくの？」「ママの病気は治るの？」「友達に会える？」など、子どもは多くの疑問・不安を出してくるようになる。母親と支援員や面接者が連繋しながら応えていけると、子どもの不安の軽減にも有効である。もちろん、「パパに会いたい。会える？」「パパはちゃんと食べてる？」「お父さんは私達のことが嫌いだったのかな？」など、父親に対する心配や質問についても、無視したり拒否したりせずきちんと応えていく必要がある。

また、母親との面接中に子どもが覗きに来て、偶然、母親の涙を見ることも珍しくない。普段は子どもに涙を見せまいと頑張っていても、過剰な母親の我慢が、子どもに甘えや自由な気持ちの表現を抑えたり、頑張らねばならないというメッセージを暗に子どもに伝えたりすることにもなりかねない。とはいえ、子どもが不安や責任を感じたり、ケア役割を担ったりしなくてもいいような配慮や言葉がけは必要である。

余談であるが、筆者は学習会や面接の中で、子どもたちに「将来何になりたいか」を聞くようにしている。サッカー選手、警察官、保育士など色々答えてくれるが、中には「考えたこともない」「考えても無駄」「お父さんにろくでもない人間になると言われた」など、深刻な回答もある。将来を語ることができる子どもは、回復も早いという印象を持っている。他にも「暴力を振るわない人と結婚して、食べさせてもらいなさいってお母さんが言ってた」「男の人は気持ち悪いから、一生一人で暮らす」などと聞くと、早い時期からジェンダー教育をする必要性を強く感じる。子ども向けの心理教育プログラムにもジェンダ

(3) トラウマとアタッチメント関係

　暴力を目撃したり大声で罵る声や悲鳴を聞いたりすると，子どもは身体の底から突き上げるような驚愕や恐怖，呑み込まれるような圧倒的な脅威，死の恐怖などを感じ，無力状態におかれる。通常，子どもは安全を脅かされる危険な出来事に遭遇すると，アタッチメント対象（主に母親）に言葉をかけてもらったり抱きしめてもらったりして，安心感や安全感を得て，生理的反応や情動をなだめながら，これらの経験を心の中に組織化していくことを学ぶ（van der Kolk, 1986）。そして，子どもにとってその体験がトラウマとなるか否かは，子どもの発達段階，対処スキルの獲得，生来的な素因，出来事が起こった文脈（背景），アタッチメント対象からの支援など，様々な要因が関係する（James, 1994, 三輪田ら訳：7-25）。

　DVの家庭では，アタッチメント対象である母親自身も傷ついており，子どもを保護するなどの適切なケアを提供できないことが多いため，子どもはずっとピリピリと張り詰めた緊張状態に置かれ，臨戦態勢を強いられることになる。このような過覚醒状態では，有害か否かの刺激を弁別できず，些細な刺激が時に暴力やパニックを引き起こすものと認知されたり，時に注意散漫や落ち着きのなさにつながったりする。奥山（2008）は，DVの曝露や虐待の影響の背景には，アタッチメント関係が形成されていないためトラウマを受けやすく，暴力によるトラウマ症状がアタッチメント形成を困難にするという，アタッチメント―トラウマの複合問題があり，双方から取り組んでいく必要があることを指摘している。

(4) 子どものトラウマ反応

　PTSDの主たる症状は，再体験，回避・麻痺，過覚醒である。

　まず，再体験とは，フラッシュ・バックともいわれ，ものが壊れる音や怒鳴り叫ぶ声，身体に触れられた感覚，匂いなどが刺激となって，暴力場面が再現され，身体感覚を伴って恐怖が再体験されることをいう。

　また，子どもは親の言いつけを守ったり機嫌をとったりして，暴力が起こら

ないように対処するが，どんなに頑張ったところで暴力は起こる。D君は暴力に対して痛みも恐怖も感じないようにふるまったり，多くの子どもはシェルター入所当初に感情的"ひきこもり"を示したりする。このように，子どもは感覚や感情を鈍麻・麻痺させたり，そのことを考えないで回避したりして，恐怖や身体的痛みから心身を守っていると考えられ，これを回避・麻痺症状という。

　過覚醒状態を示すA君の反応は，トラウマ反応なのか，ADHD（注意欠陥多動性障害）の行動なのか鑑別が難しい。母親を守れない上に，虐待されいじめを受けたC君の怒りと孤立無援感は，他者への警戒心や不信感を強化し，他者を監視し攻撃するという形に表われたといえる。過覚醒も多くの子どもにみられるが，これが情動コントロールを困難にさせ，深まらない人間関係にも影響を及ぼしている。

　筆者の印象では，回避・麻痺と関連のある解離も比較的よく見られる。話している内容と表情が一致せず，遠くを見るように視線の焦点が合わず，ボーッとして心ここにあらずという状態を示す。また，学習会で暴れたことも覚えておらず（健忘），記憶が抜け落ちてしまうなど，症状も持続時間も多様である。解離は，心理的に受け入れられないひどい体験から自己を切り離すことで，自分を守る防衛機制であり，それは学齢期に急速に出現するといわれる。学齢期は発達段階でいうと，自己の組織化と情動コントロールの能力を身に付ける時期であるが，解離によって種々の感情が抑圧され，それらを鑑別する能力が阻害される。そのため，本来，獲得されるべき対処能力が得られなかったり，損なわれたりする危険性が高まる（Putnam, 1997）。

（5）父親への同一化とトラウマティック・ボンド

　父親の態度から，暴力は自分の要求を通し，葛藤を処理するための有効な手段であると学習している子どもは多い。また，「暴力は振るわれる方に原因や責任がある」とか，「女は男に従うべきだ」とか，誤ったジェンダー・メッセージが子どもに伝えられると，子どもの道徳観や社会性や母親との関係に，多大な歪んだ影響が及ぶ（Bancroft et al., 2002）。さらに，子どもの意思とは無関係に，母親を見張ったり責めたり馬鹿にしたりして，父親の暴力に加担させられることもある。このような父親との関係は，基底にトラウマティック・ボンドが影

響していると考えられる。子どもは一人では生きていけない。DVに曝され恐怖を感じた時，母親に保護を求められないとなると，アタッチメント対象を父親に求め，発達的に未熟な子どもにとっては，権力を握っている父親は絶対的な存在になる。母親に対する暴力の目撃から，「父親に逆らったら次に痛い目に遭うのはお前だ」というメッセージを受け取り，この恐怖よって瞬間的に結ばれるのが，トラウマティック・ボンド（トラウマによる絆）である（James, 1994, 三輪田ら訳：34-37）。父親と子どもの絆は，子どもの興味や個性，能力や適性などに関係なく，父親の気分次第で結ばれ，時に身体的暴力を介して，トラウマティック・ボンドの支配を強化していく。子どもが父親を求めている時，父子関係は良好と安易に判断せず，子どもがどのような質の絆を父母と結んでいるかを見極める（アセスメントする）必要がある（高畠, 2004）。

（6）対人関係と自己像への影響

　D君やE君のように，身体的暴力とネグレクト状態に置かれた子どもにとって，世界や人はどのように映っているのだろうか。彼らにとって，人と関わることは危険を意味する。挑発的で反抗的な言動，さらに近づいてきては逃げる接近─回避行動は，彼らなりに身の安全を守るための対処法だと考えられる。一方で，これは他者との安定した関係を築くことを困難にするばかりでなく，他者の怒りを誘発し暴力に発展しかねない危険性を含んでいる。彼らは暴力を介してしか人と関わることを知らず，暴力がある方が"しっくりくる"のである。この対人場面における再現性は，さらに支援やケアを得にくくさせる状況を作り出す（西澤, 1999）。逆に人見知りすることなく寄ってきて，愛想を振りまく場合もある。これは，「かわいくするから傷つけないで」というメッセージだったり，表面的な親密さだったり，今まで誰からも構ってもらえなかったことへの無差別的なまとわりつきだったりする。シェルターには職員や他の利用者など，甘えられる対象はたくさんいるので，この擬似関係が時に母親へのあてつけと見られたり，母親の自信を喪失させるものであったりして，母子関係にネガティブな影響が出ることもある。今は発達のどの段階にあって，アタッチメント関係はどの程度確立しているかをアセスメントしながら支援する必要がある。

また，子どもにとって理由も分からないままに，暴力を振るわれたり，暴言を吐かれたり，無視されたりすることは耐えられない。そのため，「勉強ができないから」「言うことを聞かなかったから」「私（僕）のことがかわいくないから」などと，懸命に理由を探し出し，自分が悪い，暴力が起るのは自分のせいだとして，歪んだ自己像を作り上げていくことも起こり得る。

さらに，性暴力の影響は愛情と虐待の混同（Bancroft, 2002）や再被害化（Herman, 1992, 中井訳：46-74）など深刻な影響を与える。

(7) 発達の遅れと退行，偽成熟

シェルターに来た子どもは，年齢に比して発語が少なかったり，基本的な生活習慣が身に付いていなかったりして，発達の遅れがみられることが少なくない。多くの母子は，暴力環境から離れてシェルターで安全感・安心感を得て，母親は子どもに余裕をもって適切に関わることができ，子どもは本来もっていた力が発達し，言葉や生活習慣の獲得，心理的な安定，夜尿の消失，学力や社会性の向上などがみられるようになる。しかし，反対に，赤ちゃん言葉になって甘えたり，聞き分けが悪くなったり，夜尿が始まったりと，安心して退行する場合もある。これらの退行は，子どもの発達段階で得られなかったアタッチメント対象の獲得と"育ち直し"であり，トラウマからの回復に非常に有効である。母親に余裕がなければ，職員や他の母親に甘えて力を得ることもできる。

一方，長子が母親のぐちの聞き役や相談役を担ったり，母親のうつ病やPTSD，自傷行為やアルコール等への嗜癖のためにできない母親役割を担ったりして，年齢以上に精神的発達を強いられていることもみられる。これらは早すぎる成熟または偽成熟といえる。母親が「子どもの気持ちも大切だから，子どもと相談して決めます」と言われる時，子どもに相談する必要があったとしても，子どもに過剰な負担や責任を負わすことのないよう，支援に留意する必要がある。

4　シェルター退所後の新しい生活に向けてのコミュニティ支援

シェルターは，母子が新しいコミュニティにつながっていくための通過点に過ぎないが，シェルターでどれだけ安全感や安心感を得て，他者との安全で安

心できるつながりが生まれ，さらに自己肯定感や自尊心を取り戻せるかが，次の新しいコミュニティ参入への礎になると考えられる。子どもたちが，シェルターで少しでも暴力に拠らない安心できる対人関係を体験し，自分や他者への信頼感を回復してほしいと切に願う。そのためには，施設職員が複雑性PTSD（Herman, 1992 中井訳：181-201：感情制御の困難，再体験さらに解離や麻痺，badな自己感覚とgoodな他者感覚の変化，ひきこもりなどの他者関係の変化，意味体系の変化）やアタッチメント理論などをしっかり理解した上で，子どもを受け止めることが必要である。また，支援者が2次加害をしないよう心がけることは当然であるが，もし関係がこじれた時も，加害者との関係の再現にならないように，関係修復に留意する必要がある。

　一方，シェルターでの関わりは，時間的にも空間的にも，さらに人的にも，それらの資源には限りがあり，必要かつ十分な関わりができないことが多い。しかし安全・安心感を剥奪された人たちが，自ら新しいコミュニティでのケアや支援を求めることは，それほど簡単なことではない。当事者の負担を最小限にしながら，コミュニティにつなげていけることが，シェルター職員に課せられた大きな課題である。

　さらに，DVから離れたからといって，その影響は容易に消失するものではない。むしろ，離れたからこそ表出してくる症状も少なくない。母親や子どもが必要としているのは，「こんなこと聞いてもいいの？」という質問を安心してでき，すぐに応えてくれる人がいて，DV・虐待の影響を理解してくれる教育・相談機関なのである。時には，退所後も関係機関に同行し，理解や支援を求めるアドボケイターの役割も必要である。"トラウマ"という言葉に，保育所や学校関係者がどう対応してよいかと動揺したり，よくあることとして軽視したりすることもある。また，理解を得られても，対応できるプログラムや施策が身近にないこともある。子どもを支えるためには，母親の負担を軽減し，支援者の力を集めた多彩な知恵とサービスが，母子双方へ無料もしくは安価で送り届けられるような，コミュニティにおける予防・危機介入・後方支援を包括した広範な支援体制が望まれる。

注
(1) 私達も傷つけることがあると自覚し，自戒を込めて「加害」という言葉を使った。

引用・参考文献

Bancroft, L. & Silverman, G. (2002) *The Batterer as Parent Addressing the Impact of Domestic Violence on Family Dynamics*, Sage Publications, Inc., (=2004年，幾島幸子訳『DVにさらされる子どもたち 加害者としての親が家族機能に及ぼす影響』金剛出版，38-82頁)．

Herman, J. L. (1992) *Trauma and Recovery*, Basic Books (=1999年，中井久夫訳『心的外傷と回復』みすず書房)．

James, B. (1994) *Handbook for Treatment of Attachment-Trauma Problems in Children*, Lexington Books (=2003年，三輪田明美・高畠克子・加藤節子訳『心的外傷を受けた子どもの治療：愛着を巡って』誠信書房)．

厚生労働省雇用均等・児童家庭局家庭福祉課「平成20年度全国婦人相談員・心理判定員研究協議会行政説明」(http://www.wam.go.jp/wamappl/bb16GS70.nsf/0/ccce8fb630fe097c4925750e0005446/$FILE/20081127_2shiryou1.pdf, 2011／7／1閲覧)．

西澤哲 (1999)『トラウマの臨床心理学』金剛出版，106-132頁。

NPO法人FLC (2004)「安心とつながりのコミュニティづくりネットワーク」『トラウマを受けた子どもへの予防的危機介入のためのプログラム作成および試行的実施プロジェクト：DV家庭に育った子ども支援プログラム作成の試み 報告書』。

奥山眞紀子 (2008)「アタッチメントとトラウマ」庄司順一・奥山眞紀子・久保田まり編『アタッチメント子ども虐待・トラウマ・対象喪失・社会的養護をめぐって』明石書店，143-176頁。

大澤智子 (1999)「災害とトラウマ」藤森和美編『子どものトラウマと心のケア』誠信書房，40-60頁。

Putnam, F. W. (1997) *Dissociation in Children and Adolescents : A Developmental Perspective*, The Guilford Press. (=2001年，中井久夫訳『解離：若年期における病理と治療』みすず書房，57-73頁)．

高畠克子 (2004)「両親間DVの目撃者としての子どもたちへの支援に関する研究：アタッチメント理論を巡って」『武庫川女子大学大学院 臨床教育研究』11，武庫川女子大学，41-50頁。

van der Kolk, B. A. (1986) *Psychological Trauma*, American Psychiatric Press, Inc. (=2004年，飛鳥井望・前田正治・元村直靖監訳『サイコロジカル・トラウマ』金剛出版，17-93頁)．

山下仰（2004）「児童期のPTSD：特に単回性の心的外傷によるPTSDの治療について」『児童青年精神医学とその近接領域』45（2），140-147頁。

(林久美子)

第Ⅲ部
関連コミュニティとの協働
―――予防・後方支援―――

第11章　DV関連コミュニティでの協働

　現代社会は，政治・社会・経済的変化によって価値観が多様化し流動化しているが，さらにそれらがIT化とグローバル化を通してますます拡大している状況だと言わざるを得ない。家庭にあっては，核家族化や少子化から「孤独な子育て」や「子どもへの虐待」や「夫婦間暴力」の問題などが噴出しており，改めて夫婦関係や親子関係のあり方が問い直されている。学校や教育現場にあっては，「競争原理」と「成果主義」によって「不登校」や「いじめ」の問題が増大して，荒れた深刻な教育環境にある。さらに，コミュニティにあっては，暴力犯罪，人為的事故，自然災害などが起こり，それなりの対処方略で切り抜けてはいるものの，モグラたたき状態で無力感や徒労感が蔓延している状況といっても過言ではない。

　このような全般的な社会状況の中で，何故DVが多発するのかを解明しながら，危機的状況にどのように介入し，その後の長期的な後方支援にどのように対処し，さらにDVの予防の観点を含めてどのように包括的支援システム作りを行えばよいかが問われている。いわゆるコミュニティ心理学における，危機介入的支援から後方支援および予防的支援に繋げるシステム作りの問題が浮上しているのである。

　そこで，この章ではDVに関して，危機介入的支援・後方支援・予防支援などを含んだ包括的総合的支援システムを構築するに際して，協働（コラボレーション）という鍵概念（key concept）を援用しながら説明を加えていきたいと思う。

1　コラボレーションの定義

　Collaborationが日本語の訳語になると「協働」となる。というのは，この言葉は，「共に」というCoと「労働」というLaborから成る合成語であり，「協力して働く」という意味から「協働」の訳語が当てられている。

さて，コミュニティ心理学でコラボレーションという言葉を使用するときには，専門家・非専門家にかかわらず，関係者や関係機関が協力しあって，共通の目標を設定し，それに向かって各人の役割と責任を分担し，問題を解決し，さらにそれらの問題解決を効率的に遂行するために，社会資源を新たに開発したり社会システムを変革したりすることを意味する。たとえば，Duffy & Wong は，「コミュニティ心理学は，集団や組織（そしてその中の個人）に影響を与える社会問題や社会制度，およびそのほかの場面に焦点を合わせる。その目標は影響を受けたコミュニティ・メンバーとの共同や，心理学の内外の関連する学問との共同から作り出された革新的で交互的な介入を用いて，コミュニティや個人の幸福をできるだけ完全にすることである」(1996：16) と述べている。専門家同士の協力というよりは，専門家と当事者やボランティアなどの非専門家との協働であり，それは個人の QOL (Quality of Life, 生活の質) や QOC (Quality of Community, コミュニティの質) の向上を目指すもので，言い換えれば，個人およびコミュニティのウェルビーイングを目標にして，社会全体の変革の実現を目指すのである。

　一方，Seaburn ら (1996) は，精神保健の専門家と健康ケア提供者のコラボレーションが効果的に行われるためには，①相互に尊重し合える柔軟な人間関係 (relationship)，②協働という共通の目標 (common purpose)，③変化と健康と病気に関するパラダイム (paradigm)，④サービス提供者と利用者のコミュニケーション（言葉と枠組み, communication)，⑤サービス提供者が情報交換やミーティングができる物理的距離 (location of service)，⑥柔軟な権力構造に基づく職業上の配置 (business arrangement) などを挙げている。このように，サービス提供という専門家同士のコラボレーションには何が必要で，従来のネットワークやチームワークとどのように相違するのかを明確にしている。また，Hayes (2001) は専門家同士のコラボレーションには，次の5点が必要だと述べている。①相互作用 (mutuality)，②共有された目標 (shared goal)，③共有された資源 (shared resources)，④見通しを持つこと (perspective taking)，⑤発展的対話 (ongoing dialogue) である。

　以上をまとめると次のようになる。すなわち「さまざまな臨床現場で続出している困難な問題に対して，その解決が一人の専門家の力量だけでは不可能で

ある状況を踏まえて,さまざまな専門家,ときには非専門家も交えて,積極的で生産的な相互交流や相互対話を重ねながら,共通の目標や見通しを確認し,問題解決に必要な資源を共有し,必要ならば新たに資源や社会システムを開発する活動」(高畠,2007b：102)と定義することができる。

2　コラボレーションが注目される時代的背景

　それでは,なぜ欧米では1980年代に,また日本では2000(平成12)年以降に,コラボレーションがこれほどまでに取り上げられるようになったのだろうか。確かに現代社会では,科学的・実証的研究が重視されており,心理学の分野でも例外ではない。実験的な研究デザインにおいて人の行動を意味づけたり,脳科学の飛躍的発展で人の心と脳の機能を結びつけたりして,多くの成果が得られてきたことは確かである。このような「科学の知」に対して,「臨床の知」(中村,1986)が復権した時代が,1980年代以降と考えてよいだろう。なぜなら,近代的な科学的実証主義によって,研究対象が細分化され専門化されすぎた事態を生むことになり,それへのアンチテーゼとして,対象の持つ生(なま)でホリスティックな姿を重んじ,対象のあるがままの姿に立ち戻って,対象に密着して質的な検証を深める方向性が打ち出されたからである。「科学の知」を evidence-based approach と名づけるとしたら,「臨床の知」は narrative-based approach と名づけるべきであろう。そして後者では,何らかのニーズのある臨床現場で,対象をトータルにありのままに見るとしたら,対象の声を直接聴くことになる。それと同時に,どのような介入が求められているかによって,当事者や専門家や生活者としての市民・ボランティアなどとコラボレーションして,事に取り組まなければならない。その場合,さまざまな人が参画できるように,共通言語・共通目標・共通責任が確認され,各人の持つ内的・外的資源の共有化と専門知識やスキルの共有化によって,対象に有効な支援を提供できる可能性が高まり,よって成果の共有化がさらに加わることになり,コラボレーションは現在まで発展し続けているのである。

　なお,欧米においてはメンタルヘルスの領域で,対象者に対する個別ケアからコミュニティケアへと移行したのが1960年代から1970年代で,そこでは患者

第11章　DV関連コミュニティでの協働

を生み出す社会体制の問題，すなわちマクロ・レベルの生態学的アプローチが進められ，そこに当事者（患者），家族，地域の生活者やボランティアなどの非専門家とのコラボレーションが出来上がり，効率的にコミュニティ・メンタルヘルス・ケアを推進するための社会システムが徐々に構築されるようになったといえる。

一方，DV関連の領域では，DV被害者が「家」という密室の中で暴力を受けながらも，さまざまな事情で加害者から離れられず，ひどいときには生命の危険を賭してまでも，事態の打開を図らなければならないこともある。このように，のっぴきならない危機的事態になる前に，予防的介入の体制ができていることが重要である。それには，女性センターなどで早めに安心して相談ができたり，共感的に話を聴いてもらえたり，有効な情報を提供してもらえたり，安心・安全の場としてのシェルターを提供してもらえたりして，さまざまな関係者や関係機関とのコラボレーションによって，当事者のニーズに密着したサービスや介入が行われることが重要になる。

3　コラボレーションとその他の諸概念との相違

上記のような時代的背景（要請）から，コラボレーションが専門家や非専門家を問わず広いフィールドに浸透するようになってきた。そして，コミュニティ心理学では，特に当事者や家族そして市民ボランティアなどが，専門家と対等な立場でコラボレーションに加わることに力点を置いてきたのである。そこで，従来コラボレーションと近い形で使用されてきたリエゾン，コンサルテーション，コーディネーションについて，コラボレーションとの相違を簡単に説明する。

①　リエゾン

これはフランス語で連携あるいは連結という意味で，特に医療現場ではチーム医療と同じ意味で使われてきた。例えば，小児科病棟の中では，小児科医，看護師，心理士，保育士，栄養士，薬剤師などが，それぞれの立場で患児や家族をケアしていくが，医師は医学的な所見や情報を伝えて治療に携わり，心理士は親から引き離されて入院生活を送る患児の不安や孤独感を癒し，保育士は

患児の生活面での養育を担い，それぞれが専門的な知識やスキルを用いて役割分担しながら，小児科ティームとして支援していくことになる。ここでは，当事者である患児や家族は，治療やケアを受ける立場であり，医療従事者はサービスを提供する立場にあり，この「与える」「受ける」という上下関係は変化することがない。ここがコラボレーションの対等性とは大きく異なる点である。また専門家同士でも，各人のもつ臨床観や価値観さらには専門技術などを擦り合わせることはまれで，専門家同士の相互作用は成り立ちにくいといえる。

② コンサルテーション

コミュニティ心理学では，Caplanら(1993)の考え方に則り，①クライエント中心のケース・コンサルテーション，②コンサルティー中心のケース・コンサルテーション，③プログラム中心の管理的コンサルテーション，④コンサルティー中心の管理的コンサルテーション，と4つのタイプのコンサルテーションがある。①と④はケースを持っているコンサルティーが中心となり，①ではクライエントとの関係についてコンサルタントはコンサルティーを指導し，④ではプログラムを行う他のスタッフとの関係について，コンサルティーは指導を受ける。また，②と③はケースやプログラムについて，コンサルタントはコンサルティーを指導する。このようにコンサルテーションでは，コンサルタントとコンサルティーとは対等な立場にある専門家同士（専門分野は異なり，教師とコミュニティ心理学者など）であるが，コンサルタントはケースやプログラムに関して指導する立場にある点で，対等な立場のコラボレーションと異なる。

③ コーディネーション

渋沢(2002)によれば，コーディネーションとは「職種・組織間で情報交換し合い，作業を計画すること」を示し，ここではコーディネーターが重要な役割を果たす。すなわち，あるニーズをもったクライエントに対して，コーディネーターが関連する組織や人に働きかけて，人的・物的資源（サービス）を提供してもらうことである。ここでコラボレーションと異なる点は，各組織や人が独自に目標や計画を立てて支援するが，それらをコーディネーターと共有することは少ないため，コラボレーションの持つ共有化から，サービスの在り方や責任の取り方などを変えてゆくというメゾ・レベルへの変化は乏しいと言える。

4　コラボレーションとDV関連の包括的総合支援システム

　この項ではDV関連の包括的総合支援システムが、コラボレーションを通してどのように構築されるかについて、一つの事例をもとに考えていきたい。なお、個人および関連の機関が特定されることのないよう、ケースの流れに反しない範囲で内容を変更してある。

（1）事例の概要：筆者との出会いまで

　Aさんは20代後半の専業主婦で、夫と3歳の長女Bちゃんの3人暮らしである。ある時、住居地の担当保健師Cさんは、3歳児検診に母子が来所しなかったため、母子の様子を見ながら来所を促すつもりで家庭訪問をしたが、不在で気になりながらもそのままになっていた。一方、母親はBの通う保育園に朝夕送り迎えをしており、育児の悩みなども保育士Dさんに相談していた。この聴き取りの中で、Bはとてもわがままで気が強く、はっきり好き嫌いなどを主張するため、AはBを育てるのに少し手に余る感じを持っていて、Dにどう接したら良いか相談していた。確かにDも、園では他児とトラブルが絶えないことに気づいていたが、心配しないようにAを励ましていた。そんな中である時、Aはこっそり夫から暴力を受けていることをDに伝えた。そこでDは、Aにそのことを園長に話すように促した。Aは園長に夫からの暴力について話したところ、園長は保健師Cに相談してはどうかと勧め、また園長からもAの了解を得てCに伝えておくことを約束した。

　AがCに話したことによると、Aは結婚当初より夫から「お前は性根が腐っている。悪魔払いをするから」と言って、棒でたたかれたり顔の前でライターの火を点けられたりして、痛い思いや怖い思いをさんざんしてきたという。しかし、自分がDVの被害者であるという自覚は全くなく、自分が悪い人間で夫は自分を良い人間にするためにやってくれていると言い、あくまでも夫を弁護するのであった。それでもCと話しているうちに、夫のもとにいると殺されるかもしれないという危機感をもつようになり、しぶしぶ母子生活支援施設（以下、母子施設と略記）に入ることに同意した。ところが、母子施設に入所しても

AはBの面倒をみることもなく，1日中布団をかぶって寝ているばかりで，Bをネグレクトしている状態であった。また，夫はAを探し出そうと必死で，ストーカーまがいの行為に走り，施設自体に夫が乗り込んでくる危険性が高くなり，コーディネーター役のCは，管轄外の安全な民間シェルターを紹介し，Aもしぶしぶシェルターへの入所に同意した。ところが，母子施設での様子を含めてAを診察した精神科医Eは，「うつ状態と子どもへのネグレクト」と診断し，子どもは児童相談所の一時保護所に入所，母親は民間シェルターへの単身入所が決定した。この決定に不満だったAは，Cに同行されて入所したシェルターにも不満を持ち，シェルターでの担当である筆者ともぎくしゃくした関係から出発した。

（2）コラボレーション会議の開催

筆者は，シェルターでのAの担当になり，普通なら生育史から始まり原家族（実・継父母や兄弟姉妹など）との関係，学校や職場での人間関係，夫との出会いと暴力，結婚生活と家庭生活，子どもとの関係などについて，一通りインテーク面接を行い，現状をアセスメントして処遇方針を考えて提示し，当事者とそれを共有することになる。しかし，Aの場合は，入所時インテークで悠長に話を聞く状態ではなく，まずAのシェルター生活での不満，Bと会えない寂しさ（他の入所者は子どもを同伴しているのに，なぜ自分だけできないのか？），シェルターに来るつもりはなく強引に連れてこられた悔しさ，みんな私のことを酷い母親とみている，Bと一緒に夫の元に帰りたい，など思いのたけを喋り通した。これはコラボレーションの基本である「当事者の声（ニーズ）を聴く」ということであり，どのようなプロセスでAはこのように頑なな態度になったのか，Aとともにそれを解き明かすことが必要であった。家にいるときは夫の妄想じみた危ない仕打ちに，また母子施設にいるときは夫のストーカー行為に，Aを取り巻く周囲の人々は危機感を強め，危機介入としてシェルターや一時保護所に入所することを勧めたが，Aの気持ちはそこまでに至らずしり込みしている状態でシェルターにつれて来られた。

そこで筆者は，Aのシェルター入所後2週間で，関係諸機関に呼びかけて第1回目のコラボレーション会議を開催した。この会議開催の趣旨（目的）は，関

第11章 DV関連コミュニティでの協働

係者が一堂に会し，シェルターにおけるAの気持ちや生活状況などを知ってもらうこと，その上でBと一緒に生活したいというAの気持ちに則して，最善の方法を模索して事態の打開を図ることであった。コラボレーション会議に集まったのは，シェルターのスタッフはもちろん，Aのシェルター入所までのコーディネーター保健師C，保健所の心理相談員，母子施設のスタッフ，福祉事務所のワーカー（生活保護担当者），児童相談所一時保護所のセラピスト，精神科医Eなどで，各自の立場でなぜそのような処遇をしたのかを話したり聞いたりしながら，Bと会いたいAの気持ちを理解して最善の方法が検討された。最終的には，Bのいる一時保護所をAが週1回訪問して，Bと段階的に再会し関わりながら，1カ月を目途にシェルターでBとの生活を開始することになった。

　第2回目のコラボレーション会議が開かれたのは，2カ月後のシェルター退所直前であった。これは退所後の生活をどのように再建するかを考えることで，かなり緊急性のある会議だった。というのは，毎週Aは一時保護所に行きBと面会し一緒に遊んでいたが，Aはその頃からBとの関係はしっくりいかず，BもAに甘えてべたべたしたかと思えば，急に「お母さんなんか大嫌い」と言って拒否したりして，接近と回避が繰り返される不安定な無秩序型アタッチメントスタイル（数井・遠藤，2005）になり，生活を共にすればするほどお互いに傷つけ合う関係になっていった。そして，コラボレーション会議が開かれるその日に，AはBと一緒の生活を望まず，夫のところに帰るという決断を筆者に伝えてきた。筆者は今までにもDV被害者をシェルター・コミュニティで支援する活動を行ってきて，入所1〜2週間以内に夫のもとに帰るケースも1〜2割はあったが，3カ月の入所期限を最大に使った人は，その後の社会生活もおおよそうまくいっていただけに，3カ月たって夫のところに戻ると決断したAに対しては，「どうしてなの？」と唖然とする思いであった。Aが安心できる信頼関係が築けなかったという点では，筆者にとってもわが身を恥じる思いであった。コラボレーション会議では，Aに登場してもらいA自身の言葉で決断をメンバーに伝えてもらった。筆者は苦い思いでその言葉を聴いたが，戻ればまた暴力を受ける可能性が大である状況に対して，Aを責めたり筆者自身が責任を過大に感じたりすることは，Aの決断を価値下げすることにもなると支援者間で確認した。すなわち，最終的にAの決断を評価してエンパワメントするために，

冷静に事態を振り返り過去に戻るのではなく，先に新たな目標を掲げて共有し，今の事態に対して支援者それぞれが自分の責任の取り方を考えることが必要だったのである。そこで，筆者はAにこう伝えた。「Bちゃんと別れて自宅に戻るという決断は，あなたにとって苦渋の決断だったに違いありません。あなたが考えに考えた末に決めたことなので，まずは夫のもとに戻って2人で生活を始めてみてください。これからの生活がうまくいくといいですが，うまくいくかどうか私にも分かりません。また夫が暴力を振るわないとも限りません。もし，うまくいかなければ，我慢しないで出ていらっしゃい。私やいろんな人があなたの力になれると思うので，遠慮なく相談しにきてください」と。

（3）もう一度家を出て宗教コミュニティに抱えられるまで

Bを児童施設に入所させるまでの間，もうこれ以上自分を痛めつけないでと周りが心配するほど，Aはいろいろ思い悩み，筆者はただひたすらその声に耳を傾けるしかなかった。それでも，もう一度愛する夫のもとで結婚生活をやり直したいという思いは，娘への愛より強く最後まで消えることはなかった。「娘を捨てるわけではない。自分自身が立ち直れたら，もう一度娘を迎えに行くので，その日まで娘も頑張ってほしいし，私も頑張ります」。この科白は，シェルターを去る時と，もう一度夫のもとを去って宗教コミュニティに入る時に2回語られた。Aはシェルターを去って夫のもとに戻ったが，ほんの短いハネムーン期を終え，予想したように夫の暴力は以前にも増して酷くなっていった。そんなある日，小さいころから親が信じていた宗教の勧誘を受け，その場で入信することにした。Aが惹かれたのは，宗教の勧誘をしながら，保険の外交員の仕事がセットになっていることだった。Aは高校を卒業して，短期間アルバイトでサービスの仕事に就いたことはあったが，そこで知り合った今の夫と10代で結婚してずっと家にいたため，普通の仕事をやれるという自信が全くなかった。それは夫が日頃から，「お前は無能で価値がなく，おれに頼るしか生きていく道はない」と言い洗脳し続けた結果であり，これはAの夫に限らずDV加害者の常套手段である。再びDV被害を受ける生活の中で，Aは熱心に宗教や仕事に勧誘されているうちに，宗教の仲間に支えてもらえば自分もふつうの仕事ができるかもしれないと思い，荷物をまとめて家を出て，仲間のところに居候

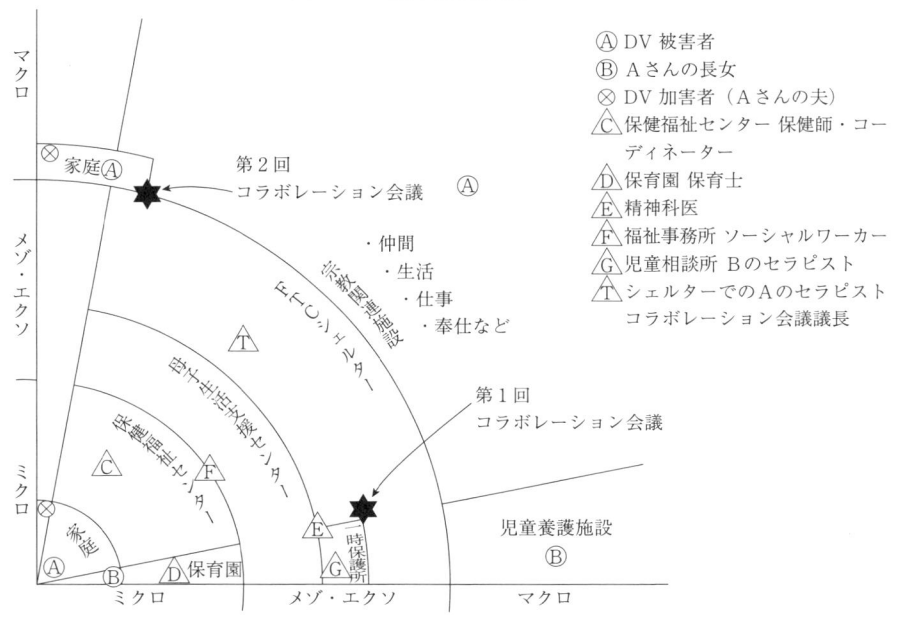

第11章　DV関連コミュニティでの協働

図11-1　包括的総合支援システム

Ⓐ DV被害者
Ⓑ Aさんの長女
⊗ DV加害者（Aさんの夫）
Ⓒ 保健福祉センター 保健師・コーディネーター
Ⓓ 保育園 保育士
Ⓔ 精神科医
Ⓕ 福祉事務所 ソーシャルワーカー
Ⓖ 児童相談所 Bのセラピスト
Ⓣ シェルターでのAのセラピスト
　 コラボレーション会議議長

出所：筆者作成。

するようになった。Aは仕事の研修を受けたあと，制服を着て外交員の仕事を始めてみると，自分に合っていると感じられて，人より頑張って成績を上げていき，すっかり職業人としての自信を取り戻した。Aはシェルター退所後も月1回ぐらい定期的に筆者のところに来て，日常生活のあれこれに始まり，離婚の手続きを取るにはどうしたら良いか，今は子どもを引き取れないが親権を取るにはどうしたらよいかなどの相談をしていた。筆者も弁護士を紹介したり裁判所に同行したりして関わり続けながら，不器用でもたくましく成長していくAを，まるで母親のような心境で見守って3年が過ぎて，A母子との別れの時を迎えたのである。

最後に，(1)(2)(3)の時期に合わせて，Aを巡ってどのような人々が関わりをもったかを図示し，包括的総合支援システムとしたい（図11-1）。

5　まとめに代えて

　A母子の事例を通して，さまざまな支援機関の人々とどのようにコラボレーションして，支援システムを構築したのかの一端を示せたかと思う。このシステムは，シェルター入所までの危機介入期に始まり，入所中にスタッフや仲間のDV被害女性たちとの関わりを通して，後方支援期における退所後の生活支援（健康・住居・仕事など）とコミュニティの人々（宗教と生活と仕事関係）との関わりを含んだものである。

　最後に，さまざまな人々とコラボレーション（協働）を行うときの作法（Manner of Collaboration）について，10項目にまとめてこの章を終わりたい。

① ともに働く仲間として相互に尊重しあう。
② ニーズをもって声をあげた人の言葉を出発点とする。
　このケースは，AがBが通う保育園の保育士Dに，「夫から暴力を受けているのでどうしたら良いか」と訴えたところから始まった。またコラボレーション会議が開かれたときは，1回目がAの「Bに会いたい」という切実な思いと，2回目は「夫のもとに帰りたい」という願いから会議が始まった。
③ 被害者と関わる人々や機関は，一堂に会してface to faceで話し合う。
　コラボレーション会議はできるだけ関係者が出席できるように設定された。
④ 関わる人々は，それぞれの専門性を尊重し合わなければならない。
　臨床心理士は個人の心の葛藤を扱い，ソーシャルワーカーは当事者の生活再建を考え，保育士は子どもの健全な成長を願い，保健師は母子の関係性の改善に力を貸し，各人のもつ専門性が尊重される。
⑤ 当事者こそ専門家である。
　②で述べたように，ニーズをもっている当事者こそ，問題解決へのモティベーションが高く，さまざまな専門家の知恵やスキルを凝集させる力を持っている。したがって，当事者は専門家として2回目のコラボレーション会議にも出席した。
⑥ 何を目標にして関わるかを明確にし，目標を共有する。

児童虐待防止法では，目標として「家族の再統合」を明記しているが，DV家庭では必ずしもそうではない。いずれにしても大目標を掲げるのでなく，そのつど小目標を確認し，関係者はそれでもってぶれないようにする。

⑦　目標に向かって急ぎすぎないで，足並みをそろえる。

「機が熟す」のを待ち，多くの人の足並みをそろえていく。先頭ではなく最後の人に，すなわち当事者に足並みをそろえると，うまくいくことが多い。

⑧　各専門家の持つ社会資源を確認し，共有化し，活用する。

臨床心理士は自分の中に内的資源をたくさん持っているが，ソーシャルワーカーは社会的資源を多く持ち，各人で持つ資源の質や量が異なる。必要に応じてどの抽斗からどれだけ引き出すかを確認し合う。

⑨　常に先の見通し（perspectives）をもっておく。

対人援助の仕事は，先にポジティブな見通しを持たないと，「労多くして，益多し」にならない。

⑩　相互に取り交わす率直な対話によって，コラボレーションは促進される。

引用・参考文献

Caplan, G. & Caplan, R. B. (1993) *Mental Health Consultation and Collaboration*, Waveland Press.

Duffy, K. G., & Wong, F. Y. (1996) *Community Psychology*, Allyn & Bacon（＝1999年，植村勝彦監訳『コミュニティ心理学：社会問題への理解と援助』ナカニシヤ出版）．

藤川麗（2007）『臨床心理のコラボレーション：総合的サービス構成の方法』東京大学出版会．

Hayes, R. L. (2001)「カウンセリングにおけるコラボレーション」『東京大学大学院教育学研究科心理教育相談室紀要』24, 108-113頁．

数井みゆき・遠藤利彦編著（2005）『アタッチメント：生涯にわたる絆』ミネルヴァ書房．

亀口憲治（2002）『概説　コラボレーション：協働する臨床の知を求めて』（現代のエスプリ419）至文堂，5-19頁．

中村雄二郎（1986）『臨床の知』岩波新書．

高畠克子（2007a）「家族間暴力」『児童心理学の進歩　2007年度版』231-259頁．

高畠克子（2007b）「コラボレーション」日本コミュニティ心理学会編『コミュニティ心理学ハンドブック』東京大学出版会，100-114頁．

高畠克子（2007c）「ドメスティック・バイオレンス被害者へのアタッチメント理論によるサポート」数井みゆき・遠藤利彦編著『アタッチメントと臨床領域』ミネルヴァ書房，234-262頁。

Seaburn, D. B., Lorenz, A. D., Gunn, W. B., Jr., Gawinski, B. A., & Mauksch, L. B., (1996) Models of collaboration : Guide for mental health. New York, NY, Basic Books.

渋沢田鶴子（2002）「対人援助における協働：ソーシャルワークの観点から」『精神療法』28（3），10-17頁。

（高畠克子）

第12章	危機対応コミュニティを支える予防・後方支援
	：支援者をエンパワメントする研修体制づくり

　危機対応を行うDV被害者支援の現場には常に緊張がある。まずは，被害者の安全を確保するために必要な緊張がある。そこでは常に的確なアセスメントと迅速な対応が求められるからである。次には，女性と子どもたちの深刻な被害実態を見たり聴いたりするときの緊張がある。女性の被害は人権侵害そのものである。ところが，それに対応できる社会資源はまだまだ少ない。必ずしも緊急事態や退所後の生活再建をめぐる女性のニーズに対応できるとは限らないため，支援者自身が絶望することもある。しかし，女性たちはその苛酷な状況を生き延びて，相談につながり，家を出てくる。その勇気は，支援現場に希望をもたらす。支援現場には絶望と希望が背中合わせになった緊張がいくつもある。

　そんな現場で働く支援者に必要なのは，仲間であり，笑いである。また被害者に2次加害を与えないこと。被害者とのあいだに程よい距離をもって伴走すること。そのためにも支援者自身がセルフケアされる必要があり，支援に伴う達成感や充実感が得られるように，常にエンパワメントが必要である。

　本章では，危機対応コミュニティを支える予防・後方支援として，支援者をエンパワメントする研修体制づくりについて述べる。

1　被害当事者に伴走する支援者

（1）活動の記録を残す

　筆者たちはこれまでに3つのブックレットを作成した。『臨床現場からの発信：援助者のためのDV被害者支援』（東京フェミニストセラピィセンター編，2002），『シェルターからの発信　DV被害者の総合的支援：地域で生きるために』（FTCシェルター編，2003），『記録と証言：アドボケイター養成プログラム』（FTCシェルター編，2007）である。どれもDV被害者支援の実践についてまとめたもので

ある。

　これらのブックレットは，草の根支援活動の概要を記録するものである。いずれも，その時々に必要とした危機対応をめぐる具体的支援の詳細な記録であるが，どの時期にも，支援方法については，他にモデルはなかった。とにかく必要に迫られ，手探り状態の中で，被害女性の痛みと恐怖をまるごと受け入れようとして，ドタバタと動き回る試行錯誤の連続であった。

　この作業は，どの国においても草の根支援活動がそうであるように，職人の手仕事による慎ましいブリコラージュだったと言えるだろう。ブリコラージュをめぐる壮大な論考があることは承知のうえであるが，筆者たちはとりあえずは，老人の生活をケアする介護の必要を提唱した三好春樹による定義を知り，これに親和性を感じた。三好（1986）によれば，ブリコラージュとはありあわせの物をかき集め，工夫して，その時とその場をやりぬく「器用仕事」のことである。

　こんな状況であったからこそ，記録はなによりも，＜今，痛い人＞であるDV被害女性と子どもにどのように向き合えばいいのかを，筆者たち自身に問いかけるものであったと思う。この点については，最初のブックレットの巻頭に，危機対応による支援活動は，「DV被害に遭った女性と二人きりで，相談室にこもっていたのでは，どうにもならないと気づいた時から始まった，試行錯誤の集積」（東京フェミニストセラピィセンター編，2002：1）であると書いた。相談員自身が変わらざるを得ないことを実感した瞬間であった。

　ところが今，およそ15年になる活動を振り返ってみると，自分たち自身への問いかけの記録として作成したブックレットは，DV被害者支援の予防・後方支援の働きもしていたのかもしれないと思うようになった。持ち歩きのできる小ぶりのブックレットというかたちを取ったので，書店を経由することなく，早急に支援者の手元に届けることができた。また支援の実際をとりあえず形にしたので，これを読んでくれた他の支援者の感想や意見を聞く機会が増えたのである。当時を振り返ると，さまざまな領域で働く支援者がブックレットを必要としていたことが分かる。また後から支援現場に参入してくる人たちに対しては，ブックレットは支援のあり方を引き継ぐという伝達機能を果たすことになったのではないかと思う。

第12章　危機対応コミュニティを支える予防・後方支援

（2）被害当事者による証言

　この記録作りを支えてくれたのは，被害当事者が語ってくれた＜証言＞である。

　最初のブックレットに収めたのは，「結婚20年で家を出ました」というタイトルの証言である。女性は結婚直後から妻を貶めコントロールしながらも，妻にもたれかかる夫に仕えたが，子どもが大学に合格した時，入学金を出してほしいと頼んだという。ところが夫はそれを聞くやいなや，女性に襲いかかり，何度も殴ったという。その後に女性は救急車で病院に搬送され，外傷性くも膜化出血で入院となったが，この衝撃的事件をきっかけにして，家を離れることを決めたのである。

　女性が証言したのは，家庭という密室の中で繰り返されていた心理的支配と生命を脅かすまでの凄まじい暴力の実態であった。

　このブックレットを作成したのは2002（平成14）年である。DV防止法が制定・施行されたのは2001（平成13）年であり，当然のことながら，この証言をしてくれた女性が家を出たのは，まだDV防止法が実施される以前のことであり，DVに対する社会的認知がまだまだ「夫婦げんか」という枠組みを出るものではなく，もちろん公的シェルターはまったく機能していなかった。そのために女性の安全確保は非常に危ういものであった。

　2つ目のブックレットには，家を出て5年が経った女性から証言をもらった。タイトルは，「自分が自分でなくなったような気がしました」とある。この女性の場合には，夫が暴力を振るうきっかけは本当に些細なことであったという。しかし夫を怒らせないようにと，女性がどんなに努力をしても，暴力を止めさせることはできなかった。暴力を振るうことになるきっかけは夫の手中にあり，暴力という手段を選択するのは夫であったからである。

　繰り返し暴力被害に遭っているうちに，女性は夜になると，夫よりも先に酒に酔っぱらい，頭をからっぽにすることで，苦痛を減らすことに成功し，なんとか一息ついたようである。ところがこの対処法にもかかわらず，同じ時期に女性は解離症状を呈し，「職場に行っても，まわりで起こっていることが他人事みたいで，映画を観ているようであった」という。また子どもの前で殴られてもなにも感じないほどに，精神的に追い詰められ，「生きているのか死んでいる

のかがわからなくなった」という状態に陥っている。生きる意思を失っていくという，この根源的な喪失感は希死念慮とは別のものである。ある意味では死にたいというエネルギーすら奪われた状態であるといえよう。その人の核心部分が破壊されるというこの状態は，DV被害の影響のうち，もっとも深刻な被害であるといえるだろう。

　近年，この根源的喪失感については，戦争やテロ，性暴力を含む犯罪被害，家庭内で起きるDVや虐待，政治的監禁，難民，災害や事故など，多くの衝撃的事件に遭った人たちに同様に見られるトラウマ的症状であることが，徐々にではあるが，社会的認知を得られるようになってきた。しかしこの証言をした女性はその当時は，自分自身でさえも，頭がおかしくなったのではないかと感じ，誰にも話すことはなかったという。

　3つ目のブックレットに掲載された証言は，離婚に至る法的解決の経緯とアドボカシーのあり方，あるいは面会交流をめぐる夫からのさまざまな嫌がらせについて，自由に語ってもらったものである。小池（2007：90-99）は実名でこの証言を記録に残すことを申し出てくれた。筆者たちは小池の勇気に大きな力をもらうことになった。

　小池の離婚は3年という長期間にわたる民事裁判の末，高等裁判所において和解終結をみた。和解条項はほぼ小池の要求通りだった。小池は幾度となく裁判所に通い詰めたが，その際には，すでに亡くなっていた祖母の写真を携えて行ったという。子どもの頃に小池を見守り続けてくれた祖母という存在が同伴者だったことになる。

　小池は2004年に開講したアドボケイター養成講座に参加した100人ほどの支援者に向けて，法廷に同伴してくれる支援者（アドボケイター）の必要性を，呼びかけてくれた。支援者とは被害当事者の声に耳を傾け，その声に学び，そこから自分の仕事の意味とブリコラージュがもたらした結果を改めて検証することにより，エンパワメントされる存在である。これが後方支援の一つのあり方を示すものである。

（3）協働作業から生まれる証言

　3人の女性はいずれも，大きな暴力事件に曝されたことをきっかけにして，

夫の暴力から逃れた女性である。女性たちは避難から5年が経ち，ようやく，暴力被害に遭っていた頃の記憶を辿ることができるようになっている。その間には，女性に寄り添い，語りに聴き入り，適切なタイミングで質問する聴き手の存在があったことはいうまでもない。寄り添ったのは，仲間であり支援者である。＜証言＞はその人たちとの協働作業のなかから生まれ，集積された多くの記憶の記録である。

　この協働作業は，次の3つの段階からなる。①「ドミナント物語」を語る，②それを「オルタナティブ物語」に変える，③その人を支え続けた人やモノを思い出す。

　まず，第1段階として「ドミナント物語」を語ることであるが，ここで言うドミナント物語とは，ナラティブ・セラピーを実践するWhite & Epston（1990）により提唱された。その人が生き延びるために必要だったギリギリの工夫や対処法のことであり，例えば「自分が悪いから殴られるのだ」「人は誰もわかってくれない」「自分は無価値である」など，無力感や孤立感，あるいは他人に対する不信感でいっぱいの硬直した物語のことである。

　この物語を互いに語り合っていくうちに，徐々にではあるが，まずは，他のなかまたちが経験した工夫や対処法などが硬直した物語であることを認めることができるようになっていく。そうなると次には，その人はなかまたちに向かって，「あなたは悪くないし，生きる価値がある」などの言葉を投げかけることができるようになる。つまり先に認知するのは自分の硬直した物語ではなく，他のメンバーの硬直した物語であり，この順番は決して逆ではない。不思議であるがこのことをきっかけにして，次第に，自分自身の硬直した物語が写し出され，それとして認めることができるようになるのである。これが鏡映効果といわれるプロセスである。

　女性たちは互いを鏡として語り合う作業プロセスを通して，暴力が人間としての尊厳を奪っていたことに気づくきっかけを得ていくことになるのである。

　次に，第2段階としての「オルタナティブ物語」とは，過去に起きた暴力被害を具体的生活の文脈の中で起きた出来事として語り，暴力を自分の責任であるかのように捉える認知のパターンから離れることにより，可能になる物語である。Hermanの定義によれば「心的外傷とは権力を持たない者が苦しむもの

である」(Herman, 1992:46)。この物語をDV防止法に依拠して言いかえるならば，女性たちが受けた暴力被害は，女性たちの人権を侵害するものであるという観点から捉えなおす物語であるといえるだろう。

オルタナティブ物語は，「自分は生きる価値がある」「自分には力がある」「なんとかなるだろう」など，自分や他者や世界に対する信頼にもとづいた自己肯定感からなる，新しい生き方を支える物語であり，次の5つの特徴をもっている。①過去の出来事が川が流れるようにつながっていること，②自分の気持ちや考えを伴うこと，③他のなかまとの話し合いのなかで生まれ洗練されたものとなっていること，④自分が体験した出来事に出遭い直す強さを伴っていること，⑤自分に対しても相手に対しても限界を受け入れる余地があることである。

第3段階としての「その人を支え続けた人やモノを思い出す」プロセスとは，女性たちが苛酷な暴力被害に遭っていた渦中において，あるいはその人の核心的部分が崩壊の危機に直面しながらも，それでも破壊されることのない自分を支え続けた人の声やモノを思い出すことである。暴力被害の渦中にあるとき，あるいは暴力が女性の尊厳を粉砕するほどの屈辱的暴力であるとき，力を持たない女性は加害者の愚劣な行為に対する憎悪や衝撃すら自分から切り離さざるを得ないことで生き延びることが多い。そうした過程をたどることにより，自分の核心部分を支えていた力さえも健忘せざるを得なくなっていくのである。

女性たちを支える人やモノは日常生活の中で目にする具体的なモノや人であることが多い。女性の人権は，他者との「つながり」のなかにあることを示す知見が示す通りである（平川，2009）。

（4）証言することの意味

証言については，筆者たちがシェルター機能による危機対応支援を始めた1997（平成9）年当時には，すでに，「従軍慰安婦」だった韓国女性の＜証言＞をめぐる論考があった。その中核をなしたのは，「従軍慰安婦」を「性的奴隷」へと転換する名づけによるパラダイムの転換であった。それらの論考によれば，記憶や証言が歴史学の言説の中に登場するようになったのは1990年代に入ってからであるという。この場合の「記憶」とは，「数知れぬ過去の出来事のなかから，現在の想像力に基づいて特定の出来事を選択し呼び起こす行為，表象を媒

第12章 危機対応コミュニティを支える予防・後方支援

介とした再構成の行為」(小関, 1999：7) をいう。

またこれと同時期に，臨床現場におけるトラウマ体験をめぐる記憶や証言の意味や取り扱い方について書かれた論考がある。Caruth (1995；1996) によれば，トラウマ体験とは，衝撃的出来事に遭遇した被害者にとっても，それを聴こうとする他者にとっても，理解を拒む体験である。一番苛酷なトラウマ体験者は，出来事に遭遇した死者たちであると言われるように，トラウマ体験とはそもそも，その理解を拒む体験であり，他方，生き延びた者たちにとっても，トラウマ体験は，心的体験の中に生じた亀裂であるがゆえに，出会い損なうという出会い体験であり，悪夢や反復的な強迫的行為として，埋葬と回帰を繰り返す体験である。

そのためにカルースはトラウマ体験である証言が文学的な要素のある言語で語られるべきであることを強調する。その理由は，文学的言語こそ，常識的理解に対して挑みかかる言語であり，その特質がトラウマ体験の特質と共通するからである。

筆者たちは証言をめぐる2つの論考から多くを学んで，DV被害者が語る記憶と証言を形にすることになった。被害者がとにかく生き延びること，またその後も地域に根を張り再被害に遭うことなく母子の暮らしを維持すること，危機対応という支援はその出発となる重要な支援である。＜証言＞は支援者の研修体制づくりには欠くことのできないテクストである。

長い間，沈黙を強いられ続けた女性たちが自らの記憶を語るとき，女性たちは被害を被った過去を生きるとともに，同時に，語っている現在の時を生きる。また当然ながら，女性たちが語ることができるのは，未来への希望を先取りしながら生きることができるときである。つまり3つの時を安全と安心感を伴いながら生きること，これが証言することの意味である。

出来事を語り直す作業の迫力は，＜過去＞の出来事が，ある種の断念と希望を含む＜未来＞を経由して，＜現在＞に戻ってくるという覚醒体験にある。この作業は過去の出来事にとらわれすぎても，未来に過剰な期待をかけすぎても，現在に戻ることができにくくなるという特徴をもっている。

第Ⅲ部　関連コミュニティとの協働

2　暴力被害者への理解を当時者と共有するための研修体制づくり

　支援者が当事者の意思を尊重しながら当事者に伴走する中で，当事者の被害実態や対処法，そして被害が及ぼす心理的影響や子どもへの影響，あるいは経済的困窮などについての当事者自身の証言によって，理解が徐々に深まっていくことは前述した通りである。
　ここではさらに理解を深めるために当事者に学ぶ研修体制づくりについて述べる。

（1）危機対応コミュニティの緊張を緩和する夏キャンプ

　筆者たちが夏キャンプとその準備のために開催する研修会を始めたのは2006（平成18）年である。この試みは，「大人も子どもも共に安全で健康に生きるためのプログラム」と名づけられ，FTCシェルター（後にNPO法人FTCアドボカシーセンターに変更），ダルク女性ハウス，サバイバルネット・ライフの3つのシェルターに，The Body Shop，早稲田大学平山郁夫記念ボランティアセンター，目黒区母子生活支援施設氷川荘の3つのボランティア団体を加えた，合計6団体からなる実行委員会方式で出発した。それ以前に実施した2回のお泊り会を含めると，すでに2011（平成23）年の時点で8回目の実施となった。
　そもそも危機対応支援を行うコミュニティには，常に，緊張があることは前述した通りである。加えて，シェルター利用者の退所後の生活再建や心身の回復，あるいは暴力の再被害に遭っていないかどうかについても，予防的側面から気がかりになるところである。
　2001年に，アメリカのボストンで女性健康共同体を実践する VOV プログラム（Victims of Violence Program）の研修に行ったとき，そこの所長を務めるハーヴィと研修リーダーのハーマンから講義を受けたのは，危機対応後の被害者の状況を危機対応コミュニティや関係機関に対して報告するアドボカシーの存在意義についてだった。アドボカシーは危機対応コミュニティの緊張を緩和し，そこで働く支援者のバーンナウトを予防するということだった。
　これを聞いて非常に驚いたので，帰国してから日本でもこの役割を誰かが担

ってくれないものかと、各地でアドボカシーの存在意義について話して回ったが、かんばしい反応は得られなかった。この時期、ようやくにDV防止法が成立したばかりの日本では、まだまだこの仕事の重要性についての現実感は乏しかったのだろう。一方、同じ研修で、ボストンから持ち帰った小さなSafty Cardは、すぐにあちらこちらで名刺大の大きさのカードに形を変えて、トイレなどに置かれるようになったのである。

　危機対応コミュニティーの緊張と気がかりをいつまでも抱えているのは、支援者のメンタルケアにとって、あまりいいものではない。コミュニティのためにコーディネイトをしてくれるところがないならば、自分たちでやるしかないだろう。こんなことを漠然と考えるようになっていた頃であった。退所後の子どもたちの様子を心配するシェルターの保育担当スタッフが、「子どもたちに再会できるようなお泊り会をしてみたい」と言い出したのである。この案はすぐにスタッフ全員の賛同を得た。筆者はこのお泊り会が、ボストンで学んだアドボカシーの役目を果たしてくれるのではないかと希望を感じた。退所後の子どもたちの様子を誰も知らせてくれないならば、自分たちが会いに行ける場を作ればいいのではないかと考えたからである。

　2004(平成16)年に始めたお泊り会は母子とスタッフを合わせても50人ほどの小さな規模であったが、筆者たちの望みは十分に達成されたのである。しかしながら子どもたちに再会してみてわかったことは、子どもたちが被ったDV目撃かの影響の大きさであった。とりわけ夜に恐怖で眠れない子どもたちに対する対応はお手上げ状態であった。また筆者たちが気がかりだった母子たちが、このイベントには不参加だったことである。筆者たちが知ることができたのは、イベントに参加できる余裕のある女性と子どもたちの状況にすぎなかったことになる。この時点では、その後の生活の困難さに対する私たちの理解が不足していたのではないかと反省した。

(2) 当事者も支援者も共にエンパワメントされる研修会と当事者研究

　2回のお泊り会の実施結果を通して、筆者たちは夏キャンプ準備のために、翌年から年に3〜4回の研修会を開催することを取り決めた。参加者やボランティアがDV被害実態や当事者の健康状態などを学ぶためである。第1回目

の2006（平成18）年には，5回の公開講座を開催した。

　研修講座は，その年のキャンプのテーマに合わせて，それにふさわしい講師を呼ぶことになった。第1回目の夏キャンプのテーマは，「自然と人，そのかかわり方を学ぶ」であり，山梨県都留市が運営する「ふれあいの里」学芸員の佐藤洋さんを講師にお呼びした。佐藤さんは山のこと，自然のこと，人間のこと，友だちのこと，生きるということ，遊ぶということ，食べるということ，そして自然を守ることについて等，ふれあいの里で出会った子どもや大人たちに対して，「荒れた山や里山を再生するには100年という長い歳月がかかります。この活動は息の長いものになるので，一度出会った人とも，一生のおつきあいにしていきたい」と，問いかける人であった。筆者たちの研修会においても，佐藤さんの野太いけれど温かみのある声が，子どもたちばかりか，むかし子どもだった大人たちをも魅了した。

　この研修会では，人も自然も共に，耕し続けていく必要があることを，改めて学んだ。DV被害の影響を受け，尊厳を破壊された女性と子どもたちにとって，新しい生活の場において，人間関係を耕していくことこそが大変なのだということを学び直したことになる。

　この年に実施した公開講座のテーマはそれぞれに，「DVにさらされた女性と子どもの生き延びる力」「地域とつながるDV被害者支援」「子どもの成長と大人たちの責任」「子ども時代を生き直す子どもと大人」「児童養護施設で育つ子どもたちの力」「子どもたちを同じルールの社会に迎え入れるために」であった。第3回目の研修会では，DV被害女性を母親に持つ子どもたちの生きにくさについて，子どもたち自身の声を聞かせてもらった。また子ども時代をDVのある家庭で育ち，自らもDV被害を受けて母親として生きることになった女性たちの声を聞かせてもらった。当事者自らが自分たちの暮らしについて語ったことになる。

　2006（平成18）年の夏キャンプは，子ども時代を生き直す場として設定したので，参加者は母子に限らず単身者も含めて，総勢150人となった。このキャンプの模様は冊子（地域で暮らすDV被害者と子どもを支援する会，2007）を作成した通りであり，キャンプに参加した思春期の子どもたちの実態と課題については平川（2008）がまとめた。

当事者が語るという研修会のやり方はその後も継続して現在に至っている。これが後に，当事者研究の流れとあいまって，実行委員団体でもあるダルク女性ハウスの上岡陽江により，『その後の不自由』（上岡ら，2010）という大きな成果となったが，筆者たちが実施する研修会は，当事者も支援者も共に，エンパワメントされるものであることを示しているといえよう。

3　総合的支援を必要とする暴力被害者支援と研修体制づくり

ここでは1999（平成11）年より支援者のための研修を行ってきた「女性の安全と健康のための支援教育センター」（2001〔平成13〕年にNPO法人として認証を受けた。以下，支援教育センター）の研修体制づくりについて述べる。

（1）始まりは「性暴力と医療をむすぶ会」

支援教育センターが誕生したのは1999（平成11）年である。この年は，第5章で述べたシェルターにおける草の根支援活動が始まった同じ時期にあたる。当時の筆者はといえば，シェルター機能を使ったDV被害女性と子どもに対する危機対応支援を始めたばかりであり，自分の思いや実践の試行錯誤を共有してくれ，なおかつさまざまな課題を検討し合える仲間を必要としていた時期でもあった。そんな状況の中で筆者は，支援教育センターの理事として活動に参加したのである。シェルター機能を使う危機対応コミュニティでの活動と支援教育センターでの研修体制づくりの2つが，車の両輪として，筆者の活動の支えになったことはいうまでもない。支援教育センターにおける研修体制づくりは，現在に至るまで，筆者の活動を根っこのところで支え続ける原動力となっている。

支援教育センターの前身は「性暴力と医療をむすぶ会」（以下，「むすぶ会」）である。カナダのブリティッシュコロンビア州立女性病院と女性健康センターの院長であるワイノット（Whynot, 1999）と開業カウンセラーであるリンダ・ジンガロ（Zingaro, 2007）を招請して，1997年から研修講座が開催されたのが始まりだった。ワイノット医師は，1982年にはバンクーバー市にSAS（性暴力被害者支援チーム）を開設し，1983年からおよそ8年間のあいだに，50件以上の性暴力被

害者の刑事裁判に出廷し，法医学的側面から，専門家としての証言を行っていた。また女性健康センターでは急性期の診察の際，生活史の聴取，診察，証拠の採取，証拠の提出，警察への通報，カウンセラーの導入，フォローアップのための電話を希望するかどうかなど，すべての局面で，被害者の同意を得て行う医療行為を実践していたし，1994年からは，SANE（Sexual Assault Nurse Examiner）プログラムの実施を開始していた。

ジンガロは1977年から，社会福祉局や住宅局とタイアップして，家出やホームレス，売春などの危機に直面する思春期の子どもたちに対して，住居と支援を提供する非営利団体 Alternate Shelter Society を設立し，子どもの権利を擁護する立場で，個々のケースに対応し，また支援プログラムの開発と運営を行ってきたカウンセラーである。

こうして始まった研修講座が2年ほど続いた後，1999年に，「支援教育センター」が立ち上がったのである。発足までの1年間は，事務所もなかったので，立ち上げのための準備はいつも喫茶店で行われた。それでも立ち上げに参加した誰もが熱意に燃えていた。

当時の研修講座の詳細は，「伝えてくれて，ありがとう」（むすぶ会，1999）という3つの冊子となって実を結んだ。講師のワイノット医師とジンガロ女史が，自らの性暴力被害者支援と真摯に向き合う中で生み出した，さまざまな知恵と知識が詰まった支援システム構築に関する報告書である。また「むすぶ会」を主宰した，まつしま病院院長の佐々木静子医師はこの研修講座を機に，病院における24時間医療対応の支援をスタートしたのである。

まさに1999（平成11）年という年は研修体制づくりにとって大きなエポックとなったといえよう。

（2）運営委員会方式による運営と維持

支援教育センターは理事と運営委員により構成されるが，どちらも，弁護士，産婦人科医師，編集者，大学教員，助産師，精神科医師，法医学専門の医師，児童精神科医師，翻訳業，心理療法士，著述業，社会福祉士，DVコンサルタント，児童福祉士，保健師など，幅広い層の支援者・専門家からなっている。理事と運営委員はそれぞれの専門領域の立場から，研修講座の講師を分担して務

めるが，外部講師としては，外国籍支援者やサバイバー支援者も加わる。DV被害者を含む性暴力・セクシュアルハラスメント・人身売買・児童虐待などの暴力被害支援には，こうした多岐にわたる総合的視点からの支援が必要であるため，研修講座も総合的な視点からの研修体制となっている。

なお13年間に及ぶ研修講座や公開講座についての詳細は，表1-1（7頁）に示すとおりである。

（3）支援教育センターがめざす3つの柱

1つ目は，暴力・虐待を生み出す社会構造の変革につながる支援者を増やす。
2つ目は，女性や子どもへの暴力や虐待について社会認識を高める。
3つ目は，女性・子どもの人権の確立。

これらを見れば，単なる支援技法ではないことが一目瞭然であろう。3つの柱は，暴力を生み出す社会の構造を徹底的に分析し，暴力を根絶するためになにが必要であるかを共有することを目指すものである。こうした理念のもと，年間3回（いずれの回も2日間の日程）の研修講座と2回の公開講座が開催される。研修講座は誰もが参加できる基礎講座（講座A）と基礎講座を修了した人が受講する専門講座（講座B）とがある。それぞれの1コマは80分であるが，年間を通して，24コマが開講される。

公開講座にはこれまでに，カナダのブリティシュ・コロンビア州バンクーバーにある「性暴力被害者支援女性健康センター」所長だったワイノット医師，開業カウンセラーのジンガロ女史，ミネソタ州ミネアポリス市のSART創始者のリドレイ法医学看護師，フォトジャーナリストの大藪順子氏など，その他多数の講師を海外から招請した。

また2000年6月には，看護師・助産師・保健師を対象にして，第1期のSANE養成講座を開講した。SANEとは，性暴力支援専門看護職のことである。病院での実習を含む，年間40時間の研修を実施しているが，2011年3月現在で，およそ250名の修了生が全国で活躍している。またSANEの講師陣は，「子どもの性犯罪に関する医療プロトコル」（ニューヨーク州保健省（1994）「社会福祉省編纂」）の日本語訳（NPO法人女性の安全と健康のための支援教育センター，2008）を作成して，SANEやSART（Sexual Assault Response Team）の普及に務めている。

研修講座の最終セッションには、毎回、「ちえのわ」を開催する。「ちえのわ」は支援者のためのグループ事例検討会である。事例提供者を囲んで、問題解決に向けて司法・医療・福祉・心理など多領域の立場から、報告者に対するねぎらいとアドバイスが提供される。司会者とアドバイザーは、支援教育センターの理事や運営委員、または外部講師が担当する。この検討会では、報告者と参加者が共にエンパワメントされるプログラムである。

参加者は全国からやってくるので、顔の見えるネットワーク作りの場を提供することも、この講座の特徴である。また『通信』の発行を通じて、講座に参加しない会員や基礎・専門講座の修了生に向け、情報提供をして、会員相互の交流を図っている。

(4) 支援者の成長

講座は年間のテーマを立てて運営される。たとえば2008 (平成20) 年度のテーマは「支援者としての成長」であった。この年は、カウンセリングの基礎にたちかえりながら、信頼というテーマについて検討した。公開講座にはリンダ・ジンガロを招請したが、初期の頃に伝えてくれた以下の点を、改めて学び直す機会となった。支援者をエンパワメントする研修体制づくりにとって、支援の原点を忘れないことの重要性を示すものである。

1つ目は、自分の価値観や信念の揺らぎを受け入れること。

暴力被害当事者の援助にとって大切なのは、1人の女性を直視する勇気である。自分を受け入れていない支援者には、暴力被害者支援は難しい作業になることが多い。それは当事者のつらい体験や怒りに、支援者自身が圧倒されて聴き続けるのが怖くなったり、怯えたりするようになり、支援者は時に当事者の言うことや感じることのすべてに、心ならずも同意してしまうことも起こりうるからである。

2つ目は、当事者の抱えている問題は、支援者の問題でもあることを理解すること。

支援者が当事者の近くにいる時には、支援者が自分自身の近くにいるときでもあるからである。

3つ目は、しなやかさを大切にすること。

トラブルを恐れず，葛藤を肯定して，楽観的で，ときに大胆に行動することが大切である。支援者としての成長は，常に支援者のセルフ・ケアを伴っていることが必要となる。

4 性暴力被害者危機対応に取り組む支援者に対する研修体制づくり

(1) 早期発見と的確な対応

筆者はこれまでに，子どもの頃に性虐待被害に遭って成人になった女性たちのカウンセリングを行ってきたので，その女性たちの経験した2次被害の酷さを聴いてきたし，長期に続く深刻な精神症状や家族の崩壊と経済的困窮など，数多くを目の当たりにしてきた。

また，シェルターでの危機介入支援を始めてからは，利用者の中の重複的暴力被害者が直面する対人関係上のトラブルや自立支援の難しさを痛感してきた。この人たちが「親密圏に身を寄せない消息不明の人」であることは，本書の第5章で述べた通りである。女性たちの多くは，子どもの頃や思春期の頃の性暴力被害者のことが多く，当然のことながら，直近のDV被害者であり，配偶者からの性暴力被害者でもある。これらは単回の性暴力被害ではなく，長期にわたり繰り返される暴力被害である。そのために，心身の健康状態も非常に複雑であり，回復についての取り組みも，まだ本格的に始まっていないといっても過言ではないだろう。こうした経験を振り返ってみても，性暴力被害に対して早期の発見と危機対応を開始する必要を痛感する。

衝撃的出来事の直後に適切なケアを受けることができるかどうかが，トラウマ体験からの発症を抑える大きな要因となるとする考え方がある。心的外傷後ストレス障害（PTSD）とは，Shalev（2004）の定義によれば，「外傷的出来事に対する初期反応からの回復の障害である」。つまりトラウマ体験は，衝撃的出来事の後に生じる正常な回復を妨げる要因によって説明されることになる。衝撃的出来事の客観的深刻度は発症のきっかけであるが，原因としては十分なものではなく，出来事の直後に被害者がどのようにケアされるか，あるいは多岐にわたる総合的支援を受けることができるかどうかにかかっているというのである。

この定義は，ケアや支援が遅れたために生じる2次被害が，いかに大きなトラウマ体験となるかを示すものであり，それゆえに，被害者の自責感や罪責感を軽減するための総合的支援の必要を提唱する根拠にもなっているのである。またこれまでの臨床経験の中で，誰の助けもなく独りで苦難や恐怖を抱えこんできた女性たちの支援において，孤立と深刻な後遺症を多く見すぎてきた支援者にとっては，小さな希望をもたらしてくれる。

（2）危機対応カウンセリングの誕生

　アメリカの精神医学の専門誌に，はじめて「レイプ・トラウマ・シンドローム」(Burgess & Holstrom, 1974) が発表されたのは1974年のことである。論文の著者は，看護師のアン・バージャスと医師のリンダ・ホルストロームである。2人は論文を書くに際して，1972年から1年間，レイプ被害に遭った146人に対する援助を行っている。この活動はまさに，性暴力被害直後の人に対して行うカウンセリングであった。2人はこれを「危機対応カウンセリング（Crisis Counseling）」と名づけ，通常のカウンセリングとの違いを述べている。

　その方法については，現在では修正された部分もあるが，臨床現場にいる支援者が，性暴力被害直後の人にはじめて会うとき，くりかえし立ち戻る必要がある支援の原点となっている。

　その特徴は，事件が起こる前にその人が抱えていた問題に焦点を当てるのではなく，事件後に必要な暮らしの再建に向けて，積極的に働きかける点にある。2人はアメリカのマサチューセッツ州にあるボストン市立病院との協力のもと，当時の2人はポケットベルを持っていたが，夜中や朝方をふくめて24時間いつでも，連絡があってから30分以内に病院に駆けつけ，面接を行った。またその後も電話や家庭訪問を行いながら，被害者の経過を見守った。同時に警察や関連機関と連絡を取り合うことで，被害者に対して間接的なフォローアップを行った。また告訴した被害者の法廷に同行し，裁判の進行とそれに対する被害者の反応を逐次記録した。さらには支援ネットワークのメンバーたちと頻繁に連絡を取り合い，被害者の回復を見守った。

　危機対応カウンセリングという方法は，こうしたさまざまな実践の中から練り上げられていったのである。いま苦しんでいる人に「積極的に応答する」こ

と，それが責任（responsibility）という語の真の意味であるように，こうした実践のなかから，エンパワメントの理念は生まれた。

　2人が146人の女性から聴き取ったのは，身体的反応と情緒的反応の両面からの被害実態であった。身体的反応としては，身体的外傷，骨格筋の緊張，消化器官の不快感，泌尿器や生殖器の外傷や障害などが報告された。情緒的反応としては，殺されるのではないかという恐怖心，屈辱感，恥からくる怒り，復讐心，事件の起きたその時に何もできなかった無力感と自分に対する自責感など，さまざまな気持ちが報告された。どの報告結果も，それぞれに性暴力被害からの深刻な影響を示すものであった。しかし同時に2人は，暮らしの再建に向けて被害者が行った，工夫やセルフ・ケアのための手がかりを聴き取り，その豊かさに感嘆している。

　しかもこの調査の面目は，レイプが性的行為ではなく暴力であり，個人的な問題ではなく社会問題であることを，医療専門家に対して被害者の代理人として訴えた点にある。つまりはこれがアドボカシー（advocacy）の始まりであった。アドボカシーとは「声を奪われた被害者の権利を擁護し，必要に応じて裁判所や医療機関などに同行する支援である」（FTCシェルター編，2007：6）。

（3）性暴力被害者援助女性健康センターの開設とSANEプログラムの始まり

　その後，2人の提起した方法と回復への展望は，フェミニストの医療関係者へと広がりをみせた。前述したように，1982年にカナダのブリティシュ・コロンビア州バンクーバーに開設された「性暴力被害者援助女性健康センター」も，この流れのなかのことである。

　SANEは，1976年にアメリカのテネシー州メンフィスで始まり，以後全米各地，及びカナダに拡がった専門職のことである。SANEは連絡があると，1時間以内に病院に到着して，急性期の被害者に対し軽い怪我の手当て，性病検査，緊急の避妊，証拠採取，記録，アドボケイターと協力して被害者への心理的支援を行う。連絡を受けておよそ2～3時間以内に，レイプキットと呼ばれる緊急対応に必要な器具を準備して，対応するのである。成人・思春期用と子ども用のキットがある。

　現在では，SANEプログラムは5カ国およそ460カ所で実施され，専門看護

師が養成されている。ここでの方法こそ，被害者と援助職（看護師）が相互に行う，小さな無数のやりとりからなっている。医療行為を行いながら，両者のあいだに言葉による応答が続けられる様子には，小さな無数のねぎらいと励ましの中に，エンパワメントの理念が実践として現れている。また，SANE とのやりとりは，被害者が自分のからだをコントロールする力を取り戻すための手がかりになるのである。これは，1974年に始まった危機カウンセリングの成果が実を結んだともいえよう。

　なおアメリカでは，法医学看護師（Forensic Nurse）の活動もめざましい。保険医療システムと刑事司法システムをつなぐ役割をとり，被害者の最善のケアを提供する役割を担うため，1992年に国際法医学看護協会が創設され，1995年に認証されている。

（4）中核となる性暴力救援センターの開設

　SANE がうまく機能するために必要なのは，性暴力被害者支援対応チームである。このチームは SART（Sexual Assault Response Team）と呼ばれている。アドボケイター，医療職，警察官，検察官，鑑識官，DV 被害者アドボケイター，シェルター・スタッフなどが連携して，面接などをはじめとした総合的支援を行うネットワーク・チームである。

　ミネソタ州ミネアポリス市の SART 創始者である看護師の Ledray（2007）によれば，SANE プログラムを始めると，地域にさまざまな変化が起きるのだという。被害者がエンパワメントされることは言うまでもないが，他にもたとえば数年で被害届けを出すケースがおよそ 3 倍になる，証拠採取がうまくいき起訴ケースが増える，証拠採取や法定での証言などを SANE が行うので医療関係者や警察にもメリットになる，カルテのコピーと証拠を警察官が一緒に入手できるのでメリットとなる，加害者の罪状認否で有罪を認めるケースが増えるなどである。

　この SANE や SART がうまく機能するための拠点が性暴力被害者相談支援センターである。残念ながら，日本での SANE や SART は，まだ支援システムの中で機能しているわけではない。各地で実践されてきた個々の取り組みをさらに効果的に機能させるためには，中核的な役割を取る，以下のような機能

をもつ性暴力被害者相談支援センターの設置が必要である。

　24時間対応のできる相談窓口があること，緊急対応としてのSANEの派遣ができること，警察への通報，被害届・告訴状の提出，警察への協力（事情聴取，現場検証への立会い），被害者からの証拠品提出，薬物を使った性暴力に対する検査・判別ができること，関係機関との連携の元で被害者との面接ができること，被害者に対する法的支援を行うこと，長期的展望に立った生活再建，法的手続きの遂行，被害者の心身健康回復治療センターとの連携，カウンセリングやワークショップの開催，自助グループの運営・維持などの支援を行うこと，支援者のための研修と訓練（他職種を含めたクロス・トレーニング）を行うこと，調査研究の推進と充実を図り，これまでに内閣府が実施してきた調査のさらなる精査をはかること，予防と教育により安心して暮らせる社会つくりを行いながら，加害者更生プログラムの充実などである。ここでも支援者の研修の重要性は言うまでもない。

　さらに，取り組みの先進国で次々と開設されている，「子どもアドボカシーセンター」と呼ばれる施設で行われる司法面接の充実などが重要である。また，ワンストップセンター的機能をもつ施設が，うまく機能するための法整備が重要である。国連・女性の地位向上部DAW作成『女性に対する暴力に関する立法ハンドブック』(2009)にも示されているように，そこでは2015年までにすべての国連加盟国が，国際人権基準に沿ってVAWを処罰するための国内法を整備することが明記された。その立法は，予防・保護・被害者支援・加害者処罰を包含した包括的なものであることを示した。この点こそが国際人権基準であるからである。

　こうしてみると日本においても，遅からず，刑法の改正をはじめとして，性暴力禁止法の制定や児童虐待防止法の改正を視野に入れた今後の動きが予見されるのである。性暴力被害者支援をめぐる支援者に対する研修体制づくりは緊急に取り組む課題である。

引用・参考文献

Burgess, A. W. & Holstrom, L. L. (1974) *Rape trauma syndrome*, American Journal of Psychiatry, 31 (9), pp. 981-985.

Caruth, C. (1995) *Trauma : Explorations in Memory*（＝2000年，下川床美智子訳『トラウマへの探求：証言の不可能性と可能性』作品社）．

Caruth, C. (1996) *Unclaimed experience Trauma, Narrtive, and History*（＝2000年，下川床美智子訳『トラウマ・歴史・物語：持ち主なき出来事』みすず書房）．

FTCシェルター編（2003）「シェルターからの発信　DV被害者の総合的支援：地域で生きるために」．

FTCシェルター編（2007）「記録と証言：アドボケイター養成プログラム」．

Herman, J. L. (1992) *Trauma and Recovery*, New York Basic Books（＝1996年，中井久夫訳『心的外傷と回復』みすず書房）．

平川和子（2008）「暴力のある家庭で育った大人と子どもに必要な養育環境」『精神療法』第34巻第6号，金剛出版，649-653頁．

平川和子（2009）「女性の権利（Woman Rights）」人権文化を育てる会編『わたしと人権　Part 2』ぎょうせい．

上岡陽江・大嶋栄子（2010）『その後の不自由』医学書院．

小池宏美／開き手：平川和子（2007）「9　当事者から学ぶ――当事者が抱えている困難や支援者への要望」FTCシェルター編『記録と証言　アドボケイター養成プログラム』巴工芸．

国連・女性の地位向上部DAW作成（2009）『女性に対する暴力に関する立法ハンドブック』（＝2011年，ヒューマンライツ・ナウ編・訳，信山社）．

小関隆（1999）「コメモレイションの文化史のために」安部安成・小関隆他編『歴史学における方法的転回』青木書店，263-282頁．

Ledray, L. E. (2007)「SART：2次加害を防ぐために」女性の安全と健康のための支援教育センター編『通信』17号3，2-12頁．

三好春樹（1986）『老人の生活ケア』医学書院．

むすぶ会編（1999）『伝えてくれてありがとう』Ⅰ，Ⅱ，Ⅲ．

NPO法人女性の安全と健康のための支援教育センター（2008）『ニューヨーク州保健省社会福祉省編纂　子どもへの性犯罪に関する医療プロトコル』（New York State Department of Helth (1994) *Child and Adolescent Sexual Offense Medical Protpcol*）．

NPO法人女性の安全と健康のための支援教育センター（2010）『性暴力被害者支援　その発展と継続：女性を中心にすえた支援の創設』．

Shalev, A. Y. (2004) Pahtologenesis and Recovery from PTSD（トラウマティック・ストレス学会講演「PTSDの病原論と回復の過程」）．

地域で暮らすDV被害者と子どもを支援する会（2007）『大人も子どもも共に安全で健康に生きるためのプログラム　公開講座・夏合宿2006』．

東京フェミニストセラピィセンター編（2002）『臨床現場からの発信：援助者のための

DV 被害者支援』.

Whynot, E. M. (1999) Evolution of a Sexual Assault Service (=1999年「ある性暴力被害援助〈BCS〉の展開」日本嗜癖行動学会編『アディクションと家族』16 (3) 290-293頁).

White, M. & Epston, D. (1990) *Narrative Means to Therapeutic Ends* (=1992年, 小森康永訳『物語としての家族』金剛出版).

Zingaro, L. (2007) *Phetorical Identities : Contexts and Consequences of Self-Disclosure for Bordered Empawerment Practitioners* (=2008年, 鈴木文・麻鳥澄江訳『援助者の思想：境界の地に生き，権威に対抗する』御茶ノ水書房).

(平川和子)

第13章　行政コミュニティにおける予防・後方支援

1　女性センター・男女共同参画センターにおける支援

　女性センター・男女共同参画センターでは，女性の自立支援や女性問題の解決および性別による格差是正を目指し，さまざまな事業を行っている。DV問題においても，地域住民に向けたDV防止の啓発プログラムのほか，解決に向けてDV被害者自らが相談に訪れ，講座やセミナー，ライブラリなどを直接活用するなど，多様な機能を提供する地域の支援機関の一つといえる。

（1）女性センター・男女共同参画センターの相談事業とDV被害者支援

　本章では，女性センター・男女共同参画センター（以下，女性センター）の相談事業や，センターで行われている女性に対する暴力への取り組みについて，現状や可能性を含めまとめてみたいと思う。ただし，各地の女性センターの事業内容は，その設立の経緯や運営状況によってかなりの違いがあり，ここでは，筆者の経験し実践してきた内容を中心に述べることをお断りしておく。筆者は，この20年余り，政令指定都市の設立する女性センターで相談事業を担当してきた。センターが都道府県立か，あるいは人口30万の都市にあるのか，200万人，300万人を擁する大都市なのかによっても，相談体制やその期待される役割が幾分異なってくる。しかし，それらを考慮しながらも女性センターの相談事業は，その立場と機能を活かしてDV問題に関わってきており，今後も期待されるところが大きいと思われる。

　DV被害者支援においては，公民の多くの機関によるさまざまな局面での関わりが必要とされるが，その中で女性センターの相談事業がどのような役割を担い，さらに女性センター全体を女性たちがどのように有効活用できるか，そういった視点も踏まえて考えてみたい。また，女性センターの相談事業と他の

第13章　行政コミュニティにおける予防・後方支援

事業との関連性や連携についても，支援者の中でさえ十分知られていない現状があり，そういう意味で，本書の趣旨であるコミュニティにおけるDV被害者支援に力点をおく，本章の設定は貴重なものだと思う。

当然のことながら，女性センターは，DVのみを対象とした支援機関ではない。広く女性に対する暴力，性別による差別や固定的な性別役割意識の解消，意思決定過程における男女の共同参画の推進，女性のキャリア支援など，さまざまな角度から社会に働きかける事業を展開し，実践的な講座やセミナーも行っている。市民の活動拠点としての場を提供し，出会いと繋がりを促進する役割も担う。このようなセンター全体の目的と機能を共有しながら，センターの相談事業は実践を積み重ねてきた。

多少DVの直接支援とは離れるが，まず女性センターに関する若干の設立経緯と現状を説明し，次に女性センターにおけるDV被害者支援の具体的な内容を示すことにしたい。

（2）女性センター設置をめぐる経緯

1975年の国際婦人年を契機に，翌年1976年からの10年間は「国連婦人の10年」として，各国で性別による差別や女性問題が意識化され，解決に向けた取り組みが検討され，実施されてきた。またそれに続いて，国連による世界女性会議の開催を通じて，DV問題が世界共通の課題として認識された。

日本においては，1990（平成2）年前後から各地の自治体によって新たに女性センターが設立され，自治体主導の女性政策の拠点施設として位置づけられた。これは，日本独特の経緯かもしれないが，ともかくそれまでの女性の活動拠点とは別に，各地に生まれたのが女性センターであり，その後，1999（平成11）年に「男女共同参画社会基本法」が制定され，国としての方針が示された。各地の女性センターも名称を「女性」から「男女共同参画」へと改称した施設も多く，男女を対象とした事業を視野に入れている。しかし，基本的な考え方としては，それぞれの個性と能力の多様性を尊重しつつ，社会における利益の享受と責任に関する実質的な男女の対等性の実現を目指すものであり，とりわけ女性への支援やエンパワメントを内包している。

まず，女性に対する暴力の根絶に関しては，基本法の主旨を遂行するにあた

り，女性の人権の確立は欠くことのできない問題であり，基本法成立の際，衆参両議院での附帯決議として明記された。各地の自治体では，男女共同参画を推進するための条例を策定し，拠点施設の設置を規定すると共に，DVなど女性に対する暴力に関しても言及している（例：「男女平等参画推進なごや条例」第2章性別による権利侵害の禁止：第6条）[1]。

　女性センターのミッション（使命）に関しては，2008（平成20）年に名古屋市男女平等参画推進センター相談事業5周年記念シンポジウムの際，内藤和美氏による基調講演が行なわれたので，その内容を一部以下に記す（名古屋市男女平等参画推進センターつながれっとNAGOYA相談室，2009）。

>　「女性センター・男女共同参画センターの使命は，『女性のエンパワーメントをはじめとする性別について，公正な社会形成への変化を地域社会に生み出していくこと』と言えるのではないかと思います。（中略）
>　女性のエンパワーメントとは何かということを確認するならば，『歴史的・構造的にその開発・発揮を阻まれてきた女性たち個々が主体的な力を回復し，連帯・共同して不合理な社会の変革につなげていくプロセス』といえます。個人が変化する，その変化と変化が響き合う，そして，構造上自分たちを不利な立場に置いてきたような社会を変えていく，つまり，個人から社会へという広がりが含意されていること，これがエンパワーメントがエンパワーメントとしか言えない理由です。」

　女性に対する暴力は，女性のエンパワメントを阻む甚大な問題であり，本書のテーマであるDV問題は，あらゆる暴力の中で最も多くの被害者が存在する問題と言っていいだろう[2]。こういった現実を考えると，DV問題の「裾野」にも目を向けていくことの重要性を指摘しないわけにはいかない。

　2008（平成20）年1月には，第2次改正DV防止法の実施に伴い，国は「配偶者からの暴力の防止及び被害者の保護のための施策に関する基本的な方針」をまとめた。これは，かなり詳細にわたるもので，緊急一時保護に関することはもちろん，心の回復や地域での自立支援に至るまで，「被害者の立場に立った切れ目のない支援」を打ち出し，身近な自治体の責務を明らかにした。そして，

各自治体には，それに沿ったDV被害の防止と被害者支援のための基本計画策定を求めている。さまざまな関係機関の役割について網羅されている中に，女性センターの機能に触れた箇所は，第2の5．被害者に対する医学的又は心理学的な援助等(1)被害者に対する援助　イ「地域での生活における援助」の項である（内閣府ほか，2008：16）。そこでは，被害者が自立していく過程で，同様の経験をした当事者が自助グループなどに参加できるように，グループの形成支援などが期待されている。しかし，多くのDV被害者の相談を受けている各地の女性センター相談事業の役割に関して全く記述がないことは，今後の支援の主旨からいって残念なことである。

（3）女性センターにおける相談事業

　女性センターの事業は，啓発を主体とする先進的な知識や実践を紹介する講演会やセミナーもあれば，実際に女性へのエンパワメントを進める実践講座や知識獲得支援セミナーなどもある。その中で相談事業は，今実際，苦境にある女性たちの声を受けとめ，女性たちの経験を聴き取り，共に歩みながら個人の問題解決を通してセンターのミッション（使命）を目指そうとするものである。

　各地のセンターでは，ほとんど必ずと言ってよいほど「相談事業」を行っている。それほど「相談」は住民に求められているサービスである。では，女性センターの相談室では，どのような相談が展開されているのだろうか。体制の違いによるところはあるにしても，女性センターにおけるDVに関する先進的な取り組みは，各地各様に進んでいることも確かである。筆者の情報不足である点はお許しいただくとして，ここでは筆者なりの，女性センターにおけるDV被害者支援の実践と可能性を述べたいと思う。

　DV防止法が施行されて10年が経とうとしている今日，女性センターの相談室には，以前にも増してさまざまなDV相談が入ってきている。前述したように，潜在するDV被害者の数が膨大であるため，DV問題の「裾野」にあたる被害者にも目を向け，顕在化しない層に対しても，なんらかのアクセスの機会を作る必要がある。DVとはいわなくても相談できる女性センターの相談室は，被害者にとって敷居が低いという利点がある。それに加えて，経済的にあまり豊かでない女性にとって，相談やカウンセリングが無料で利用できることも相

談行動を促進する大きな要素である。暴力による混乱状態でかけてくる人もあれば，夫の行動に対する怒りをぶつけてくる人，うまくやれない自分自身への自責の念を訴える人，いずれにしても自分の状態がDVとは思い至らず，あるいはうすうす感じかけている女性たちの相談であふれている。まず女性たちへの相談プロセスからみてみよう。

1) DVであることを認めるプロセス

「あたりまえの夫婦でありたいと思ってきたが，生活がうまくいかず，だからと言ってすぐ離婚というわけにもいかない」という相談は実に多い。できることならうまくやっていきたいと思うのは誰しも当然である。ここに暴力的な言動があったとしても，それが日常化して感覚が麻痺したり，大したことではないと自ら思うことで，現状をしのいできたのかもしれない。こうした相談者が何と多いことだろう。このような相談者と必要に応じてじっくり向き合えるのは，女性センターの相談室ではないだろうか。

センターの相談室は「女性のための総合相談」など，女性が直面する問題を幅広く扱い，女性の経験する悩みや不安の背景を考えようという姿勢がある。DV被害者であろうとなかろうと，生きにくさを感じた女性はまず電話相談を利用できる。多くの被害者は，自分がDV被害者であると思いたくないし，みじめさや情けなさや怒りやさまざまな思いを抱えているだろう。結婚の失敗を認めたくないかもしれない。あるいは夫を失ったら生活していけないと思っているかもしれない。

被害者が，経験していることを自分の中にDV問題として位置づけるには，実は何年もかかるのである。その間に，緊急避難があり，離婚調停があり，子どもとの確執があり，その時々を経過して次第にその人なりの言葉で，自分の受けてきた暴力（支配）について語ることができるようになる。ともすれば，被害者のそういった思いは，現実の危険や住まいや経済問題でかき消されてしまうかもしれない。しかし，女性センターの相談室は，施策や手続の現場でないため，被害者はむしろ気兼ねなく話せるのではないか。世話になっている人には，自分の迷いや後ろ向きの悩みは申し訳ない気がして言えない，本音を話すと支援してもらえなくなるような思いもある。もちろん，そんなことはあってはならないが，被害者は支援者の機嫌さえも気にするところがある。危険であ

れば当然歯止めをかけたり，それでも行政としてやれることやれないことの限界があったりする。ここに役割分担の意義が生まれる。女性センターの相談事業は，精神的支援を中心としたものであり，具体的な施策でないためにできる重要な役割があると思われる。関係機関同士がそれぞれの立場と機能を分かり合い，それを踏まえた上で連携・協働し，相談事業も含めた女性センター全体として被害者への安全・安心の確保や心のケアができることに，意味があるのではないかと考える。

2) 自己決定への支援プロセス

女性センターの相談室では，電話相談を入口として，基本は対面の面接相談である。相談員は女性の気持ちを受けとめながら，直面する問題への対処のために，こころの整理と解決の優先順位を考えつつ面接を進める。被害者が経験してきたこと，そして今望んでいること，対処しなければならないことを整理していく。気持ちは大きく揺れ動き，一つの道に進むという決断に至らない中にあって，起こっている事態に対処しなければならない。そのとき，何が必要か，何があればいいのか，使えそうな人的資源や社会資源はあるのか，本人自身の内的資源は何かなど，多方面からの「問題」と「被害当事者」と「社会資源」のアセスメントが必要である。これらのアセスメントを踏まえながら，被害者の持つ「相談ニーズ」を共有していくが，被害者のニーズは千差万別である。まずは「こうすべき」が先にあるのではなく，「どうしたいのか」を語ってもらうことなのである。

ここで「相談ニーズ」という考え方について少し説明したい。相談者が相談窓口を訪れる時，最初に訴える事柄を主訴とするならば，「相談ニーズ」とは，相談員との話の中で意識化されたターゲット（作業課題）と捉えることができる。特に女性相談においては，DVに限らず，初回の相談の中で十分に語りを聴く必要がある。このプロセスこそ支援の第一歩であり，「相談ニーズ」の抽出は相談者と相談員の協働作業で明らかにされる。女性が持ち込む「女性問題」は，相談者にとっても相談員にとっても，実は自明なことではない。すなわち最初から分かっているものではないという姿勢が強く求められると思う。

さらに，相談員は，相談者との間の力関係について常に敏感でいることを忘れてはならない。よく言われることであるが，実際女性センターの相談員（相

談室）として，相談者（被害者）を支配しない支援とはどんな関わりであろうか。ジェンダーや力関係に敏感な視点とは単に相談員個人に帰せられるものだろうか。それを具体的な相談の場でどのように実現していけるだろうか。

その方策の一つが「相談システム」の確立であり，もう一つが「当事者をエンパワメントする支援プログラム」の企画・実施である。

（4）女性センターにおける「相談システム」の確立

女性センターの相談室で，DV相談が意識され始めたのは1990年代後半だった。当時筆者がいた横浜女性フォーラム（現・男女共同参画センター横浜）の相談室では，相談をシステムとして捉えなおし整備する必要性が意識され，相談システムづくりのために検討が重ねられた。「相談システム」とは，相談を機能させる仕組みと働きのことである。結果は『相談員のための相談実践マニュアル』（横浜市女性協会，2003）にまとめられた。その「相談システム」は，後に名古屋市男女平等参画推進センター相談室開設にも活かされ，現在の取り組みに続いている。相談システムや女性センターの相談事業については，須藤ら（2005）の『相談の理論化と実践：相談の女性学から女性支援(エンパワーメント)へ』の第5章で筆者がより詳しく述べた。相談システムづくりについては，DV相談への対応がきっかけではあったが，すべての相談についても有効に機能するものとなった。

相談やカウンセリングは，基本的には1対1の関係性を軸にしながら進められ，そこをはずすことはできない。人と人との信頼関係がなければ，何も先には進まないのは言うまでもない。しかし，1対1の関係は密室であり，容易に力関係が入り込む。まして「被害者」と名づけられた人は，これまで「加害者」との関係でパワーレスな立場に置かれてきたため，容易にパワーレスな立場に置かれやすい。そこで，このような状況を考えると，相談員や女性センターのもつパワーでもって，相談者をコントロールしない「相談システム」の確立が必要である。したがって，相談員の個別の力量もさることながら，女性センターという公的機関の相談室として，被害者にどう向き合うのかということを中心にして，被害者を支える機能，相談員を支える機能，組織的枠組みを支える機能など，いくつかの側面から捉えることができる。

名古屋市男女平等参画推進センター相談室における相談システムの全体像を

図13-1に示したので，それを参照しながら，以下をお読みいただければと思う。

1) 被害者を支える機能

　被害について語ることは，被害者にとってそう簡単なことではない。しかし，支援する側としては，被害の全体像をある程度把握することが，適切な援助に結びつけることを可能にする。相談者にいかに安全で安心感をもって話せる場と思ってもらえるかが，重要な鍵である。話を聴いてくれる人がどういう人で，秘密を守ってもらえるのか，ここで話すとどういう支援がもらえるのかなど，多くの不安や疑問があるだろう。それらのことについて，まずこちらの情報を相談者（被害者）に提供することから，「相談システム」は始まる。いわゆる，インフォームド・コンセント（説明と同意）を行うことである。

　まず，相談室の理念やシステムを示す掲示板を相談室入口に掲げ，初回面接では必ずそれらについてオリエンテーションを行う(3)（名古屋市男女平等参画推進センターつながれっとNAGOYA相談室，2009：19）。特に重要なのは，相談者のプライバシー保護と相談室としての協力体制，および女性センター相談室としてのミッションを伝えることである。

　プライバシーの保護については，相談室から外へは守秘であるが，DV問題はいつ緊急事態が起こるか分からないため，担当相談員が不在でも他の相談員が対応できる協力体制を取っていることを，予め，相談者（被害者）に説明する。また，プライバシーは出さないが，統計やその他の適切な方法で，相談内容の分析やそこから見えてくる女性の状況などをまとめ，事業や施策に反映させるなど，行政としての役割を持っている点についても了解を得る。これら相談内容についての取り扱いも相談システムに組み入れている。オリエンテーションは，10分程度であるが，この間に相談者は一息入れることができ，相談員からの説明を聞くと，ホッとした感じを見せる。

　女性センターの相談では，DV相談といっても当面緊急保護等に該当しない被害者が圧倒的多数を占める。おおまかな女性センターの役割と連携を図13-2に示している。女性センターでは準備期と自立期における支援が中心となっている。避難行動を選択しない人も多数存在するし，危機介入期に配偶者暴力相談支援センターや福祉事務所（婦人相談員）とともに関わる場合もある。また，自力でアパート設定した後に，相手からの嫌がらせやストーカー行為などで相

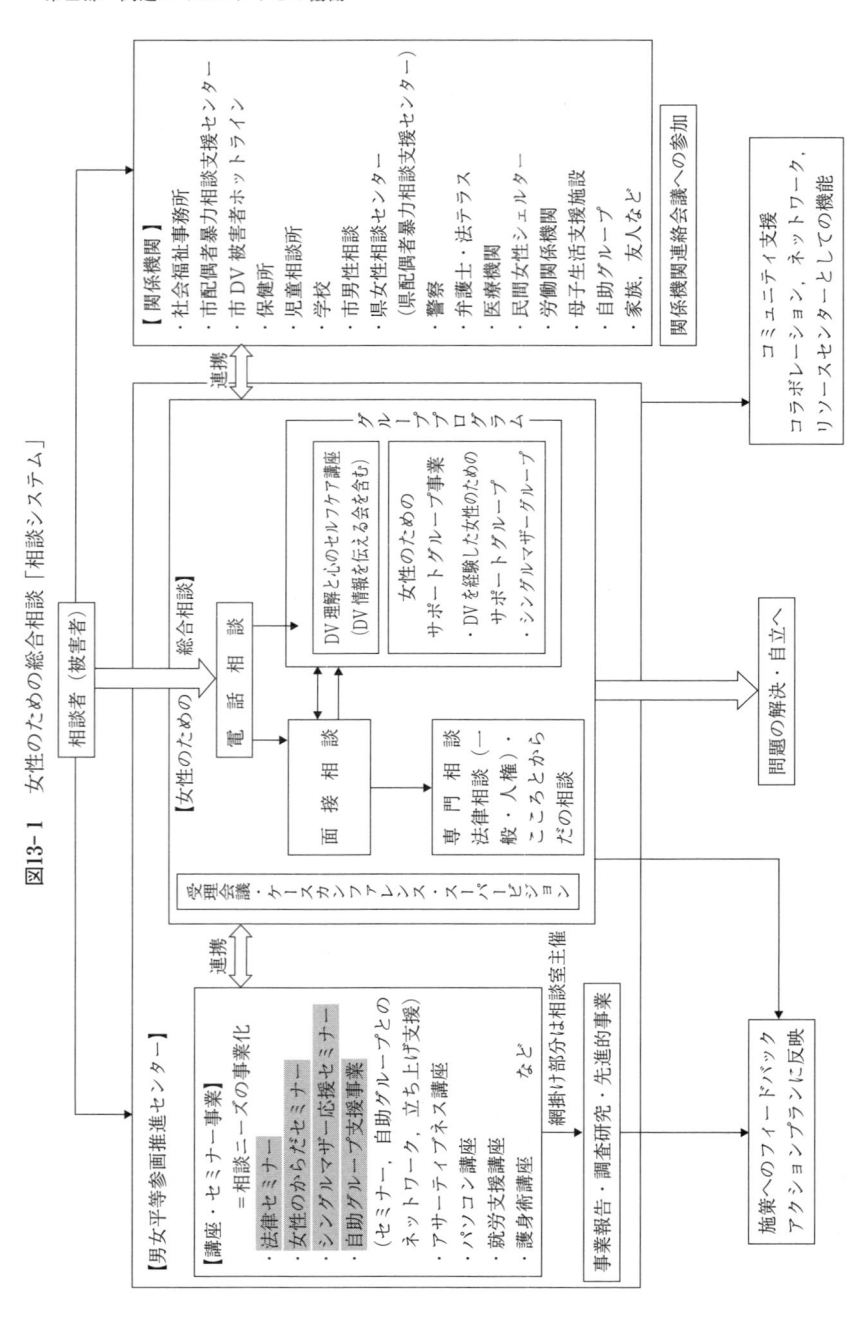

第Ⅲ部　関連コミュニティとの協働

図13-1　女性のための総合相談「相談システム」

【関係機関】
・社会福祉事務所
・市配偶者暴力相談支援センター
・市DV被害者ホットライン
・児童相談所
・保健所
・学校
・市男性相談
・県女性相談センター（県配偶者暴力相談支援センター）
・警察
・弁護士・法テラス
・医療機関
・民間女性シェルター
・労働関係機関
・母子生活支援施設
・自助グループ
・家族、友人など

関係機関連絡会議への参加

コミュニティ支援
コラボレーション、ネットワーク、リソースセンターとしての機能

【女性のための総合相談】
相談者（被害者）→ 総合相談
電話相談／面接相談

・DV理解と心のセルフケア講座（DV情報を伝える会を含む）
・女性のためのサポートグループ事業
・DVを経験した女性のためのサポートグループ
・シングルマザーグループ

専門相談
・法律相談（一般・人権）
・こころとからだの相談

受理会議・ケースカンファレンス・スーパービジョン

問題の解決・自立へ

【男女平等参画推進センター】
【講座・セミナー事業】
＝相談ニーズの事業化
・法律セミナー
・女性のからだセミナー
・シングルマザー応援セミナー
・自助グループ支援事業
（セミナー、自助グループのネットワーク、立ち上げ支援）
・アサーティブネス講座
・パソコン講座
・就労支援講座
・護身術講座　など

網掛け部分は相談室主催

事業報告・調査研究・先進的事業

施策へのフィードバック
アクションプランに反映

出所：名古屋市男女平等参画推進センター「つながれっとNAGOYA相談室」。

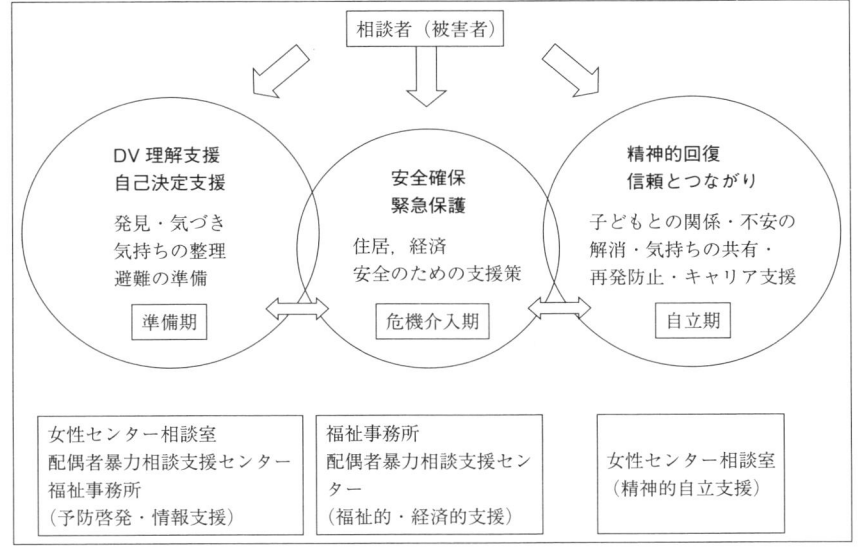

第13章　行政コミュニティにおける予防・後方支援

図13-2　DV被害者支援における女性センターの役割と連携

```
                        相談者（被害者）
         ↙                  ↓                   ↘
  ┌─────────────┐   ┌─────────────┐   ┌─────────────┐
  │  DV理解支援  │   │   安全確保   │   │  精神的回復  │
  │ 自己決定支援 │   │   緊急保護   │   │信頼とつながり│
  │              │   │              │   │              │
  │ 発見・気づき │   │  住居、経済  │   │子どもとの関係│
  │ 気持ちの整理 │   │安全のための  │   │・不安の解消・│
  │ 避難の準備   │   │   支援策     │   │気持ちの共有・│
  │              │   │              │   │再発防止・    │
  │              │   │              │   │キャリア支援  │
  │  [準備期]    │   │ [危機介入期] │   │  [自立期]    │
  └─────────────┘   └─────────────┘   └─────────────┘

┌───────────────────┐ ┌───────────────────┐ ┌───────────────────┐
│女性センター相談室 │ │福祉事務所         │ │女性センター相談室 │
│配偶者暴力相談支援 │ │配偶者暴力相談支援 │ │（精神的自立支援） │
│センター           │ │センター           │ │                   │
│福祉事務所         │ │                   │ │                   │
│（予防啓発・情報   │ │（福祉的・経済的   │ │                   │
│  支援）           │ │  支援）           │ │                   │
└───────────────────┘ └───────────────────┘ └───────────────────┘
```

出所：筆者作成。

談にきたり，気持ちの落ち込みや暴力の影響による精神的身体的苦痛で悩んだり，子どもや周囲の人との人間関係で困って相談したりすることも多い。相談室では，被害者のペースを尊重しながら，継続面接で少しずつ話を聴き，必要な情報と助言を提供しながら見通しを立てていくプロセスを大事にしている。

2)　相談員を支える機能

　暴力の相談は，相談員にとっても非常に負担の大きい仕事である。そのため，面接相談は原則として担当制をとっているが，相談員1人に個別化するのではなく，相談室としてシステム化していく必要がある。また，被害者をコントロールしないという点でも，1人の相談員だけで抱え込まず，組織的な仕組みを考えることが重要である。それは，相談員にとっても安心感がもてるという点で両側面のメリットがある。

　まず受理会議では，新しいケースについて相談室としてケース把握を行い，面接相談に向けての援助方針を検討し共有化する。対応困難ケースについては，適宜カンファレンスを行い，緊急事態の場合には，在席する相談員が集まり，

緊急カンファレンスを開く。

そのほか，外部講師によるスーパービジョンを通して，ケース検討や相談スキルの向上を行うとともに，社会資源の知識と関係機関との連携を意識した研修などを，年間を通して行っている。

また，DV加害者などへの対応システムを整備する際には，センター全体を視野に入れ，管理職も入ったシステム・ミーティングを行う必要がある。さらに，緊急対応体制については特に，現場の相談員と管理職，総合受付職員，他のスタッフなどと共通認識を持ち，具体的な対応マニュアルを整備するなど，センター全体で相談室を支える体制をつくっている。

3) 組織的枠組みを支える機能

これらの体制が整備されることによって相談がシステムとしてスムーズに動くようになると，個々の相談員の動きと相談室全体としての動きがマッチし，さらにセンター全体と相談室との連携が目に見えるものとして動くようになる。その上で，次に示す関係機関との連携もスムーズにいく。

女性センターの中には，配偶者暴力相談支援センター機能を併せ持った施設もあると思うが，筆者の所属するセンターはその機能はなく，緊急一時保護は福祉事務所と連携を図る。危険の迫った被害者の安全確保を着実に行うことは，被害者支援において第一義的なことであり，まずはその体制の充実が最優先されてきたといえる。その点に関しては，DV防止法（2001〔平成13〕年）の策定および2回の改正を経て，少しずつ改善され，緊急時の被害者支援がよりきめ細かくなった。

DV被害者支援機関として，女性センターが自治体における一定の役割を果たすには，公民の多様な関係機関との連携を構築していく必要がある。女性センターのほとんどは，自治体が設立母体であり，その意味では関係諸機関とも連携しやすいといえる。しかし，連携や協働は，それぞれの機関の状況および担当者によって左右されやすく，日常の顔と顔のつながるネットワークをいかに根気強く構築していけるかが問われる。他方，連携や協働は単に担当者レベルだけでは進みにくく，条例や基本計画などの法や行政の枠組みがなければ有効に機能することはできない。特に，行政においては，それらの枠組みを根拠にして実務が実施されていくので，DV被害者支援においても同様である。

名古屋市では，2009（平成21）年3月に「名古屋市配偶者からの暴力防止及び被害者支援基本計画」が策定され，2011（平成23）年度には第2次計画が検討されている。DVへの取り組みは，2007年7月に開設された市配偶者暴力相談支援センターを中心にして男女平等参画推進室およびセンター相談室との協力のもとに推進されている。

（5）当事者をエンパワメントする支援プログラム

　前述したように，DV被害者支援は非常に広い「裾野」を持つ活動である。女性センターでは，緊急避難という主訴を除く，幅広い層を対象に支援を行っており，DVの理解にはじまり，被害からのこころの回復を支援する個別相談や，さまざまなプログラムや情報を提供している。女性センターで実施される幅広い事業と連携して支援できるところが，女性センター相談室の強みともいえる。ここでは，名古屋市男女平等参画推進およびセンター相談室の支援プログラムを中心に紹介していく。

　1）　DV関連情報の提供

　まず，多様な関連図書の紹介が挙げられる。読書が負担な被害者には，分かりやすいDV理解と情報獲得のためのハンドブック（名古屋市男女平等参画推進センターつながれっとNAGOYA相談室，2008）を提供することもある。関連した講座やセミナーなどがあれば，それらに参加してもらうこともある。DVのメカニズムや暴力を受けない権利と安全のための工夫について，被害者自らが，押し付けられない形で安全に効果的に学習できる機会をもっと重要視する必要がある。

　相談室主催の支援プログラムとしては，被害者や身近な支援者を対象に，2カ月に1回程度相談員がDVについて説明する「DV情報を伝える会」を実施している。(4)この会は，DVについての入門編ともいうべきもので，DVの定義，メカニズム，心身への影響，安全プラン，支援機関などが説明される。そこで，多くの参加者は初めてDVの認識に触れ，自分以外にも被害者の存在を知る機会ともなる。日ごろ受けてきた行為がDVに当たるのだと共有されると，そこから新たなステップを踏みだそうとする被害者もいる。また，母や姉妹などとともに参加し，身近な支援者と一緒に理解を深めることもできる。この情報に

関しては，電話相談や面接相談の中で被害者の状況に応じて案内したり，関係機関や関連するセミナー参加者に配布したり，安全に配慮した形で広報に努めている。また各地域の関連情報に関しては，地元の女性センターの発行するプログラムやホームページなどを紹介している。

　ここで，なぜ情報支援が重要か，被害者へのコントロールとの関連から指摘しておきたい。被害者の問題解決のためにDV理解や選択肢を広げる作業は，できる限り被害者自身が納得して道を決めていけるような配慮といえる。自己選択・自己決定するためには，その基礎となる知識や情報を得てこそ，それが可能になる。適切な情報支援は，被害者にとって大きな力となり，次の段階へとつながっていくものである。被害者の危機的状況によっては，有無を言わせぬ事態もあるが，結局，人は納得がいかなれば，また振り出しに戻ろうとするのではないだろうか。後追いであっても，どこかで納得するための支援が必要である。

　自立期においては，女性のニーズに即した多彩な支援プログラムが準備され，個別相談と合わせて利用し，数年をかけてセンター機能を使いこなし，自分なりの自立の道を見つけていく女性もいる。相談員は，ある意味でセンターにおける支援コーディネーターである。支援を必要とする人と資源をつなぎ，プロセスをともに歩む。

　また，DV被害者の中には，アルコールや摂食障害などアディクション問題に悩む人も多数見受けられるので，自助グループ情報の収集と提供も重要である。女性センターを会場にして活動する自助グループもあり，それらへの支援や協力も視野に入ってくる。自助グループ活動については，依存症に限らずさまざまなグループがあるものの，まだ一般市民にそれほど知られていないため，立ち上げへの支援も必要と思われる。

　2) 専門相談

　専門相談には，「法律相談」と「こころとからだの相談」がある。DV被害者にとって，安全を確保することと，安全に離婚することが当面の課題であり，法的支援も欠かすことができない。「法律相談」では，法的に何が可能か，どんな手続が必要かなど，弁護士からじかに聞くことができる。

　「こころとからだの相談」では，精神科医や心療内科医などから，現在の心身

の状況とそれに必要なケアなどを聞くことができる。特に，自尊心が傷つけられ自己効力感が低下している被害者にとって，自分の状態を専門家に話し具体的な助言を得ることは安心感につながる。

専門相談は，どちらも相談者と専門家と担当相談員とのジョイント形式で行われ，助言を得たあとも相談員との面接を継続し，フォローしていくシステムである。DV 被害者の中には，うつや不安，フラッシュバックや解離症状などがある人も多い。また過去に重複する被害を受けている人もあり，トラウマや性被害等への医療的ケアも視野に入れる必要があるため，医療機関といかに連携していくかも重要である。DV に理解をもつ弁護士や医師とのネットワークは，どの地域においても喫緊のことであるが，専門相談を依頼することで，ケースを通じて専門家との連携が深まっていく機会にもなっている。

3) 知識獲得支援セミナー

「知ることは力なり」ということばがある。女性センターでは，DV 問題をはじめとしてさまざまな知識を獲得することが，DV 被害者にとってはエンパワメントになり，一般市民にとっては，DV の発生の予防になると考えている。そこで，相談ニーズを事業化するものとして，初期から実施してきたのが相談室主催の「実践型セミナー」である。

法律セミナー「離婚をめぐる法律の基礎知識」は，相談者だけでなく一般市民のニーズとしても高く，離婚の手続，親権など子どもに関すること，財産分与，DV 防止法の活用をテーマに年間 4 〜 5 回実施している。

そのほか，「女性のからだセミナー」では，女性特有の症状や病気を取り上げ年 1 回開催している。今までに，子宮内膜症，乳がん，からだのリズム，尿失禁，うつ，子宮がんなどをテーマに行った。自分を大切にするとは，自分のからだへの主体的な関わりを持つことが第一歩であろう。

また，離婚に続く支援として，シングルマザー等を対象とした「シングルマザー応援セミナー」を年間 1 〜 2 回実施している。これは，シングルマザーが直面する生活，子育て，仕事などをテーマに，母子家庭等就業支援センターと共催の形で行っている。

これらのセミナーは，相談ニーズを事業化した一般向けのものであるが，当事者を意識した内容にもなっており，会場では，具体的に役立つ資料や関係機

関の案内などを必要に応じて持ち帰れるよう準備している。その他女性センターでは，働く・働きたい女性のための「就労応援講座」「アサーティブネス講座」「女性のための護身術」「からだのセルフケア講座」などなど，さまざまな講座やセミナーが実施されている。

また，民間支援機関との協働によるDV関連セミナーや民間女性シェルターによる支援者養成講座などについても，センターを会場として提供するなど共催実施している。

4）サポートグループ

現在，実施しているサポートグループは，DVを経験した女性のためのグループと，シングルマザーなどを対象にしたグループである。サポートグループでは，場の安全の確保とグループの進行役を相談員が果たしている。

「DVのグループ」は，年2回募集を行い，参加者は面接相談からつながる人，関係機関から紹介された人などである。安全な場で，自分ひとりではなかったという発見，「私の気持ちを話す」ことを通じて，少しずつ自分自身や感情に向き合い，自分や他者への信頼感や尊重感を取り戻すことになる。

「シングルマザーのグループ」は，前述した「シングルマザー応援セミナー」の参加者へ呼びかけたり，面接相談で紹介したりする。半年間で全5回，年2回募集する。離婚経験者が増加したとはいえ，同じ働く女性であってもシングルマザーの置かれた社会的状況は，経済的にも体力的にも精神的にも非常に厳しい。同じ状況の人と出会い，気持ちを分かち合い，情報を共有することで，孤立感を和らげ，お互いにエンパワメントし合う場となっている。

（6）地域への支援に向けて

今後の課題として，女性センターの特徴を活かして，地域の関係機関と連携し，潜在化している被害当事者や被害者を取り巻く身近な支援者に対して，まず予防的な見地からの介入の余地が大きい。また，被害当事者と次世代への支援を併せ持つ「母子並行支援プログラム」も，一部の民間機関で取り組まれており，女性センターでは，安全な会場の提供を含めてプログラムの展開への支援を協働で行っている。

また，名古屋市男女平等参画推進センター調査研究事業として，2008（平成

20）年度に市内を中心に，高校生と一部大学生向けに行った「デートDVに関する調査報告書」（名古屋市男女平等参画推進センター，2009：22-23）によると，被害者が相談先として挙げたのは公的な相談窓口ではなく，95％余りが友人であった。この調査は，性別役割意識や暴力被害・加害に関するアンケート方式の実態調査であるが，男女平等意識が高いほど，暴力に対して敏感であり，暴力許容度も低い傾向が示された。こうした若年層への働きかけでは，被害者だけを対象にするのではなく，誰もが身近な支援者となり得るためにも，DV問題の理解を深め，「加害者にならない・ならせない」などのDV予防啓発・教育プログラムの開発および展開が求められている。

　また，市として2010（平成22）年度から男性の相談窓口（電話相談）を開設し，男性の悩みや問題を受けている。女性の総合相談と齟齬のない視点を持った男性相談員による「名古屋市男性相談」から，DV問題の裏側が見えてきており，今後に向けた課題の検討が待たれる。

　女性センター事業および相談事業が地域で果たす役割は，潜在的な被害者や一般市民への働きかけという予防的な介入から，危機状況にある被害者の安全を確保するための緊密な連携，そして生活の再建やこころの回復など自立期にある被害者への精神的後方支援など，幅広い局面での関わりが考えられる。さらに，また，地域としての視点で見渡してみると，図13-3に示すように，女性センターの機能は，相談で受けとめたさまざまなニーズを，適合的に事業化し市民に提供することで，潜在化している被害者に対して新たな相談ニーズを生み出し地域としての問題解決につなげる連関を推進することであると思われる。

　最後に，新たな試みとして歩みだした「東海地区『男女共同参画をすすめる相談事業』研究会」（略称，「すすめる研」）について紹介する。この研究会は，2008（平成20）年7月に開催された名古屋市男女平等参画推進センター相談事業5周年記念シンポジウムの際，東海地区の女性センター相談員がネットワークを呼びかけ，発足したものである。女性センターの相談事業は，どこも厳しい情勢の中でなかなか相談事業としての積み上げができにくい状況にある。施設によるばらつきも大きく，相談員の雇用形態による入れ替わりも激しい。そういった相談事業環境の中で，「すすめる研」は相談者（被害者）に役立つ相談を担保し，発展させていくために，1センターだけで完結しないで共に考えていこ

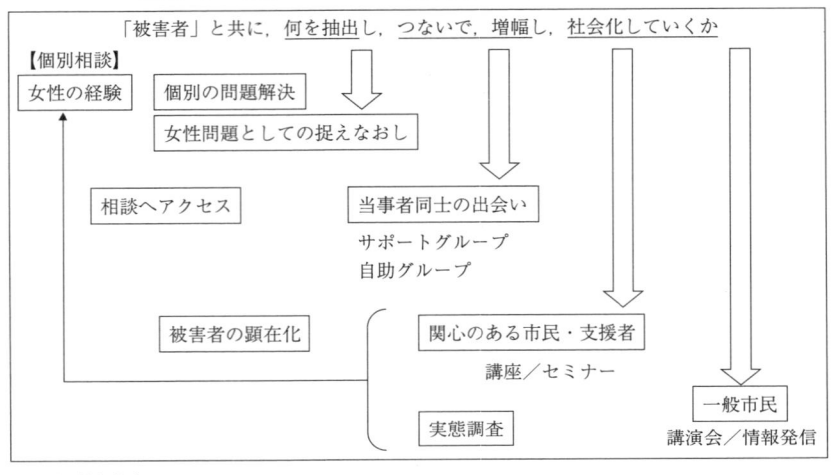

図13-3 女性センターでの個別相談と相談ニーズの事業化

```
「被害者」と共に，何を抽出し，つないで，増幅し，社会化していくか
【個別相談】
女性の経験 ── 個別の問題解決
              女性問題としての捉えなおし
    相談へアクセス ── 当事者同士の出会い
                    サポートグループ
                    自助グループ
    被害者の顕在化 ── 関心のある市民・支援者
                    講座／セミナー
                    実態調査
                                      一般市民
                                      講演会／情報発信
```

出所：筆者作成。

うという，いくつかのセンターの相談員の思いを共鳴させて実現したものである。各相談室からの課題の抽出と検討を行う一方で，この研究会の特徴は，相談システムの構築を目指している点である。任意の会ではあるものの，研究会への参加は，各センターからの公認で仕事として位置づけられている。年1回の拡大ネットワークセミナーには近隣の女性センター相談員や管理職の出席も歓迎する。

　DV被害者は，自分の地域で生活できないことも多く，他地域へ引っ越した時，当該地域の女性センター相談室を紹介することも考えられる。特に，継続的な精神的支援のプログラムは，各地の女性センターで実施されていたり，情報を得られたりする。知っている人に会いたくないからと，自分の居住地から離れた女性センターに足を運ぶ被害者もいる。

　そういう意味で，周辺地域の女性センター相談室がネットワークを作り，協力体制を築いていくことは，情報の共有，実質的な支援，プログラム開発，相談システムの構築，相談員同士の支え合いなど，相談事業としての検証・発展に一つの道を開くのではないかと考えられる。被害者への広域支援が増すことによって，被害者を支える環境へのエンパワメントにもつながる。各センター

の理解のもと，相談員の熱意と相談スキルが継承され，相談者（被害者）に対してさらに重要な機能を果たしていけたらと願う。

注
(1) 名古屋市「男女平等参画推進なごや条例」2002年。
　　第2章　性別による権利侵害の禁止　第6条3　何人も，ドメスティック・バイオレンス（配偶者等に対する身体又は精神に著しく苦痛を与える暴力その他の行為をいう。）を行ってはならない。
(2) 内閣府「男女間における暴力に関する調査」2003年，2006年，2009年
　　内閣府男女共同参画局は実態把握を目的に3年ごとに全国の20才以上の男女を対象にアンケート調査を実施している。
(3) 相談室の掲示板の項目は「あなたが自分の力を発揮して問題解決に取り組んでいけるよう応援します」「女性に対する暴力（ドメスティック・バイオレンスなど）を人権侵害ととらえ，安全に配慮しながら具体的な情報提供などを行います」「医師・弁護士などによる専門相談の利用や関係機関との連携をはかり，総合的に支援します」など8項目。ほかに「相談のなかで，違和感や疑問を感じたときは，遠慮なくお話しください」と付記されている。
(4) DV被害当事者や身近な支援者を対象（女性のみ）に，DVの定義，メカニズム，心身への影響，安全プラン，相談支援機関などについて，相談員が説明する「DV情報を伝える会」を，2カ月に1回程度，恒常的に開催してきた。2011年度からは「DV理解と心のセルフケア講座」の一環として実施。

引用・参考文献
名古屋市男女平等参画推進センターつながれっとNAGOYA相談室（2009）『男女平等参画をすすめる相談事業の役割：名古屋から発信：5年間の実践から切れ目のない支援ネットワークをめざして』（つながれっとNAGOYA相談事業5周年記念誌）
内閣府・国家公安委員会・法務省・厚生労働省（2008）「配偶者からの暴力の防止及び被害者の保護のための施策に関する基本的な方針」。
横浜市女性協会（現・横浜市男女共同参画推進協会）（2003）『相談員のための相談実践マニュアル：横浜女性フォーラムにおける男女共同参画をすすめる相談』。
須藤八千代・土井良多江子・湯澤直美・景山ゆみ子（2005）『相談の理論化と実践：相談の女性学から女性支援（エンパワーメント）へ』新水社，129-175頁。
名古屋市（2009）「名古屋市配偶者からの暴力防止及び被害者支援基本計画」。
名古屋市男女平等参画推進センターつながれっとNAGOYA相談室（2008）『女性へ

の暴力をなくすために　改訂版』。
名古屋市男女平等参画推進センター（2009）「デートDVに関する調査報告書」。（調査報告書は，男女平等参画推進センターホームページ（相談室）に掲載されている〔http://www.tsunagalet.city.nagoya.jp/, 2012／1／4閲覧〕）。

（景山ゆみ子）

2　自治体(福祉事務所など)における支援

　福祉事務所における婦人相談員はコミュニティに基盤を置き、DV被害者支援の要として最前線に位置する。時代の転換期の中でDV被害者を取り巻く地域社会もより厳しさを増し、暴力被害もより複雑で深さを増している。緊急避難後、新たな人生を踏み出すための就労含めた生活再建のための支援や法的解決に向けた支援など、長期・総合的な施策と支援体制および専門性を持った婦人相談員の増員などは、遅々として進まない現状にある。本節では第2段階を迎えた自治体におけるDV被害者支援の現状と支援のあり方、新たな自治体における課題等を提起したい。

(1) 婦人相談員と「DV防止法」

　朝、職場のデスクに座るやいなや電話の音！　一瞬緊張が走る。地域の病院からの通報である。危機対応の現場は、「泣くことなしに笑うことなしにはできない」とつくづく思う。それは恐れや絶望から一筋の希望へと一歩踏み出す瞬間であり、また「危険」を安心や成長への「機会」へと転進するような当事者と支援者とが互いに紡ぎ出す協働の営みである。2008(平成20)年改正のDV防止法や国の基本方針の改定ポイントは、都道府県及び区市町村の基本計画策定と配偶者暴力相談支援センターの機能整備を努力義務とし、被害者の立場に立った実行性のある対策を区市町村に求めた。東京都のDV相談件数をみると、2005(平成17)年度の9,766件から8,000件台で推移し、2009(平成21)年の10万330件をピークに減少傾向にあるのに比べ、区市町村の相談件数は、2008(平成20)年度が2003(平成15)年度の1.7倍の1万9,155件になり増加の傾向にある。[1]総務省の「DV被害者に向けたアンケート調査」によると「支援を受けた、または、支援を受けるために相談した機関の満足度」について、課題はありつつもトップに福祉事務所が挙がっている。[2]これは地域の相談機関が周知され、相談者が身近なところで相談できるようになってきている現れである。それにともなって、全国の区市町村における婦人相談員の配置も、2010(平成22)年の275市から2011(平成23)年には298市の区市町村(東京23区含む)に配置され、婦人相

談員数も633人から672人と増員はしたが，十分な支援体制とはとても言えない（47都道府県で468人配置，合計：1140人，2011年4月現在）。

　本節は，自治体の婦人相談員の支援のあり方と，相談から危機対応，安全確保から新たな生活の再建に向けた，長期的支援の実際に焦点を当て，今後の自治体での取り組むべき課題を提起した。

（2）婦人保護事業と DV 被害者支援

　10数年前，婦人相談員として福祉事務所に始めて出向いた日のことである。前任の婦人相談員の10数年に至るうず高く積み重ねられた面接記録のページを読み進めていくうちに，怒りで体が震えたことを衝撃をもって思い出す。まだ，「DV」という言葉すら存在していなかった時代である。婦人保護事業は，社会福祉において唯一公認された女性に対する「生と性」に関する相談・支援を担ってきた歴史を持ち，暴力被害の実態を肌身で知っていた現場でもある。実際，相談窓口には，女性に対する暴力被害，性虐待，ストーカー被害，売買春による被害，セクシュアルハラスメント，望まない妊娠，中絶，心身の障害などで生き場を失った女性，何らかの理由で路上生活を強いられた女性，外国人女性など，現代社会における女性の人権侵害や貧困など構造化された経済格差やさまざまな力関係の不均衡は，女性が生きていく上でさまざまな困難をもたらしており，計り知れない程の社会の矛盾を体感せざるを得ない現場であった。それゆえ相談という場で語られる言葉や内容，声にならない"沈黙のことば"は，「女性の多様なニーズ」という枠組みを越えて，その本質においてこの時代に生きる一人ひとりの女性の「時代の証言」である。のっぴきならない現場で，同時代の「今，ここに」出会い，彼女たちから放たれた言葉やエネルギーは胸に響き，突き動かされていく想いである。

　婦人相談員・婦人相談所は売春防止法により設置が定められ，売春する女性の「転落未然防止と保護更正」を目的に，「社会防衛」の観点から援助が位置づけられていた。婦人相談員は，婦人相談所や区市町村の福祉事務所に配置され，「要保護女子」の早期発見・相談・調査の相談等を行うとされている[3]。用語一つとっても「保護更正」は女性の主体性を認めているとはいいがたく，「転落」とは売春する女性への「蔑視」を感じさせる。第1に「要保護女子」すなわち「性

行又は環境に照して売春を行う恐れのある女子」という規定自体が、きわめて曖昧である。自治体現場では、この限定された女性問題の領域に、どれだけ女性の抱える問題を引きこんでいけるかという施策と実践が繰り返されてきた。しかし、女性たちのさまざまな相談に対して、最前線の相談窓口が直面している現実を、売春防止法の福祉的規定として制度化された婦人保護事業において、基本理念や非対策的な援助のあり方は、女性の人権や尊厳を損いかねず、また女性の自分自身の人生を選択し決定する力を奪うものである。そうした女性の現実と法律の基本的枠組みは当然のごとく乖離を生んでおり、現場の相談員は爆発寸前の状態であった。そして、女性の人権の視点から法制度の見直しを求め、女性に対する暴力全体を対象とした、「女性に対する暴力防止法」の成立に向けての動きとなってきた。

1) 地域での「草の根」からの取り組み

　同時期、筆者は地域で活動している女性たちのグループと出会いの場を創り、女性の対する暴力被害の実態を福祉事務所という公的機関に封印せず、地域の女性たちに発信していった。暴力の被害が「特殊な家族の女性」の問題ではなく、女性として同時代に生きる自分の日常の困難さと地続きの問題として発見し、「他人事」でも「特殊な問題」でもなく、それは、「私の事」であり「私たちの事」であり、「地域社会」の問題として捉えていった。それは公民の協働を生み、「女性に対する暴力被害についてのアンケート調査」や「暴力防止」のキャンペーン活動として、「草の根」の運動となっていった。また地域の保育士・保健師・看護師・ケースワーカー・小児科医らとの関わりを紡ぎ、家庭における暴力・虐待についての学習会につながっていった。それはDV被害と児童虐待を包括的に捉える視点や支援のあり方、各専門分野の人々との連携を模索する契機となっていった。これらの取り組みは、その後の地域でのサポートネットワークを作り出す土壌ともなり、その後に引き継がれていった。

2) DV防止法成立と婦人相談

　2001（平成13）年、DV防止法の成立にともない、婦人相談員の相談内容は売春防止法成立当初と比較すると大きく変化した。婦人相談員はDV防止法第4条により、「①相談に応じ②必要な指導を行う(4)」と定められた。法律の施行にともない、婦人保護事業実施要領では、要保護女子及び暴力被害女性を「要保

護女子等〔6〕」としてくくり，婦人相談員の援助対象として定めた。さらに「配偶者からの暴力の防止及び被害者の保護のための施策に関する基本方針〔7〕」には婦人相談員に対し「問題の解決に当たっては被害者自らが選択し決定することが基本であり，婦人相談員はこのために必要な情報を提供し，適切な助言を行うことができる。また，被害者の自立の促進・保護命令制度の利用，保護施設等の利用についての情報提供・助言，関係機関との連絡調整等，法第3条第3項各号に規定されている業務について中心的役割を担うものである」としている。

　DV防止法が成立したことで，婦人保護事業と婦人相談員が新しい法律の中で位置づけなおされた意義は大きい。しかし「要保護女子等」と限定した女性に対象範囲が狭められ，DV被害者だけが新法の対象となることで，性虐待被害者やストーカー被害者，強姦被害者などが「援助の対象ではない」という理由で当初，受けつけない自治体もあった。そして自治体やDV支援センターの緊急保護の入所部署では定員枠組が少ないこともあり，「DV被害者を優先して受け入れる」として，女性を差別化していく傾向が散見された。女性に対するあらゆる暴力や構造化されたジェンダー意識が，女性の生活にさまざまな困難をもたらしており，その深刻さを実感するにつけ，DVと婦人保護事業の対象者とを分断していくシステムでは，現代の女性問題の根幹を見失う。婦人保護事業は，私たちが有する唯一の女性に対する支援事業である。今後，婦人保護事業とDV防止法を根底から見直し，総合的に捉え理論化し，新たな「女性支援事業」と法制度を全国各地で議論し構想する時期である。

3) 婦人相談員の仕事とは

　福祉事務所の婦人相談員の業務は，ソーシャルワーク業務であるとともにコーディネイト業務である。相談対応→安全保護→自立支援まで，途切れることのない支援を行うためには，あらゆる社会資源，制度を活用しながら関係機関や各部署に働きかけ，調整，連携，支援策の検討を行い，また既存の制度では不十分な場合は改善策や「新しい制度」システムを提案・提言し共に創り出すことも支援の内容である。ここでソーシャルワークの実践に加えて更に新たな概念である「アドボカシー」の理念と実践を導入したいと考える。「アドボカシー」の定義については，第9章に詳しく論じられているのでここではふれないが，筆者は暴力被害を受けた女性や子どもを支援する上で，「アドボカシー」の

理念や支援のあり方は欠かせないものと考えている。

　筆者が考える「アドボカシー」とは，①支援を求める女性の意志を尊重し，社会環境や生活史の中で奪われてきた自らの内に秘められた「力（パワー）」を女性自身がとり戻し発揮できるように支え，その権利を擁護することである。それは女性自身がやれることを代わりに行うことではない。女性が自らアドボケイターになれるように，傍らで支え支援することである。また②女性や子どもなど被害当事者の視点に立った支援を行うことと同時に，個別対応の繰り返しに追われるだけではなく，被害を生み出し，容認し再生産する社会のしくみや，当事者が置かれている社会的状況を深く理解して支援することである。さらに③社会福祉制度やサービスには，女性や「母親」に求める時代の社会規範が色濃く反映しており，格差・差別的な制度やシステム自体が女性の問題を深刻にしている現実がある。それゆえに，2次被害が起こりやすく，また問題解決の為に活用できる社会資源が不十分な現状である。そこで，制度・サービスの利用は，当事者の「基本的権利の行使」として位置づけ，現行法制度の限界から当事者の問題解決に添えない苦しさ・悔しさをばねに具体的施策を共に探ると同時に，社会環境や法制度の改革を進めることは婦人相談員の大切な「アドボカシー」の活動であると考える。

（3）DV被害者支援の実際

1）自治体におけるDV被害者支援の流れ

　自治体における婦人相談員（母子自立支援員）が担う支援は，総合的で多岐にわたっている。以下はDV被害者（児）が問題解決にむけて，自治体の福祉の相談窓口を訪れ，婦人相談員に相談の上，緊急避難のプロセスを経てさまざまなサービスを活用しながら，地域で新しい生活を創り出すまでの実際の支援の各ステージのポイントをまとめたものである（図13-4～5参照）。

①　DVの早期発見の重要性

　DVの早期発見ができる地域の機関――保健センター・医療機関，子ども家庭支援センター，学校・保育園，民生・児童委員等と日常的に連携し，それぞれの業務と役割を周知しておくことは，DVの早期発見と解決，被害の未然防止につながる。

図13-4　婦人相談員による自立支援のステージ・再生のステージ

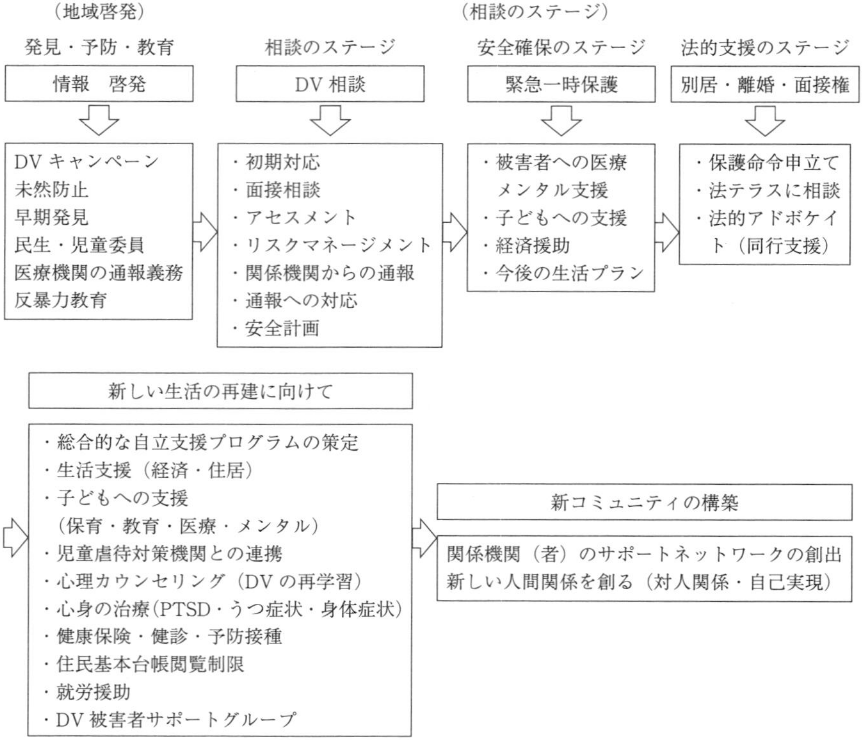

（地域啓発）　　　　　　　　　　　　　　　　　（相談のステージ）

発見・予防・教育	相談のステージ	安全確保のステージ	法的支援のステージ
情報　啓発	DV相談	緊急一時保護	別居・離婚・面接権
・DVキャンペーン ・未然防止 ・早期発見 ・民生・児童委員 ・医療機関の通報義務 ・反暴力教育	・初期対応 ・面接相談 ・アセスメント ・リスクマネージメント ・関係機関からの通報 ・通報への対応 ・安全計画	・被害者への医療メンタル支援 ・子どもへの支援 ・経済援助 ・今後の生活プラン	・保護命令申立て ・法テラスに相談 ・法的アドボケイト（同行支援）

新しい生活の再建に向けて

・総合的な自立支援プログラムの策定
・生活支援（経済・住居）
・子どもへの支援
　（保育・教育・医療・メンタル）
・児童虐待対策機関との連携
・心理カウンセリング（DVの再学習）
・心身の治療（PTSD・うつ症状・身体症状）
・健康保険・健診・予防接種
・住民基本台帳閲覧制限
・就労援助
・DV被害者サポートグループ

新コミュニティの構築

関係機関（者）のサポートネットワークの創出
新しい人間関係を創る（対人関係・自己実現）

出所：筆者作成。

　また，DV被害に関しては，表面的な主訴だけではなく，その背後に隠された問題に着目する視点・対応・援助が欠かせない。身体的暴力や暴言の有無だけでなく，DVの本質である暴力による支配−被支配というパワーコントロールの視点からのアセスメントが必要である。「現在は暴力がないから問題ではない」と初期のアセスメントを誤まらず，一方が他方の意思や気持に反して力を行使しコントロールする関係性が生じていれば，そこに「暴力」が存在すると考える。

　子どもへの虐待が生じている場合，家族内での力の不均衡があるため，子どもへの虐待に対する抑止力が働かず深刻化する。関係機関から情報を得て配偶者間，家族内の関係性を多面的に捉え対応することが必要である。

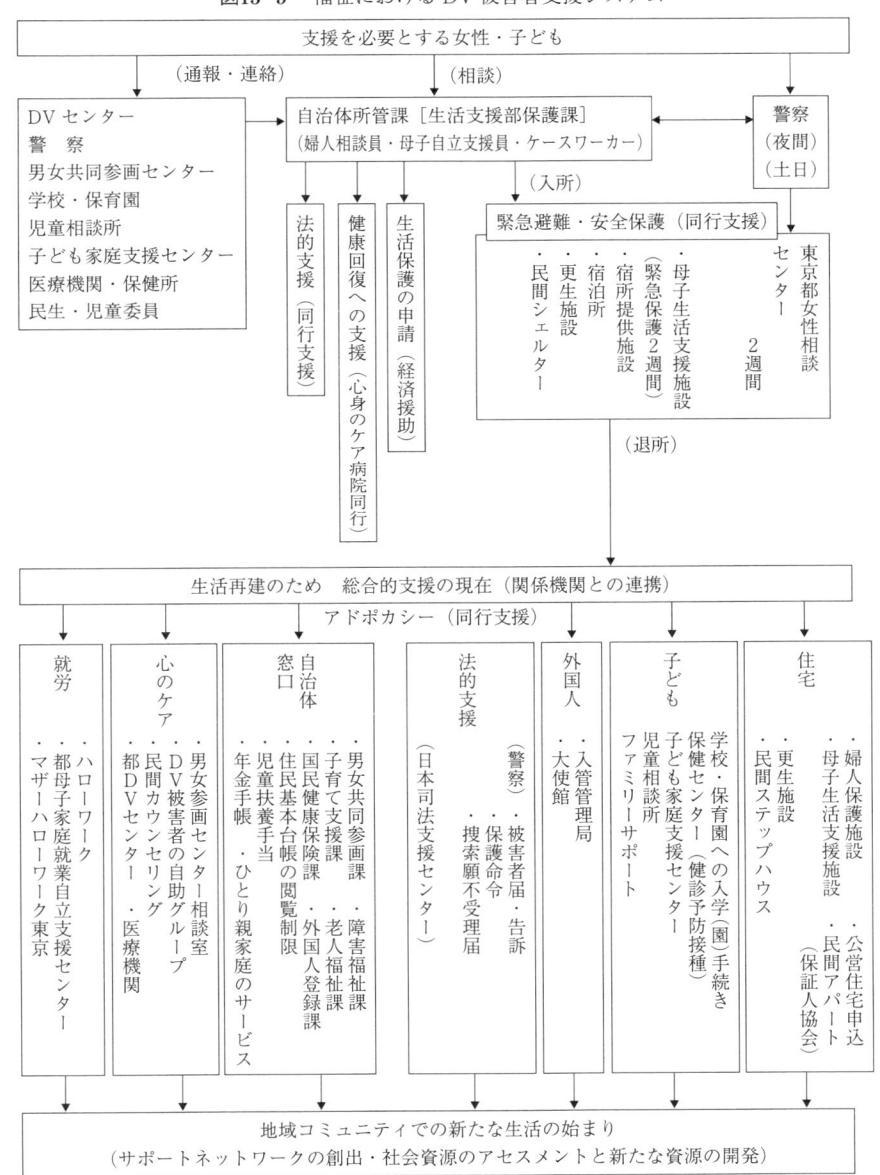

第13章 行政コミュニティにおける予防・後方支援

図13-5 福祉におけるDV被害者支援システム

支援を必要とする女性・子ども

（通報・連絡） （相談）

DVセンター
警察
男女共同参画センター
学校・保育園
児童相談所
子ども家庭支援センター
医療機関・保健所
民生・児童委員

自治体所管課［生活支援部保護課］
（婦人相談員・母子自立支援員・ケースワーカー）

警察
（夜間）
（土日）

（入所）

- 法的支援（同行支援）
- 健康回復への支援（心身のケア病院同行）
- 生活保護の申請（経済援助）

緊急避難・安全保護（同行支援）
- 母子生活支援施設（緊急保護2週間）
- 宿所提供施設
- 宿泊所
- 更生施設
- 民間シェルター

東京都女性相談センター 2週間

（退所）

生活再建のため　総合的支援の現在（関係機関との連携）
アドボカシー（同行支援）

就労
- ハローワーク
- 都母子家庭就業自立支援センター
- マザーハローワーク東京

心のケア
- 男女参画センター相談室
- DV被害者の自助グループ
- 民間カウンセリング
- 都DVセンター
- 医療機関

自治体窓口
- 男女共同参画課
- 子育て支援課
- 国民健康保険課
- 住民基本台帳の閲覧制限
- 外国人登録課
- 老人福祉課
- 障害福祉課
- 児童扶養手当
- 年金手帳
- ひとり親家庭のサービス

法的支援
- （日本司法支援センター）
- 被害者届・告訴
- 保護命令
- 捜索願不受理届
- （警察）

外国人
- 入管管理局
- 大使館

子ども
- 学校・保育園への入学（園）手続き
- 保健センター（健診予防接種）
- 子ども家庭支援センター
- 児童相談所
- ファミリーサポート

住宅
- 更生施設
- 母子生活支援施設
- 民間ステップハウス
- 婦人保護施設
- 公営住宅申込
- 民間アパート
- （保証人協会）

地域コミュニティでの新たな生活の始まり
（サポートネットワークの創出・社会資源のアセスメントと新たな資源の開発）
・法的解決・人間関係の再構築

出所：筆者作成。

② 相談の流れ

相談者は暴力被害を受けていても認識されていなかったり，被害の事実を受け入れることが困難な場合がある。相談者の話に耳を傾けながら問題を整理していく手助けをし，DV被害を受けとめることができるよう援助すると共に，精神的に支えることが大切である。支援者との安心できる関係性の中でこそ，被害の恐怖や痛みを感じつつ語ることができる。

他に，DVによって子どもがどのような衝撃・影響を受けているかの査定や，今後子どもに危険が及ぶ可能性を査定することも忘れてはならない。

また，加害者の危険度の査定は，相談者の経験してきた様々な危害を理解すると同時に，今後相談者に危害を加えるリスクを考慮し，相談者と話し合い，相手の意見を尊重し恐怖・不安感を安全確保に生かすことが大切である。

なお，主訴を聞くと同時に，背後にある問題の全体像を相談者と共に明らかにすることも欠かせない。

問題を解決できる手立てを共に探し，選択肢を提供し，選択肢の中から解決の道筋を自分で選択できるよう援助し，希望へとつなげていくために，DV構造や心理的影響などについての情報提供，保護命令等法的解決に向けての情報提供，生活保護の活用法を社会福祉諸制度の情報提供，緊急保護施設等の情報提供も欠かせない点である。

③ 危機対応

「危機」は個人が危険あるいは恐怖感を抱くような状況に直面し，通常の対処方法では対処することができないため，混乱したあるいは不安定な精神状況に陥ることである。状況が心身の安全や存在意義を脅かすものであると感じる時，そして自分ではうまく対処できない時，人はクライシスに陥る。「危機」に直面している相談者に的確に対応することで，「危機」を安全確保・成長への「機会」へと転進できるように，以下の点をふまえ支援することが重要である。

・リスクの査定・緊急性などの客観的な現状の把握
・リスクマネジメント
・相談者にとって何が問題であり，怖れていることなのかを確認し，今後どのように危機の状況に対応していくかを考え，共に安全計画を立てる。DVか

ら子どもを守る有効な方法の一つは，母親と協力して安全計画を立てることである。

なお，危機介入時の支援者は，即時の決断を迫らないことなどの臨機応変な対応が求められる。

④　安全の確保

支援者にとって被害女性と子どもの安全——身体的・心理的・性的・経済的——を確保する働きは最優先事項である。被害女性や子どもが現在どのような危険を経験し今後どのような危害を受ける可能性があるかを予測して，安全確保を進めていかなければならない。

DV 加害者と同居している場合　被害女性は揺れる気持を抱えながら，暴力的な夫の元にとどまったり，夫の元に繰り返し戻ったりする場合がある。1人ひとりに様々な理由があるが，どんな理由であれ安全確保の選択や決定権は被害女性自身にあると考える。支援者にできることはその状況の中で女性と子どもがいかに安全に生活することができるか，一緒に安全計画を立て支援し見守ることである。計画の最初のステップは即必要な対策，すなわち「今晩夫が仕事から帰ったらどう対応するか，夫の徴候を観察し次に殴られそうになったらどう身を守るか」などから，対応を考え支援する。加害者の危険度や傾向を査定し，これまでの対処策や選択の可能性を考え，本人のニーズに沿って納得のいくプランを綿密に創ること，また警察や保護命令制度の利用，夫の元を離れる場合，緊急入所が可能な各自治体の女性相談センターの利用方法など，新たな人生の選択が可能と思える適切な情報提供はいうまでもない。また「子どもが小学校入学時に離婚したい」などの中長期の安全確保が必要な場合もあり，自宅だけではなく職場・保育園・公共の場での女性と子どもの安全計画をフレシキブルに考える必要がある。多くの女性は加害者との生活の中で，サバイバルする知恵と対処策を持っており，それらを計画に生かしながらも客観的にみたリスク度も現実的に考慮し，実行可能なより安全な計画を立てるよう支援する。

また，DV によって子どもがどのような衝撃や影響を受けてきたか，今後どのような危険が及ぶ可能性があるかなど子どもへのアセスメントも欠かせない。そして危険が及んだ場合，子どもの避難先や安全な場所の確保を母親と相談し

プランを立て，友人，祖父母，学校，児童相談所と連携し，地域で当事者への見守りや危機防止のネットワークを形成していくことが必要となる。

　　避難・別居へ　　避難は暴力被害を受け緊急に必要となる場合と，安全計画を立て準備して家を出る場合がある。緊急の場合は被害女性の現在地での援助が原則である。夜間・休日等は警察に通報し，警察から避難施設に保護を求めることができる。危機にある女性は，取り乱していたり，「恥ずかしさ」の感情や恐怖やショックで何も感じられなかったり，さまざまな感情を体験している。又一歩家を出る選択をしても，今後の生活や1人での子育て，夫の追跡への怖れなど不安や気持の揺れを抱えている場合がある。支援者は，被害者の気持の揺れを受けとめながらも，夫の元を離れたいと思った瞬間の体験や家を出たいと思った原体験をしっかり聞きとり受けとめることが必要である。その上で現在困っていることや不安になっていることを会話の中で明確にして，少しでも不安を取り除く心理的ケアや情報提供と支援が必要とされる。

◎住居支援：利用可能な緊急保護施設や中間施設の説明をし，当事者の意思確認をして施設まで同行支援する。
◎経済支援：手持金が少ない場合は，生活保護制度の説明と申請支援。
◎安全確保のため住民票は異動せず各施策を活用できるように，被害者（児）の立場に立ち各担当部署と交渉して権利を擁護する。
◎加害者からの追及を阻止するために，保護命令の申立てや刑法での暴行傷害や殺人未遂での告訴も警察や支援センターと連携し検討する。
◎施設の紹介に関して，各施設の条件・特色・利点と限界を理解して活用することが必要だが，東京都女性相談センターの緊急保護期間は2週間である。したがって，入所し心身を休め次の方向性を見い出すいとまもなく退所を余儀なくされる。中間施設も3カ月から延長申請をしても6カ月で退所となる。心身の回復もおぼつかなく，離婚などの法的なとり組みも中途で夫の追跡に怯えながら，見知らぬ環境で生活のスタートを切らざるを得ない。当事者の状況やニーズによるが，希望した場合せめて1〜2年間は施設に入所し支援を受けられる体制を望みたい。

⑤　法的解決に向けての支援

　DV被害者が夫との別居を選択し，家庭裁判所に婚姻費用分担の調停を申し

立てる場合や，離婚を決断し法的解決（子どもの親権・養育費・面接交渉権など）を求める場合，「保護命令」の申立てを裁判所に行う場合，日本司法支援センターや法的手続など含めて必要な情報を提供することは不可欠である。

　重要な法的支援の一つは，暴力被害状況の想起と整理への支援，そして精神的な支えである。DV 被害者は程度の差こそあれ PTSD や抑うつ症状，パニック障害，不安障害に悩まされており，トラウマのために時に記憶の一部が失われたり，記憶を思い起こすことが困難であったり，時系列がばらばらでまとまらなかったりする。精神科医と連携をとりながら，被害者の症状や心の状態に合わせた心理的ケアを含めた法的支援は不可欠である。2 つ目は警察や司法支援センター・家庭裁判所への同行支援である。被害者は時に DV 被害状況を思い出し，不安や恐れにおそわれたり，途中でフラッシュバックや過呼吸発作を起こす場合もある。支援者は傍らで精神的に支え，声を奪われた被害者の権利を擁護する必要がある。

　司法支援センタースタッフ・弁護士・医師（診断書の依頼など）との連携・調整も大切な支援である。

⑥　生活再建のための総合的支援に向けて

　住んでいる地域から他の地域に避難する場合と，他の地域から当該地域に避難し生活を再建していく場合とがある。双方とも相談から安全の確保，生活を再建するまでの包括的で連続した支援が必要であり，「相談から自立まで被害者の視点に立った切れ目のない支援」が欠かせない。施設避難後も退所後も生活再建の困難さは，住居・経済，法的解決へのとりくみ，加害者の追跡，心身の DV 被害の後遺症，子どものケアとハイリスクな子育て，思春期の子どもの問題行動の発現，就労等，困難は多岐にわたり，連続して降りかかっている現状にあることを認識し，支援課題を明確にすることが大切である。

　　被害者（児）の個別の状況・ニーズに応じた支援プログラムの開発と作成　　東京都婦人相談員連絡会などのネットワークを活かし，本人の同意を得て前地域の支援者と情報を共有し，支援課題を継承し次のステップにつなげる。

　　住　居　　公営住宅の DV 被害者の優先枠はあるが，条件が厳しく活用できる枠が少ない。日本の公営住宅は住宅全体の 6 ％であり，被害者の住宅保障を含めて，基本的生活権の保障として公営住宅の拡充を求めたい。現在は生活

保護を活用して民間アパートを利用する場合が多い（生活保護制度基準額〔家賃〕1人：5万3,700円以内，2人以上：6万9,800円以内，7人以上：8万3,800円以内）。

経済援助　　江東区の場合，DV被害者の生活保護受給率は7～8割を越える。現DV防止法では刑事罰などの加害者対策が不十分であり，被害女性は住み慣れた環境を離れ，夫の追跡を防ぐために職場を辞めざるを得ない場合が多い。就労収入があっても夫に略奪され，多少の手持金があったとしても避難生活で底をつき，生活困難に陥らざるを得ない。安全に生活する基本的権利を確保する上で，生活保護制度の活用は当然のことである。

母子関係への支援　　暴力の影響は加害者から離れても，母子関係に影響が及んでおり，子育てに不安を感じている女性は多い。特に子どもが父親から虐待を受けている場合や，DVの目撃など暴力の影響を受けている場合はなおさらである。子ども家庭支援センターでは，子ども支援の担当者と協力・連携し家庭訪問をすることにより，双方からの母子関係への支援が必要である。また必要がある場合は東京都支援センター（東京ウィメンズプラザ）の「母子支援プログラム」や母子生活支援施設への入所などの案内が必要であろう。他に，住民票異動なしでの学校・保育園への転学・転園への支援，予防接種などの支援や各手当申請の支援（避難後の子ども手当受給者変更・児童扶養手当など）の支援がある。

暴力による心身の被害への回復に向けた支援　　避難後，腰痛，ぜんそく，胃痛等の身体症状や抑うつ，不眠，フラッシュバック等のPTSDを患い日常生活に支障をきたす場合はまれではない。安心できる環境の中で被害者が自分の心身に向きあい，さまざまな感情を十分に表現できる時間と空間が必要である。時間が経過するにつれ暴力の記憶もうすれ，夫との楽しい思い出が甦える瞬間もあり，避難して良かったと思う気持と同時に夫の元に戻りたい気持もあらわれ葛藤に陥る被害者もいる。矛盾する気持を受けとめる中で，夫の元に戻っても暴力はなくならない現実を受けとめ，結婚生活が終りを迎える喪失感を癒し，「これで良かったのだ」と思えるまでには時間を必要とする。支援者は被害女性のプロセスに寄り添い受けとめ，その瞬間瞬間に必要な精神的ケアや支援に気持を注ぎたい。

必要ならば，東京都支援センターの「自立支援プログラム」（DVの再学習・サポートグループなど）や区の男女共同参画センターのカウンセリングを紹介する。

就労支援　　被害者（児）の心身の回復プロセスや状況を把握し，当事者の希望を聴きながら就労のタイミングを見極めることが大切である。

　福祉事務所には就労支援員が配置されている。就労相談にあたって，担当者がDVや被害者に対する理解をもち尊重されながら相談が進められるよう初回は支援者が同席することが多い。

　就労訓練や就労先の確保に関しては「母子家庭等の就業支援策の推進」により高等技能訓練促進費等事業や母子家庭等就業・自立支援センター等において就業支援サービス等の取り組みはあるが看護師・ホームヘルパー，歯科衛生師等の限定された職務でしか母子生活を安定して維持できるだけの収入確保は困難な現状にある。企業のDV被害者の採用枠の確保や女性の就労領域の開発など思いきった施策や草の根からのとり組みが必要である。

　新しい地域で孤立しがちな女性と子どもが安心して生活を再建できるよう暴力被害者支援ネットワークを創ること　　被害女性と子どもは生活再建の困難さは抱えているが，同時にさまざまな困難を乗り越えつつあるパワーも内に秘めている。有効な支援を長期間継続していくためには，被害女性と子どもに関わるそれぞれの機関が互いのパワーを引き出し，主体的かつ協力・協働しあって，あきらめず，投げ出さず，燃えつきず，根気強く取り組む必要を痛感している。支援者のセルフ・ケアーはいわずもがなである。

　2）　DV被害者・虐待被害児の支援事例

　当事者のプライバシー保護の観点から以下に示すケースは，多くのDV被害者や子どもたちとの相互交流から生まれた複合事例である。このケースを通して，被害者（児）の課題解決に向けた支援の実際と今後の課題を示す。

　①　事　例

　Aさんは30代の女性，ふっくらした妊娠8カ月のお腹を抱え，青白い顔を俯き加減にして，淡々とした口調で話される。

　　生活史　　東北地方に生まれ，貧困の中で育った。母親も父親から暴力被害を受け，Aさんが小学生の時に離婚。Aさんは父親に引きとられる。母親が家を出ると暴力はAさんに向けられ毎日のように殴られ，父親から鉈を首にあてられ，「殺すぞ」と脅されたこともあったという。その地域では母親は男性と家を出ていったという事実に反する噂が広がり，Aさんは「夫を裏切った犯罪

者の娘」という酷い扱いを受け，祖母や学校でもいじめを受けて育った。小学生の時は毎日死ぬことばかり考え，山に入り首を吊ろうとしたが枝が折れ死ねなかったと話す。この頃を生きのびる事ができたのは，担任の教師が彼女のことを理解し守ってくれたからだと言う。高校卒業後，母親を探し東京に上京するが，母親はすでに再婚し一緒に生活することはできなかった。東京で就職し同郷の現在の夫と交際し，夫も被虐待児として育ち心が通い合い結婚し，2人の子どもが生まれる。

最近の状況　現在，夫と9歳のCちゃん，6歳のD君と妊娠中のAさんとの4人家族。夫は人間関係がうまくいかず職を転々とする。初めは優しかった夫も，5年前より職を失うと同時に暴力が始まった。物を投げつける，罵声を浴びせかける，突然机を拳で殴って穴をあける，石油ストーブを蹴とばし危うく火事を起こしそうになった事もある。いつも暴力は突然始まり，予期して身を守ることができない。Aさんは殴られ肋骨を骨折したこともあり，子どもたちにも些細な事で「ぶっ殺してやる」と脅し，Aさんが庇うとさらにエスカレートした。特に，Cちゃんには罵声を浴びせて泣かせるなどを繰り返しており，Cちゃんは「ママ，お家を出よう！　ママが出ていかないなら私が出ていく！」と泣き叫んでAさんに訴えている。D君は父親を怒らせないようにするので殴られることは少ないが，父親を怖がっている点ではCちゃんと同じである。D君は「お母さんが学校に一緒に行かないと僕も行かない」と言い，不登校が続いている状態である。2人の子どもたちは脅えて生活している。Aさんは子どもを守りたいと思うが，夫に暴力を振われると，昔父親から振われた暴力を思い出し，恐怖心で足がすくんでしまうと話す。Aさんは心身共に多彩な症状（うつ，腰痛，頭痛など）があり，通院・育児・家事が十分にできない状態である。

Aさんの心の揺れ　Aさんは，子どもを連れて家を出たいという気持がある一方で，出産や生まれてくる子を含めて3人の子どもを自分1人で育てられるだろうかという不安を抱えている。何とか子どもを守りながら夫との生活を維持できないか，夫も赤ちゃんの顔を見れば変わってくれるかもしれないという期待の狭間で葛藤している。このまま夫のもとに留まるのも，離れるのも不安で耐えがたく崖っ淵で途方にくれ，不登校のD君と一緒に引きこもる状態が続いている。

相談員は訪問や通院に付き添いながら，会話を重ねていった。幼い頃より過酷な状況の中を生きのびてきたAさんの「秘めた力」に話しかけ，対話を重ねた。身重の体でありながら，夫の暴力の最中に，夫の子供への虐待の機会を減らそうと，さまざまな工夫をしているAさんの努力を受けとめた。そして今後どのような選択をすることが，Aさんや子どもたちにとって良いのか，夫の元に留まることと離れることのメリット・デメリットについて，一緒に時間をかけて検討した。Aさんは少しずつ自分の気持を整理していきながら，「C子の泣き叫ぶ声を聴き，幼い時の自分の姿―父親から殺されかけ泣きながら家を出たいと思った瞬間―を思い出した。夫は赤ちゃんの顔を見て一時的に変わっても，2人の子どもたちに暴力を振ったように生まれる子どもにもまた繰り返す可能性がある。3人の子どもたちを育てるのは大変だけれどがんばってみたい。殺されるくらいなら家を出ようと思う」ときっぱり話された。その後，Aさんと子どもたちが安全に家を出るための時期や方法，さらに生活していくための福祉サービスの活用法（生活保護・施設入所など）をAさんと話し合い，避難を含め母子の安全確保のための計画を立て準備を進めていった。

② アセスメントと援助計画のまとめ

Aさんの生活史からみると虐待や貧困の中で，子ども時代を過ごし，被害や社会的不利が重複し問題が複合的に襲いかかってきている。夫も被虐待児として育ち，暴力行為も一時的なものではなく，突発的・断続的で予測できない危険をはらんでいる。このような状況に変化を起こすためには，多領域の連携に基づく粘り強い支援が必要であり，相談員による関係機関への働きかけが不可欠である。

また，Aさんは一過性の危機的事態が治まってしまうと，心身の状態が不安定となり引きこもりがちになる。支援を求めるためには気力と体力が必要である。Aさんや子どもたちが孤立しないために相談員が中心となり，病院への同行支援，子どもの送り迎え，家事，子育て支援などの実際的なAさんへのソーシャルサービス計画を立て，具体的な支援をコーディネイトする必要がある。幼い時から家族や地域のつながりから孤立を余儀なくされてきたAさんにとって，地域の人々や支援者の具体的な支えは，家族を越えたつながりの回復や安心できる社会への橋渡しの一歩になるように思う。CちゃんはAさんの言葉に

あるように「小さなお母さん役」を引き受けている。しかし年齢的にも無理があり、学校を中心とした同年代の子どもたちや教師とのつながり、下校時のCちゃんにとっての安全な居場所の提供が必要である。心理的ケアも忘れてはならない。なお、D君の不登校の背景には、父親からAさんへの暴力、自分やCちゃんへの父親の攻撃的言動に対する不安や恐れから起きており、Aさんとの分離不安が根底にある（「僕がお母さんを護ってあげる」「学校に行っている間にお母さんがいなくなるのでは」など）。また、トラウマからの怒りの反応（「お腹の赤ちゃんはいらない」「お父さんもお母さんも死んでもいい、お姉ちゃんがいればいい」など）と言いながらAさんに暴力を振ってAさんを驚かせている。今後適切な対応やケアがないと慢性化する可能性が高い。保健師に協力を求め、児童精神科受診に同行支援を依頼する。また担任の家庭訪問や授業以外の時間帯に登校するなどの学校の協力を得て、学校への不安を軽減する工夫も必要である。AさんもD君と2人でいることのストレスに耐えられなくなっており、なんとか地域の人々の協力でD君がAさんから離れる時間を確保することが大切であり、Aさんの出産・乳児の育児への対応も早急に必要とされる。

③　支援の実際と婦人相談員の役割

　状況によっては、生命の危険もあり緊急性を要するAさん家族の問題を、地域で関係機関（者）が協働で支援していくために、担当課に調整実務を依頼し、支援ネットワーク会議を開催した。当初Cちゃんの情緒不安定やD君の不登校が、Aさんの心身の不調に起因するという捉え方であった。相談員から夫のAさんへのDV、子どもへの虐待の実態を伝え、「DVと虐待被害」を包括的に捉えて、支援方針を立てる必要性や前記のアセスメントや支援計画を提案した。Aさんの希望を確認しながら、関係機関が情報交換し家族の全体像を把握し、課題を共有した。そして緊急避難や安全確保の場合の役割分担を含め、短期・中長期の課題と対応策、支援内容・役割分担などを検討していった。

　そして、相談員はAさんとのつながりを保ちながら、危機介入のタイミングを待った。会議から10日目の早朝のことである。デスクに座るやいなやAさんからの電話である。「昨夜、お父さんがC子に怒りを向け、『お前なんか出ていけ！』A！　包丁をもってこい！」と怒鳴り、Aさんは夫をなんとかだめ、泣きじゃくるCちゃん、D君を寝室に連れて行き、今朝2人を急いで学校に登

校させたとのこと。その時，Cちゃんが「『お母さん，私をTさん（筆者）の所に連れて行って！　お家には帰らない』と泣いている。どうしたらいいか分からない」とAさんの震える声。Aさんの不安や緊張が伝わってくる。筆者は，子どもたちを父親のもとに帰すのは危険であること，Aさんも夫の元を離れる心の準備ができているなら，今一歩踏み出すことが大切であることを伝えた。Aさんはうなずき，一緒に学校に子どもたちを迎えに行き，安全な施設に入ることを選択した。

　その後，Aさんと子どもたちは施設に入所し，皆の見守りの中で，無事赤ちゃんの誕生を迎えた。

④　現状と課題

　現在，都内ではDV被害女性と子どもたちが入所できる施設はあるが，長期施設は少なく，都女性相談センターでは緊急保護期間が2週間，その後，生活保護法に基づく，宿所提供施設，宿泊所などの施設や民間シェルターでは3カ月から6カ月で退所を余儀なくされる。また，母子自立支援施設も，同区外の広域で利用するために予算措置がとられている区市は少なく，広域活用は進展していない現状にある。被害女性（児）が施設退所後も，新しい地域で生活を再建していくためには，継続的で長期的な支援が必要である。

　なお，総務省の「配偶者からの暴力の防止等に関する政策・評価書」にある[8]「被害者の今後受けたいと思う支援のアンケート調査結果」によると，①公営住宅への入居等住宅の確保に関する支援（72.2％），次に②被害者を孤立させないための支援（59.1％），③生活保護・児童扶養手当等の経済的支援（56.6％）と続いている。

　Aさんは施設退所後，幸い都営住宅に入居することができた。夫の追跡が予想される場合，慣れ親しんだかつての地域には戻りたくとも戻れないことが多く，全く新しい地域環境で，福祉・医療等のサービスを活用しながら生活の再スタートを切らざるを得ない。この時期，まるでクレバスに落ちたような不安と孤独に陥る被害女性（児）が多い。「アパートで子どもと2人でいると急に不安になる。これまで支えてくれた人たちと離れて1人でやっていけるか不安でしかたなく，布団を被って寝ている」「『自分はやれるんだ，自信を持とう』と自分に言いきかせているけれど，自分のことが信じられるまでには時間がかか

る。1人が辛い」と話される。

　Aさんの場合，アパート入居が決まった段階で，新しい地域の各分野の支援コーディネイトし，Aさんの合意をもとに支援者たちに施設に来ていただいた。赤ちゃんを抱っこしたAさんと子どもたちが部屋に入ると，婦人相談員，ケースワーカー，保健師，学校関係者などが出迎え，「始めまして」と互いに挨拶後，保健師さんがAさんに歩みより「大変でしたね。良くがんばって出産なさったね」とこれまでのAさんの歩みを受けとめ，赤ちゃんに手を差しのべた。すると緊張気味だったAさんの表情がやわらかくほどけ笑顔が広がった。その後，新しい地域でもAさん家族を中心に支援ネットワークが創られ，Aさん家族の新たな生活が始まった。

　新しい地域で生活を再建する時，支援が継続されず，被害女性が制度の狭間に陥り孤立を強いられることが少なくない。また情報提供のみで生活再建に向けた，経済・法的，精神的支援等がなく困難に陥っている被害女性もいる。

　被害女性（児）の連続している困難やニーズに対応するには，婦人相談員が要となり，各県区市町村の間に橋をかけ，継続的で一貫したフォロー可能な柔軟なシステムづくりと人員配置が必要となる。

　また，被害女性（児）を孤立させないためには，当事者同志の交流の場や自助グループ，安心して過ごせる居場所づくり，地域の市民や民間団体，ボランティアを呼びこんだコミュニティの再構築，セーフティネットづくりなど，地域での新たな試みが求められている。

（4）改正「DV防止法」と今後の自治体の課題

1）支援センターの機能整備状況と課題

　都内区市町村の配偶者暴力相談支援センター（以下，支援センター）の機能整備状況は，2011（平成23）年8月現在において「機能整備済み」が2区市，「検討中」が2区市，「今後検討する」が15区市，検討したいが難しいが18区市となかなか整備が進んでいかない。

　支援センターを設置することにより，新たな権限が付与され，3つの業務が実施できるとされている。1つは，通報関係業務である。現在，婦人相談員は相談対応だけでなく，通報機関（者）に対して出向いて実態調査し加害者に知ら

れないよう情報提供したり，被害者と連絡をとり安全の確保を図ったりなど，警察と連携しながら対応してきたが，人員配置などに限界がある。支援センター設置により，法に基づき通報の受理が一元化でき，緊迫している場合など組織的かつ迅速な対応が可能になる。

　２つ目は，裁判所への書面提出などの保護命令関係業務である。2008（平成20）年度の東京地方裁判所管内の保護命令発令件数は156件である。都の支援センターでは保護命令に関する裁判所への書面提出は110件となっている。保護命令の申立てが前提となる面接相談や裁判所への書面提出を区市町村が自ら実施できるようになれば，被害者にとっては身近な機関で相談でき緊急に申し立てが必要な場合など，迅速な支援が可能となり効果的である。但し，身近であるゆえ加害者の追跡などに対し，組織的かつ緻密な加害者対策を練る必要がある。

　３つ目は，配偶者暴力被害相談の証明関係業務である。被害者の中には，新住所を加害者に知られることにより加害者に追跡される恐れがあり，安全が脅かされることから新住所の登録ができなかったり，医療保険が利用できない，年金が受けられない，児童手当等の各種行政サービスを受給できないなど理不尽な状況に置かれている。これまでは福祉事務所の依頼に基づく等，東京都支援センターにおいて証明対応している。支援センターが設置されることで，相談に応じた事実の証明や確認がなされ各種証明書が発行でき，被害者にとっては生活圏で各種の特例的措置が受けられることになる。

　また，支援センターは被害者支援における新たな業務への対応だけでなく，総合的な相談窓口として機能し，被害者支援が途切れることのないよう，各部署や関係機関が，従来の縦割行政を越えて横に相互連携で，コーディネイトすることが求められる。そして，自治体の被害者支援の全体を把握でき，中核的役割を担えるような機能と人材の配置がなによりも必要である。基本は「人」である。適切な人材の配置がなければ機能していかないと，日々現場で痛感している。

　そして，現在のように被害者が庁内の複数の窓口に個別に出向いて，繰り返し被害事実を開示させられるような手続を進めることは，加害者に遭遇する危険性が高まると同時に，精神的にも大きな負担となるだろう。庁内の関係部署

や関係機関において協議を進め，各種手続を一回で済ませることが可能なシステムの構築が必要である。

2) 被害者の自立支援

　DV防止法には，保護命令以外にはDV被害者支援の独自のしくみがほとんどない。婦人保護事業や生活保護法など，関連諸法の活用で成り立つ立法である。それゆえに婦人相談の現場では他の関連法の運用や人的つながりを活用して，コーディネイトしながらなんとか支援を続けている。

　改正DV防止法では，相談対応→安全保護→自立支援へと歩を進めており，生活支援としての福祉事務所の役割を明確にし，生活保護法，児童福祉法，母子及び寡婦福祉法により，被害者の自立を支援するために必要な措置を講ずることが明記された[9]。しかし，社会福祉をはじめとするこれまでの「自立支援」の動きは，財政抑制・効率優先の施策の流れの中で，社会福祉の制度利用から自立するための「就労の促進」や「自己責任原則」が強調される傾向にある。これまで経済的自立の強調とともに，早期自立という目標が価値あるものとされ，画一的支援がなされようとしている。一方，社会保障審議会福祉部会に組織された「生活保護制度の在り方に関する専門委員会の報告書」[10]では，生活保護行政への提言として，2004（平成16）年に報告を取りまとめた。そこでは，経済的自立に特化させるアプローチではなく，自立の多様性を視野に入れ制度を運用するアプローチが示唆されている。すなわち，就労による経済的自立のための支援のみならず，心身の健康を回復・維持し自分で自らの健康を管理するなどの，日常生活における自立の支援や社会生活における自立支援などといった諸側面からアプローチする必要性を提示している。この報告を受け，2005（平成17）年から生活保護行政において，金銭給付にとどまらず支援を具体化する方策として，自立支援プログラムの策定事業が着手されている。貧困や虐待にさらされた子どもたちにとって，累積された社会的不利が十分に考慮される必要がある。また暴力被害を受けた女性たちが心身を癒し，過去の人生をふり返りつつ新たな自身の人生を発見し歩み出すために，十分な時間と機会の保障が求められる。

　人間の自立するイメージが，加速度的に画一化・平板化される時代であるため，一人ひとりの「自立の形」があり「生きるプロセス」が必要である。当事

者との協働の営みのなかで，互いに「秘めた力」に気づき，引き出され，互いがエンパワーされる関わりであることを望みたい。

また，DV被害者の場合，住まいの確保や教育・保育に関わる支援，就労支援策（資格取得奨学金制度，支援企業のネットワーク，優先採用枠の確保）など多様で実際的支援が必要である。個人のニーズを中心としたさまざまな支援策を用意し，エンパワメントの視点からニーズに対応し，包括・総合的に提供できる支援システムや支援のあり方が待ったなしで求められている。

注
(1) 「東京都配偶者暴力対策基本計画」（2009〔平成21〕3月）。
(2) 総務庁「配偶者からの暴力の防止に関する政策評価書」資料30（2007〔平成19〕-2009〔平成21〕年）。
(3) 売春防止法第35条，婦人保護事業実施要領3-2，同第4-5。
(4) 配偶者からの暴力の防止及び被害者の保護に関する法律（最終改正）第4条。
(5) 婦人保護事業実施要領（第1及び第4の5）。
(6) 「要保護女子等」の改正内容：厚生労働省雇用均等・児童家庭局長通知1雇児発第0329003号の第1の1。
(7) 配偶者からの暴力の防止及び被害者の保護のための施策に関する基本的な方針（2008〔平成20〕年1月11日）。
(8) 総務省「配偶者からの暴力の防止等に関する政策評価書」資料32（2007〔平成19〕-2009〔平成21〕年）。
(9) 配偶者からの暴力の防止及び被害者の保護に関する法律・福祉事務所による支援，第8条の3。
(10) 生活保護の在り方に関する専門委員会「生活保護制度の在り方に関する専門委員会報告書」2004年。

引用・参考文献
尾崎礼子（2005）『DV被害者支援ハンドブック』朱鷺書房。
厚生労働科学研究政策科学総合研究事業（2008）「DV被害者の支援に関するガイドライン作成に関する研究」。
バンクロフト，ランディ．（2006）『DV・虐待にさらされた子どものトラウマを癒す』明石書店。

（髙瀬和子）

3　母子生活支援施設における支援

　近年，母子生活支援施設における「母と子たち」の生活課題は，ますます複雑で多様化してきている。そして，利用者への「こころのケア」が叫ばれて久しいが，果たして現場ではどこまで「こころ」について自覚できているのだろうか。利用者の生活状況を踏まえつつ，「施設」「地域」「社会」がどう機能することが必要なのかを述べたい。

（1）福祉施設とは：救済思想と人権思想
　1990年代の「社会福祉基礎構造改革」によって，行政処分によるサービス内容を決定する「措置制度」から，利用者がサービスを選択する「契約制度」への移行が始まった。
　すなわち，「措置」という行政による一方的・恩恵的な援助から，利用者が主体という発想への転換があった。「措置」から「契約」に代わることは，福祉サービスに対する公的責任が曖昧にされる問題も残ったが，「弱者を救済する」思想から，「一人ひとりの人権を基本とする」思想への大転換でもあった。
　ところで20年前頃，筆者が知的障害者施設に勤めていた時のことである。ある日，利用者4人と一緒に渋谷のデパートに買い物に出かけた。そして，食事をとるのにレストランに入った。お昼時で大変に混雑していたので，やむを得ず大きなテーブルの一角に席をとって座ろうとした。その時だ！　そのテーブルに座っていた家族が食事中にもかかわらず，筆者たちの様子に一瞬驚くとゴニョゴニョ言いながら，あっという間に席を立って出て行ってしまった。あまりの出来事に，筆者は呆気にとられて言葉もでなかった。その家族は，知的障害の人々の様子を見て，一緒に食事をとるような気分ではないと判断したのだろうか。もし，そうだとしたら一人ひとりの「人権」を考える時，自分がとった判断・行為について，真摯に問い直す必要があるのではないかと思う。
　人は日頃，「人権」についてどんなことを考えているのだろうか。
　筆者は母子生活支援施設を利用されている「母と子たち」から，「人権」について多くのことを学ばされてきた。そして，「こころ」と「からだ」でもって，

ゆらぎ続ける「母と子たち」に対して，施設では「人権」を尊重し，自己自身を肯定できている支援者がそばによる寄り添うことが大切なのである。

さて，一人ひとりの「私的な・個人的な」という「プライベート（private）」の根源には，暴力性が潜んでいる。ラテン語の"privere"には，他者から収奪して自分のものにするとの意味がある（佐藤，2009）。それは，他者が持つ人間性を収奪して支配するという思想であり，人と人との共同性を破壊する暴力性を内包している。「人権」を考えるとき，人はこの内なる暴力性をよくよく直視し認識しておくことが必要である。

（2）「母と子たち」への支援
1） 母子生活支援施設における「母と子たち」の生活

社会では，「施設」「母子家庭」「父子家庭」と聞くと，何か特別な人たちのことだという情緒的反応をする人たちがいる。そして，施設現場でも利用者に対しては，「問題」「困難」「重篤」などという発想が生じてくる。

利用者の中には，生きづらい生活を抱えてきた人たちもいるが，その生きづらさから「何に気づいて，どう生きるか」につなげることが，筆者たちの重要な課題なのである。利用者の声から，筆者たちは何を学ぶべきかが問われているのである。

施設には仕事と子育てに頑張っている母親と，その母親とともにしっかり生活している子どもたちがいる。しかしながら，その一方で精神疾患，DV被害，性暴力被害などで，辛い思いをして生活してきた「母と子たち」もいる。施設は，まさに「母と子たち」の生活の現場なのである。

2） 施設での「母と子たち」のあり方を通して
① 温もりを求めて

施設に入所された20代のAさんは，その実母より「『私はお前を生みたくて産んだんじゃないよ！』と言われ続けて育ちました。」と話してくれた。Aさんの「ぶれる人生」はこの一言に尽きる。入所面接時のAさんは，無表情で抑揚のない小さな声で，絞りだすように語った。「私はどうやって生きていいのかわからない」と。

子どもは小学校1年生と4歳の男の子2人である。1年生のB君は，小さい

頃にAさんが行方不明となり，児童養護施設に一時期入所した経験があるためか，とても不安感の強い子である。B君は朝から夜までAさんの後を追いかけては「僕のこと好きか？　本当に好きか？」と執拗に問い続けていた。周りで聞いている方も，さすが億劫になるほど強迫的に同じ質問を母親に投げつけるのであった。母親も最初の頃は「好きだよ，あたり前でしょ」と言っていたが，あまりの執拗さに「分からない」と言い始めると，もう感情の収まりがつかなくなって，怒りをあらわにしてB君に対しての暴言がはじまる。にもかかわらず，そんなことで怯むB君ではなく，とうとう入所から退所までの1年半，休むことなく母親に対して「僕のこと好きか？」と問い続けたのだった。

　それでも，Aさんは夜中に子どもたちを置いていなくなることがある。その頃の施設では，廊下の出入口の内鍵を開けると，簡単に非常階段から外に出られた。早朝に帰所するAさんの様子に，職員がさりげなく「B君，昨日お母さんはどうしたかな？」と聞くと，B君はこう答える。「お母さん，夜いたよ！」。こんな質問をしてBくんにうそをつかせる職員の神経の方が，よほどどうかしている。しかし，「支援だから」と言って，この類の声かけは日常的によくあることなのである。だからこそ，筆者たちの「人権意識」こそ，徹底した自覚が求められると思う。

　Aさんは育ちの中で，親に対して何か過剰な反応でもしたのだろうか。両親から全くと言っていいほど，精神的に見捨てられてきたのだった。10代で男性と知り合い，妊娠が分かると男性は行方不明となる。20代で知り合った男性との間で，2人目の子を出産した。そして，Aさんは言う。「男は勝手だ！　口も出せば，手も足も出す。そうしていつだって都合が悪くなると逃げていくんだ」と。住む場所も仕事もないAさんは，やむを得ず施設に入所となった。

　「自分がどう生きていいのか分からない。子どもとどう向き合うのかも分からない」と，Aさんは嘆息して居室で虚ろな日々を過ごすことになった。Aさんが意識化・言語化できない人生を何とか私なりに推測してみると，「親と学校と社会」からの無視・偏見・差別・排除の連続であったようだ。社会ではAさんのような人に対して，自分らの想像を超える人と言って批判・非難はするが，Aさんの「無気力・無感覚」を共感・理解はできず，そのためAさんに的確な評価などできる訳はないのである。

支援と言っても，何かがすぐできる訳ではない。Aさんの「無気力」の側にいるだけでも，支援者にとっては辛い。「無気力」と対峙している時に漂う空虚感は，周りを萎えさせていく。支援の思いと行動は空回りしていく。入所してあっという間に月日は過ぎ去っていく。

　1年後，Aさんに妄想があらわれてきて，人との関係が上手くいかなくなる。Aさんの家族や関係機関の人たちとの打ち合わせが繰り返された後，Aさんは精神科病院に入院することになり，再び母子分離が決定した。

　児童相談所が子どもたちを一時保護するために，児童福祉司が迎えに来る日だった。B君は事務所用のトイレに朝から鍵をかけて立てこもった。若い女性職員Kが，黙ってトイレのドアの前に立ち続けた。一体どれだけの時間が経っただろうか。B君がトイレのドアのすりガラスに指をあてて動かし始めた。すかさずKさんも黙ってB君の指に自分の指を重ね合わせてガラス越しに動かした。しばらく一緒に指を合わせて動かしていた。緊張した時間が過ぎていった。突然，B君が鍵を開けて自分から出てきた。その時，2人はどんな表情で見つめ合ったのだろうか。

　人との関係で，改善や解決が難しいことはたくさんある。成功例を取り出して喜んでいればいいという話ではない。小学校1年生にして，どうにもならない事情を心と身体にいっぱい背負い込んで，それでもトイレから第一歩を踏み出したのだ。B君にとって，施設とはいったいどういうところなのだろうか。支援者として心が痛む。痛むからというだけで済まされる話ではない。その痛みをかかえ，逃げずに現場で立っているしかない。だからといって，立っていればいい訳ではない。

　その日，子どもたちは職員と手をつないで一時保護所に行った。そして，職員は子どもたちが生活する児童養護施設へ今でも会いに行っている。

　母子分離することを巡って，児童福祉法に定められた母子生活支援施設の果たす役割は，その再構築に向けて，いま沸騰点に達している。

　②　関係性の中での「光」

　夫の暴力から家を飛び出して，娘と一緒に施設に入所された20代のCさん。ある面談の時に，まるで他人事のように淡々と冷静に，夫の暴力について語り続けた。逃げるという気持ちも起こらなかったと言う。あまりの惨状に，聞い

ているほうが呆気にとられて絶句する。夫からの暴力には何の対処もとれなかったと言う。しかし，夫が娘にまで暴力を振うようになって，さすがに家を出る決心をしたと言う。

　Ｃさんはうつ傾向をもち，ほとんど居室から出られず就労もできなかった。しかし，ディズニーランドには５歳のＤちゃんを連れてよく出かけた。保育園から帰ると親子で，ディズニーランドに出かけ夜遅くに帰ってくる。Ｃさんはニコニコ顔なのに，Ｄちゃんは疲れ果てて不機嫌である。

　ふだんのＤちゃんは，とても親思いである。しかし，保育園から母親と帰ってくると，真っ先に玄関ホールのエレベーターのスイッチを押しに走るのである。そして，母親が来るのをじっと待つのだ。一見，なんともほほえましい光景に見える。しかし，その表情をしっかり見ていないと，事態を的確に捉えることはできない。Ｄちゃんの表情は固く目は虚ろだ。Ｄちゃんにとって，この夜一体居室で何が起こるのだろうという不安な表情なのである。母親への思いやりは，実は自己防衛の第一歩である。

　入所して数カ月経った頃だろうか。若い職員Ｎの宿直の夜に，Ｃさんが突然事務所に現れた。雑談にはじまり，それから夫への怒りが出てきたあとに，しばらくしてＮの日頃の態度への攻撃がはじまった。それは身に覚えのない内容ではあったが，Ｃさんをどう理解したものか見当もつかず沈黙するしかなかった。そんな態度に，ますますＣさんの不信感と怒りは募り，「あんたはどうしてウーン，ウーンとしか言わないの！」と罵倒し続けた。２時間あまりの一方的な攻撃が終わって，Ｃさんは居室に帰った。あまりの出来事に，Ｎは何のことやらさっぱり分からず，ただ立ち尽くすしかなかった。

　ところが，その２日後，事務所のインターフォンにＣさんより，「Ｎさん，今日来ていますか」との問い合わせがあった。何とそれ以来，ＣさんはＮに対して今までに見せたことのない笑顔で話しかけてきたのだ。そして，いろいろな話が交わされていったのである。

　Ｃさんのこの変容は何なのだろうか。真意は筆者にはよく分からない。しかし，筆者が想像するには，Ｃさんは怒っている自分から逃げずに，怯むことなく，自分の側に居続けたＮさんのあり方に，「何か」を感じたのだと思う。人は逃げ出したくなる時にこそ，逃げずに一緒に居てくれる人，ただそれだけで安

心と安全の気持ちを送り届けることができるのだろう。CさんはNとの出会いによって、「光」を感じたのではないだろうか。

　そんなことがあって、入所以来片づけられなかったたくさんの段ボール箱を、Cさんは整理する気になったのだろう。Nが居室に入って、積んであった段ボール箱を一緒に片づけたのである。そんな母親の姿に、Dちゃんも笑顔になって自分のおもちゃを整頓することができた。Dちゃんの表情に生気がよみがえり、玄関ホールや事務所で大きな声を出して遊ぶようになったのは、この日の経験があってからのことである。それからは、帰所してエレベーターに飛んでいくDちゃんの姿は見られなくなった。

　一体、「夫」とは「父親」とは何者なのだろうか。CさんやDちゃんをこんな目に合わせておいて、今頃何をしているというのだろうか。日本の社会にあって、「男をどうつくるのか」という宿題を、一人ひとりがきちんと背負ってみないことには、「家族論」など語る資格は誰にもないだろう。

　③　日常生活に生還する！

　2人の子どもを連れて入所された40代のEさんは、実父からの暴力の中で育ち、夫の暴力で家を逃げ出してきた。物静かでさわやかな感じの人であった。隣同士のお母さんたちと、なにげない話をしていた。子どもたちも明るく元気に、学校や保育園に通っていた。職員ともにこやかに挨拶や会話をして、落ち着いた暮らしぶりであった。しかし、数カ月した頃であろうか。周りのお母さんたちから、Eさんが夜になると廊下の窓からじっと月を見て、物思いにふけっていて、何だか怖いとの話が出るようになった。当時の施設はトイレや洗濯場が共同だったため、夜でも廊下の往来はあり、Eさんの様子はすれ違うお母さんたちに、「ただ事ではない」という雰囲気を感じさせていた。

　ある日、Eさんがはじめて事務所に入って来て、担当のTにこう切り出した。「最近、道を歩いていると、向こうから仏壇やお墓が私の胸に飛び込んでくる。部屋からベランダを見ていると赤い玉や青い玉が飛んでいるのが見えて、おかしいと思うんだけど、たくさんのテレパシーを感じて耳が痛くなって困る」などと、1時間近く淡々と語った。Tは、じっとEさんの顔を見ながら黙って話を聞いていたが、内心ハラハラ・ドキドキであった。これはどうしたことかと、頭の中が真っ白になって、これはもう母子分離しかないかと考えていた。Eさ

んは物静かに語り続け、そして最後にきっぱりこう言ったそうだ。「自分でも何だかおかしいとは思っているんだけど、私には子どもが2人いて、その子たちの面倒を見なくてはならない」と。Tはその一言を聞いて、ハッとなって決心をした。自分には想像のつかない妄想の世界の話ではあるが、Eさんの子どもへの思いに寄り添ってみようと。

それから、TのEさんへの生活支援は多岐にわたった。精神科病院への通院支援、周囲のお母さんたちへの対応、日常生活や子育て支援など、きめ細かな配慮が必要となった。保育園に通っていた娘の「お母さんの絵」には、実際には両腕があるのに、いつも両腕のないお母さんが描かれていた。横になって臥せているお母さんに、自分を抱きしめてくれたり、生活で手を使う様子が子どもには感じられなかったのだろう。Eさん家族を支えるには、ソフト・ハード両面で支援の力量をはるかに超えた状況であった。

ところが、3年も経ったであろうか。居室の移動があり、Eさん親子は6畳一間の居室から板の間付きの6畳間に移ることになった。それからのEさんは、妄想が少しずつ嘘のように消え始め、やがて周りのお母さんや職員とも笑顔で話すようになったのである。日頃の支援には何の変更もなかったが、小さな板の間のスペースができたことで、Eさんの心境が大きく変わったのだろうか。

人は誰もが、大なり小なり病を抱えて生きているのである。健常者とか支援者とか言いつつ、実は己の「不安」の実体について、ものの見事に隠蔽している人間はたくさんいる。Eさんの妄想が不気味だというのなら、この社会がつくった「市場原理による敗者排斥」とも言える妄想と通底しているこの社会こそ、不気味だと言えるだろう。人は、Eさんを通して「人」に出会い、「自然」に出会い、そして「何か」に出会うことで、今までとは違う新たな世界に第一歩を踏み出すことがある。一人ひとりにとって、安心・安全・安定となる居場所が確保されることが、いかに大切なのかを筆者たちはEさんから学ばされた。

2年後、Eさん一家は退所され、2DKの公営住宅に移っていった。入所中は就労できなかったEさんだったが、今ではパン屋さんの店員として、仕事と子育てに忙しい毎日を送っている。

3）支援者に必要な資質

支援者とは、一体、何者なのか。

第13章　行政コミュニティにおける予防・後方支援

　筆者はいつも気にかかっていることがある。利用者と向き合う時に，支援者自身が決して意識化しようとしない，あの「優越感」についてである。

　「支援者」という心地良い美名の下には，利用者への「優越感と虚栄心」という欲望が潜んでいる。それは，我と我が身における根源的な問題でもある。それは，「あんたのために，こんなにも苦労しているんだからね」と子どもの前で叫んでいる母親。妻に対して，「俺の言うことがなんで聞けないのか」と暴力を振るう夫。それらの人びとは，「お国のために，生命を献げることは美しい」と国民に強要する国家権力と，どこか通底しているのである。

　言葉が分からない，文字が書けない，歩くことができないなどの課題がある時に，それらを改善・解決していく努力は，支援者として大切な働きである。しかし，それは表側であって，裏側では「他者よりも優越していたい」という欲望が見えかくれする。

　支援者にはできること，できないことがある。その矛盾の根底に「不安」が横たわっている。その意味不明な「不安」とのせめぎ合いこそが，支援者としての資質向上への第一歩である。この一歩を踏まずして，支援者は，一体，何処へ行こうというのだろうか。

（3）児童福祉法における母子生活支援施設のこれから
1）母子生活支援施設の法的位置づけ

　社会福祉法には，第一種社会福祉事業と第二種社会福祉事業の区分がある。第一種は居住型の社会福祉施設で，利用者はその施設内での生活が基本となり，施設運営のあり方が利用者の人権や生活に大きな影響を与えることになる。第二種は保育所などに代表される通所型の施設で，利用者は施設運営からの影響は少なくなる。

　第2次世界大戦後，母子生活支援施設は第一種社会福祉事業として，また児童福祉法による児童福祉施設として位置づけられた。

　かつて大正時代には，東北地方の飢饉による母子心中の社会対策として，また第2次世界大戦には，軍人遺族の母子対策として，「母と子たち」を保護する施設として運営されてきた。その後，1960年代後半の高度経済成長期以降，離婚，シングルマザー，そして，昨今の精神疾患，DV被害，児童虐待などに対応

して,「保護と自立」のための支援施設としての役割を担っている。

　母子生活支援施設は,高齢者,障害者,児童などの社会福祉施設の中にあって,「母と子たち」という家族を支援している。「母と子たち」への支援という発想は,日本人独特の心的傾向を感じるが,今はこの切り口から「家族」と「児童福祉法」を問い直す時期なのだと思う。

2)「母と子たち」の「自立」と職員による「支援」のこれから

　「こころ」や「からだ」に暴力を受け続けて,「生きるに生きられない」「死ぬに死ねない」という「無気力・無感覚」な状況に陥った時,人は失った気力と感覚を呼び戻し,「生きていたい」という安心感を体感するためにはどうしたらよいだろう。

　概して人は,足下にある不安に気づかず,また自覚することからも回避して,目の前の欲望充足に執着するあまり,他者を操作・支配してしまうが,このあり方を「自立」とは言わない。たとえ,世間から精神的・経済的・社会的に自立をしていると評価されたとしても,それを「自立」とは言えない。

　人は,際限のない欲望を追及して止まない自分と,不安と恐怖に悩み葛藤する自分との狭間にある「ぶれる存在」なのである。にもかかわらず,筆者たちは「意識化・言語化のできない何か」の前で,自問自答をする「ゆらぐ存在」でもある。それ故に,根源的な不安に気づき,直視し,その暗闇の世界と向き合う中でこそ,人は一筋の「光」を感じることがある。この自己覚醒があってはじめて,人は新たにひとつの人格を体感することができる。

　これを筆者は「自立」と呼びたい。

　そして,「私はここにいていいんだ」という自己肯定感を,ありのままに自発的に表現できることが「自立」だと思っている。この「自立」は各世帯の「母と子たち」のあり方からも読みとれるはずである。利用者とか支援者とかいう位置づけを越えて,「自立」を感じている人との関係性から,社会は共同体としての暮らしを日々新たに創り出し合うのではないだろうか。

　さて,施設を利用される人たちの生きづらさを考えるとき,筆者たちは母親としての役割を求める前に,社会的な不利益を被っている一人の女性の生きづらさとして認識しておく必要がある。母親という名が付くと,社会からの母親役割へのプレッシャーがかかる。その上,離婚とかシングルマザーへの差別は,

社会の底流に深く横たわっていると思われる。母子生活支援施設はあっても，父子生活支援施設は未だかつて作られていないし，これからもないだろうと想像できる。

「父親」「夫」「恋人」と呼ばれる人たちからの圧力に圧倒され続けてきた「女性」。そして，「母親」となった人たちの生きづらさを根本的に分析できてはじめて，母子生活支援施設のこれからのあり方も見えてくるのだろう。

施設利用者の「生育歴」や「病歴」など，筆者たち支援者にとって十分に理解しきることはできない。しかし，理解できなければ支援できないのではなく，理解できないからこそ理解しようとする支援者の意志と覚悟が，利用者たちとの共通の地平（場所）に立って何かができるかもしれないと思う。

「たとえ明日この地球が滅亡しようとも，今日，私は庭に花の種を植えよう」との姿勢をもって，この場所から逃げることなく一緒に居続けることこそが関係への第一歩となる。

「母と子たち」の一人ひとりが，「生まれてきて良かった」と心底感じることができる社会を思念する時，利用者のありのままの存在を，偏見・差別なくまず見守ることから始まるのではないだろうか。そして，支援者自身が温もりのある「自立」への立ち位置をつかまえようとするその覚悟こそが，利用者に関わろうとする支援者に最も問われていることなのだろう。

引用・参考文献
佐藤優（2009）『テロリズムの罠　右巻』角川書店。

（榊原正明）

| 第14章 | 学校・教育コミュニティにおける
予防・後方支援 |

1　中・高校におけるDV予防プログラム

　「レジリエンス」の活動を行う中で，デートDVについての情報を広める必要性は日々感じる。若い人たちの間では間違った認識を持った人は多いうえ，デートDVについての情報があまりにも乏しく問題を1人で抱え込んでしまっている人も多い。情報が不足しているのは若者だけでなく，若者たちの周りにいる大人たちの多くも同じである。被害に遭った人が大人たちにサポートを求めた際に，2次被害を起こさず適切な対応ができるような体制を整えていくことは不可欠である。そのためにも今後，「レジリエンス」として啓発活動を続けていくことに意義を感じている。

(1)「レジリエンス」の活動
1)　個人的体験からNPO法人を立ち上げるまで
　「レジリエンス」というグループを立ちあげる前に，1人で活動を始めたのは2003（平成15）年だった。筆者がデートDVの関係性から逃げ出してから15年目のことだった。暴力に遭っていた頃はデートDVという言葉さえ知らず，付き合っている相手からこれほどひどいことをされるのは，世界中で筆者だけだと思い込んでいた。

　筆者の経験はちょうど大学生だった頃のもので，4年半続いた。今考えると，デートDVと呼ばれる関係性で，結婚はしておらず，付き合っている間一緒に暮らすこともなかった。このような説明をすると，一般社会では「結婚もしていなくて，一緒にも暮らしていなくて，子どももいなかったんでしょ？　いつでも逃げられるじゃない。なぜ別れようとしなかったの？」と，問い詰められがちな関係性だ。大人同士あるいは配遇者間のDVでも，被害者は責められや

第14章 学校・教育コミュニティにおける予防・後方支援

すい。大人同士でなく，若い人同士となると世間の目はさらに冷たくなる。

　デートDVと一口にいっても，さまざまな種類の暴力がある。筆者の場合は，深刻な身体的暴力と性暴力が非常に多い経験だった。死んでもおかしくないような出来事が，4年半の間に何度も起こった。繰り返し解離しながらも，何とか生き抜いた経験である。渦中にいる間，漠然とはしていたが，いつか社会福祉の活動をしたいと思っていた。逃げ出した後，この思いはつのるばかりであったが，自分自身がまず「ある程度」回復しなくては，長期にわたって続けることが難しい活動だとは自覚していた。「ある程度」の回復が，果たしてどの程度かは未だに分からない。

　逃げ出した直後は，大学院での勉強に追われていたこともあり，あまり深い感情もなく過ごせていたと思う。しかし，渦中にいた頃から複雑性PTSDの症状や慢性のうつ状態が始まり，逃げ出した後もずっとそれらの症状が続き，体力の限界を感じる日々が何年も続いていた。このような疲弊しやすい状態でDVの活動を始めたとしても，力尽きてしまうことは目に見えていたので，活動はなかなか始められなかった。また，本格的に活動を始める際には，自分の体験だけでなく，客観的に暴力被害や支援についての勉強もしておきたかった。この目標を果たすために，筆者は1999（平成11）年に社会福祉学を学びに大学院に戻り，数年後に卒業した時にやっと，活動を本格的に始める決意ができた。

　活動を始めようとしていた当初，何をすればよいのか分からず，自分の経験を何とか活かした活動をしたいという思いはあった。人生を振り返り考え抜いた末，筆者が求めていたが得られなかったサポートは，傷ついている人たちが，抱えている傷つきを少しずつ見つめていけるような空間だったと気づいた。

　傷つきをさまざまな角度から見ていくために，12個のテーマを切り口とした講座を作った。現在も続いている「レジリエンス☆こころのcare講座」である。DVやトラウマをテーマとしたさまざまな書籍・文献を集め，12種類の資料やチラシを作り，公的な施設で部屋を借りて行った。参加者の負担を増やさない方法で講座を行いたかったため，登録や予約が要らない方法を取ることにした。毎回，何人参加されるか分からないので，多めに資料を印刷しては人が来るのを待った。最初は，なかなか人が集まらない状態だったが，徐々に増え，一緒に講座を運営してくれる仲間も自然と集まった。講座を始めて半年後には5人

ぐらいのメンバーが揃った。グループの名前は「レジリエンス」にすることにした。「レジリエンス」とは，回復力，復元力，元気，快活，弾力，反発という意味である。どのような逆境に置かれてもそこから脱する力，マイナスのものをプラスに変えていく力などを現わしている。そして，この力は既に一人ひとりの中に存在している大きな力であり，この力があったからこそ逆境にあっても生き延びることができたともいえる。

　暴力に遭うと，人は自分の力を感じにくくなる時がある。加害者は被害者に対して無力感を感じさせることをし続けたり，実際に「お前みたいな無能な奴が…」と言ったりすることも多々ある。しかし，被害者は無能でもなければ無力でもない。暴力が起きる生活の中で，傷つきながらも生き延びる知恵を活かし生活しているのである。暴力に耐える力，加害者と暮らしながらも少しでも安全を確保しようとする力，別れた場合は別れるために費やす力…と，数え切れないほどの力のすべてが「レジリエンス」である。

　人は「被害者」というレッテルを付けられてしまうと，貼られた人は力を感じにくくなる。誰であろうと，被害体験以外の体験を多くもっているはずだ。多くある体験の中で，世間ではマイナスとみなされがちな経験が取りだされ，その経験をレッテルづけされることに，果たして意味はあるのだろうか。筆者自身，40数年間生きていて，被害体験だけを取り出され，「被害者」と呼ばれることに違和感を覚える。「レジリエンス」で，あえて「被害者」という言葉を使っていない理由はこの違和感から生じている。代わりに「レジリエンス」では，「☆さん（ほしさん）」という呼び方をしている。夜空の星が輝くように，傷つく経験をした人たちにも，それぞれの輝きがある。自分らしさを保ち続ける力，逆境の中でも自分を発揮し続けられる力，大きな決断ができる力など，人によって輝きの意味は異なるが，自分がプラスと感じるような体験を意識したいと思う。

　「レジリエンス」が正式にNPO法人となったのは，2007（平成19）年の秋である。「レジリエンス」のメンバーが全員☆さんかというと，そうでもない。☆さんでなければDVやデートDVの問題を理解できないとは考えていない。逆に☆さんであっても，自分の経験に蓋をしている人や，忘れようとしている人の場合は，よい支援をすることは難しいように思う。人の傷つきのケアをする

には，まず自分の傷つきのケアをすることが大切である。そうしないと，客観的に物事を捉えることが難しくなったり，不適切な感情の表し方をしたりすることになる。それが2次被害につながる可能性がある。また，感情の適切な処理ができないことで，負担を内に抱え込み，バーンアウトしてしまう可能性もある。

　☆さんに対して対等に接していない支援者の多くが，☆さんのことを「かわいそうな人」「不幸な人」とくくっているように感じる。被害体験がある人は，別にかわいそうな人ではない。筆者自身，自分のことをかわいそうと思っていないし，人からそう思われると負担に感じる。被害体験の有無を経験の差ととらえ，今困っている大切な一人の人間に，今自分は何ができるかと相手の立場に立った見方ができることが必要となる。その時の関係性はあくまでも対等である。基準は被害体験があるかないかではなく，自分の傷つきと向き合えているか，そして人を尊重し，対等に接することができているかである。

　そういう筆者自身，デートDVを経験する前までは，不幸な経験をしている人たちのことをかわいそうな人たちと思っていた。理由の一つとして，「世の中にいるかわいそうな人たちのために，何かをしてあげましょう」といった教訓を子どものころから教わる教育環境にいたことが挙げられる。しかし，自分自身がそのいわゆる「かわいそうな人」の経験をした途端に気づくのが，他人をそのような目で見ることは，優越感から来る見方だということである。「不幸な人・かわいそうな人」とくくることによって自分はあの人とは違う，かわいそうでもないし，不幸でもないと切り離しているのである。

2) **講演・講座活動**

　講座を始めた頃は，参加者が数人しが集まらないこともあったが，今では，関東地域の3カ所で講座を開いている。また，2010（平成22）年からは英語での講座も始めた。2005（平成17）年に思いついたのが本を出版するという案だ。そして，その年の秋に『傷ついたあなたへ：わたしがわたしを大切にするということ』（梨の木舎）を出し，2010（平成22）年には続編となる『傷ついたあなたへ2』も出した。ワークブック形式になっているため，自ら問いかけることで，傷つきを少しずつ抱えやすいものに変えていくワークを，一人でも行える本である。都内に住んでいたとしても，傷ついた女性を対象とする講座に出向くに

は勇気がいるかもしれない。デートDVで傷ついている中学生や高校生は，講座に出られる距離に住んでいたとしても，敷居が高いと感じるかもしれない。そういった場合に，本を1冊購入するだけで，ある程度講座に参加するのと同じようなワークが可能になると考えた次第である。

　講座では，図などを利用して問題を理解しやすいように工夫している。また，さまざまな質問に答えを書きこむことで，自分の内側と会話するような時間を設けている。ファシリテーターは答をチェックすることも，回収することもない。質問に対する正解は，それぞれの参加者の中にある。安全な空間で自分の心の傷と向き合い，ケアをしていくのがこの講座の目的だ。ワークブックを読み書きこんでいく作業は，講座参加と同じ効果が期待できる。

　2007（平成19）年からは新たな方法を取り入れ，「レジリエンス」の「こころのcare講座」を全国的に広めるために，ファシリテーター養成講座を行っている。この講座でファシリテーターを増やすことによって，関東地域以外の地域でも講座を展開することが可能になる。「レジリエンス」主催側の希望としては，一人でも多くの☆さんにこの講座に参加してもらい，選択肢の一つとして取り入れてもらうことであり，敢えて認定プログラムとはしていない。筆者たちは講座の資料を含め，細かく使い方を説明しているマニュアルも，ファシリテーターが自由自在に使っていただくことをお伝えしている。

　また，2011（平成23）年からはファシリテーター養成講座（デートDV版）も始めた。「レジリエンス」がデートDV予防プログラムで使用しているパワーポイントなどのファイルやワークの方法を，参加者に活用してもらうための講座だ。

　「レジリエンス」の財産である資料や講座を手放すことは，容易なことではなかったし，葛藤もあった。筆者たちの意図に反する使い方をされないだろうか，また，筆者たちが大切にしてきた内容を同じように大切に扱ってもらえるだろうか，さまざまな思いがある中，結果的にやはり手放すことを選んだ理由としては，日本中にいる☆さんたちのニーズを優先することであった。筆者が20年ほど前に逃げ出した後，トラウマの後遺症に苦しんでいた頃に欲しかった講座を今，このような形で提供できる立場にいられることを嬉しく思う。

（中島幸子）

（2）デートDVの現状

　ここ数年，デートDVというテーマに関心を持つ人が徐々に増えている。デートDVとは，未婚の若い恋人関係での交際相手から受ける暴力を指す言葉である。しかし，デートDVは最近になって起こり始めた問題ではなく，昔からあった問題である。注目を浴び始めたきっかけは，加害者更生プログラムを実施している山口のり子氏の『デートDV防止プログラム実施者向けワークブック』(2003)の出版であろう。「ドメスティックバイオレンス」「セクシャルハラスメント」などの言葉と同じく，「デートDV」も名前が付いて初めて認識され始めたと言える。2008（平成20）年には，デートDVを大きく取り上げたテレビドラマ「ラストフレンズ」が，高視聴率を上げたことでこのテーマに注目が集まった。

　高校などを講演で訪れた際に，養護教員の方の話から生徒のデートDVの深刻さや広がりを感じることがある。対象が大学生になると，感想の中に自分の経験や友人が被害を受けているなどの書き込みも増える。「レジリエンス」の講座に，デートDVの被害を受けた☆さんの親が参加することも少なくない。一般向けのデートDVの講演でも，自分の過去のデートDVによるトラウマに苦しむ方から質問を受けることがある。デートDVという言葉ができたことで，経験に名前が付くということもあると思う。2007（平成19）年に行われた内閣府の調査（「男女間における暴力に関する調査」）によると，10代から20代に交際相手から身体的・性的・精神的暴力を受けた人は，女性で13.5％，男性で5.2％にものぼる。しかも，統計上の数値は氷山の一角であることを忘れてはならない。これはDVにおいても同じことが言える。学校が介入しなくてはならないケースのほとんどが，身体的暴力がひどいケースであったりする。つまり，ひどい束縛などの精神的暴力が起きているケースは，なかなか教員の目に入らなかったり，気づいてもDVとは認識されずに軽視されたりすることが多いからである。また，調査を行う際に，アンケートに答える人が暴力についての認識を持たない場合は，正確な結果が出にくい。正しい認識を持つ若者たちの少なさは，講演で訪れた際にも感じる。感想文によく書かれる2種類のコメントは，「DVは大人の問題だと思っていた」や「DVに身体的暴力以外の暴力があるとは知らなかった」という類のものである。他にも「本人が束縛されたいと

思っているのであれば，束縛は悪いものではない」といったコメントは，特に女子から聞こえてくる。

　高校生はピアプレッシャーの強い年代である。被害を友達に知られたくないと感じている場合，アンケート調査に正直に記入するのは難しくなる。そのような理由から，統計上で出ている数値よりも実際の被害数は多いと考えられる。

1)「デートDV」と「DV」の差異

　他国でも「デートDV」と「DV」を分けて捉える場合はある。そして，このように分けている場合は，若者を対象とした啓発活動の一環として「デートDV」が取り上げられるときが多いようだ。日本の場合は，同じような理由もあるが，もう一つの理由は，日本のDV防止法が基本的には配偶者を対象としている法律だからである。改正を経て現在は，元配偶者も対象になったが，デートDVを経験している未婚者や同性愛者に使用できない法律である。パートナーシップとは，必ずしも配偶者間とみなされるべきではなく，多様なパートナーシップを前提とし，「DV」「デートDV」の被害者が等しく使える法律に，さらに改正する必要性を強く感じる。

　デートDVの被害者が法律の対象者から外されるということは，デートDVの方がDVより軽視される傾向にもつながる。デートDVを経験する人たちの年齢層が若いということも，この問題の軽視につながっている。また，DVにはないデートDV独特の問題もある。世の中では，結婚前であれば，交際関係は容易に解消できると考えられている。「あなたたち，まだ若いんだからやり直せるでしょ」「子どもがいたら複雑になる。あなたたちに子どもがいなくてよかった」「他の人とも付き合ってみたら？」などと言われ，デートDVはいつでも解消できてやり直せるので，DVほど深刻でないと認識されていることがうかがえる。

　果たしてデートDVはDVより軽いのであろうか。決してそうとは言えない。関係性が配偶者間であろうと交際者間であろうと，被害者が10代であろうと50代であろうと，暴力が人にもたらす影響は同じである。暴力が被害者に及ぼす影響は無差別であり，恐怖感，罪悪感，混乱，不安感などをもたらす。

2)「恋愛幻想」とメディア

　デートDVとDVの差を見ると，若い年齢層の特徴として，その背景に「恋

愛幻想」が挙げられる。そして，恋愛幻想に強い影響力を持つのがメディアである。マンガ，テレビ，映画，流行歌などが，若者にもたらす影響は大きい。恋愛の経験がまだないか少ない場合は，メディアを通した情報が経験の代わりになることがある。残念ながら，こういったメディアからの情報の中には，不正確なものが多く混じっている。「交際している間柄では，多少の暴力が起きても許される」「暴力を振るうのは愛しているからだ」というように，暴力を容認する情報は多く，「愛は全てに勝る」「あなた＋私＝幸せ」といった恋愛幻想を与えるものも多い。

このような情報が飛び交う中で，健全な恋愛についての情報は非常に乏しい。人を幸せにできると言い切る人物が，テレビや漫画に多く登場するが，実際にそのような魔法のような力をもった人物が，現実の世界に存在するだろうか。想像の世界と現実の世界を見分ける力は，年齢を重ねる中で身に付いてくるものであるが，若い頃にはその違いが見えないこともよくある。また，人に幸せにしてもらうことが当たり前と思えば，そういう人を探し求めるだろう。実際には，一人ひとりの中に自分を幸せにする力が存在する。人に幸せにしてもらうことを期待するのではなく，自分で自分の幸せとは何かを追求し，自分の力でその幸せを得ることは可能であり，かつそれが自分らしさの発揮につながることでもある。そういった力を発揮しながら，交際相手をお互いサポートし合えたとしたら，その関係性は素晴らしいものになるはずである。他人に自分を幸せにしてもらうことを期待することは，そういった人を探すのに夢中になり，自分の生活を恋愛中心にしてしまい，自分自身が持っている力を見落としてしまうことも多いだろう。

年齢を重ね経験を積む以外にも，健全な恋愛についての情報を得る方法を開発しなければならない。大人から若者の社会へもっと健全で正確な情報をメディアを通して流す機会を増やす必要があり，さらに大人も若者も「メディア・リテラシー」という力を付け，間違った情報と正しい情報を見分ける力を涵養しなければならない。

3)　「束縛」と暴力

恋愛幻想に関連するものとして，「束縛」というテーマがある。若者向けのデートDVについての講演を行う度に，束縛について間違った捉え方をしている

人が多いことに驚かされる。自ら束縛されることを願っている女子高生もいれば、束縛は不健全であるという説明を聞き、やっと感じていた不快感の理由に気づく人もいる。「束縛する・される」という考え方は、それ以外の関係があることが見えてこないだけでなく、「束縛する・される」ことは、いかにも健全な恋愛関係に聞こえるであろう。

「束縛されることは愛の証し」という捉え方は、若者に非常に多い。しかし、束縛と愛情は全く正反対のものである。愛情には相手を大切にし、尊重するという要素が含まれているが、束縛にはどちらも全く含まれない。相手を大切にすることは、その人らしさや自由を認めることでもある。束縛はあくまでも、自分の都合やニーズを相手に強要する行為であり、相手を認める行為ではない。

4)「尊重」と非暴力

DVやデートDVの講演を行う際には、必ず「尊重」の話をする。暴力と尊重は決して一緒になるものではない。相手を尊重していれば、その相手に暴力をふるうことはあり得ない。逆に、相手を尊重しない関係性は不健全であり、その中には多くの暴力的行為が含まれる。つまり、尊重と暴力が両立することはあり得ない。その暴力と尊重の関連を捉えることで見えてくるのは、「尊重を増やす＝暴力が減る」「尊重＝非暴力」ということである。社会から暴力を消すことは難しいとはいえ、地道な努力として、一人ひとりが自分の周りにある人間関係を見直し、尊重の要因と非暴力の要因を増やしていくことで、暴力のない社会を目指すことは十分可能だと考えている。

5) 携帯電話

携帯電話の普及により、☆さんは自由を奪われ、DVはさらに複雑で深刻なものになってきた。一緒に住んでいなくても、24時間の監視体制も可能になってしまうのだ。GPS機能を使用して居場所を常にチェックされたり、GPSがなくても、現在地の証明となる写真をメールに添付して送るよう強要されたりすることもある。電話に出なかったことが暴力の原因にもなるため、いつでも電話に出られるように、メールはすぐに返信できるように構えていなくてはならない。これでは☆さんは休まる時がなく、疲弊してしまう。友達のアドレスや履歴を勝手に消されたりするので、友達に相談することもままならず、☆さんの孤立はますますつのっていく。携帯は便利なツールではあるが、使い方によ

っては精神的暴力の凶器にもなり得るのである。2008（平成20）年の内閣府の調査では、携帯電話による行動チェックについて、男性はもちろん、女性も同程度行っているという結果が出た。

　数人のグループでどのような暴力があるかを書き出してもらうワークをすると、さまざまな暴力が発生しているのを感じる。筆者たちが思い付かないような例が、スラスラと挙がるのだ。例えば、性暴力の例で「放置」という言葉が、複数のグループで書かれたことがある。レイプしたあと、どこかに置き去りにすることを指すらしい。その言葉がそのような意味をもつことが若い人の中での共通認識になっていることに驚く。身体的暴力では「火で炙る」なども挙がる。若い人の身近で暴力は確実に発生している。

6)　「性」と暴力

　デートDVと「性」の関連性は大きい。年齢的にも若い時の方が性への関心は高く、ホルモンの影響も大きい。最近はつき合う＝セックスといった短絡的な行動が普通になっているが、若者向けの正しい性に関する情報は乏しい。やっとHIVやAIDSについての情報は増えてきたが、性感染症に関する情報は非常に少ない。実際、「クラミジア」という病名を聞いたことがある若者は、少数派である。クラミジアの感染率が非常に高いにもかかわらず、情報が不十分なため、多くの若者たちは自分の健康管理の方法を知らず、感染した際にどのような治療を受ければよいかも分からなかったりする。

　また、妊娠についての知識を持つことも、性感染症についての知識と同様、どちらの情報も良い関係性をつくるためには不可欠である。自分の健康を管理することは、定期的に医者に健康状態を診てもらうことも含む。もし医者に診てもらいたい中学生・高校生がいたら、診察とは一体どのようなことをされるのか、保険証で診療を受けられるのか、費用はどれくらいかかるのか、親や友達にばれないだろうか、産婦人科や泌尿器科に入るところを目撃されたらどうしようなど、心配は尽きない。だからこそ、大人は、正しい情報を分かりやすく伝え、もっと若い人たちが医療サービスにアクセスしやすいようなシステムを作り、意に添わない不快な性行動から自分を守る予防プログラムを普及させなければならない。

〈中島幸子・西山さつき〉

（3）デートDVの予防プログラム

1) 学校内でのプログラム企画の意味

　女性センターや行政などの主催で，休日に「デートDV」の企画を行うこともあるが，若い人たちがそこに足を運ぶことはまれである。参加の動機づけとなるようにタイトルを工夫したり，バンドの演奏と組み合わせても結果は同じである。そこで，学校に働きかけて学校内で企画が実現できると，学年単位でも100名以上，学校単位であれば数百名に情報発信が可能となる。学校内の授業の一環として，生徒が「デートDV予防プログラム」に参加できれば，デートDVの予防の最良の方法となる。大学で開催する際にも，参加が単位取得につながるなどの工夫で，多くの学生の関心を集めることができる。

　DV防止プログラムの企画は，デートDVやDVを予防する目的で行われる。DVを未然に防ぐために，DVについての理解を深めていくというものである。もし，DV被害に遭ったとしても，初期の段階で被害に気づき，適切なサポートを得る必要性を認識できていたら，被害は最小限にくいとめられる。自分がDVを経験しなくても，友人が被害に遭うことも考えられる。被害に遭った若者は親でも先生でもなく，まずは友人に相談することが多い。相談を受けたとき「あなたも悪いんじゃないの？」「そんなにいやなら別れたらいいじゃん」「相手はあなたを愛しているからそうやって怒るのよ」などと，間違った対応をすると，☆さんは理解されないことで2次的に傷ついたり，「私がもっと努力したら，いい関係になれるかもしれない」とDVの関係を必死で続けようとしたりもする。周囲で起きているDVに対して，適切なサポートをできるようにすることは，結果としてDVを減らすことや被害の深刻化を防ぐことになる。適切なサポートをするためにはDVを理解しておく必要がある。

　また生徒が家庭内のDVに気づくきっかけとなることもある。感想の中でも「家で起きていたことがなんだったのか，やっと分かった」と書かれていることもある。家庭内でDVが起きている場合，子どもの立場ではしばしば，「自分が悪いからこうなったのだ」「もっと自分が〜していたら，この暴力は防げたかもしれない」と考え罪悪感を抱えてしまいがちだ。DVについての正しい情報を得ることが罪悪感を減らし，サポートを得ることにつながる。実際に講演を聴いた生徒の親から，講演後に相談をされたことがある。デートDVの企画

は予防だけでなく，介入の意味も大きい。

2) デートDV防止プログラム

① プログラムの実施方法

中学生・高校生は1時間集中して話を聞くのが難しい場合がある。プログラムの前半ではパワーポイントのスライドショーを使い，図入りの説明にアニメーションを入れるなどの工夫をしている。

中学校や高校でのプログラム実施の際には，デートDVに関心がある生徒ほど，まっすぐ真剣に聴く姿勢をとりにくいという特色がある。自分に関係のあることだからこそ聴くのが怖い，直面するのが怖い，または自分に関係があることを友だちには知られたくない，自分は全然大丈夫というポーズをとっていたい，という気持ちかもしれない。

寝ている生徒を無理に起こしたり，「真剣に聞きなさい」と注意したりするのではなく，その生徒の立場を理解し，それぞれの聴き方のままでいてもらう方が良い。聴きたくても，その場で「真剣に聴く」という姿勢をとれない生徒もいる。

またプログラム中に過呼吸などの症状が出る生徒もいる。そのような生徒に対応できるような体制を整えて，開催することも必要となる。

② プログラムの構成

デートDVとは　DV＝暴力というわけではなく，力に差がある関係の中で，強い立場の人が弱い立場の人を支配し，支配を強化する方法として暴力が用いられることや，身体的暴力だけではなく，精神的暴力，性暴力，経済的暴力もあることを丁寧に説明する。

具体的な暴力の例も挙げ，「携帯を勝手にチェックする」「バカだとか価値がないなどと言う」「無視する」「避妊に協力しない」「怒鳴ったり，脅したりする」なども暴力であると伝える。精神的暴力，性暴力，経済的暴力も身体的暴力と同様，☆さんの安全を脅かす。安全に生活をすることは，人が生きていく中で基本的な欲求だ。安全が脅かされる環境では，安全を得るために相手に従いやすくなる。どのような暴力も☆さんの安全を奪うという意味で，影響力がある。

身体的暴力は映像として表現しやすいため，メディアで伝えるDVは身体的暴力が中心となることが多い。顔を殴られて青アザができているようなシーン

表14-1　支配があるかのチェックリスト

□パートナーの言うことは絶対だ。
□自分の希望をパートナーに伝えるのはとてもエネルギーがいる。
□パートナーを恐れている。
□パートナーがいる前で電話をしたくない。
□パートナーを待たせることはできないと思っている。
□自分がどう感じるかよりもパートナーが怒らないかが基準になっている。
□自分の好みよりパートナーの意見を最優先する
□パートナーの言動に意見できないと思っている。
□たとえ間違っていると思っても，パートナーに同調しなくてはならない。……ほか

出所：レジリエンス（2005）『傷ついたあなたへ：わたしがわたしを大切にするということ』梨の木舎，より抜粋。

がDVとして映像で流される。それらももちろんDVだが，それ以外の暴力を用いたDVがあることを体験談などを用いて伝える。

　メディアが発信するDVの情報に若い人たちが高い関心を示すことは，ある意味啓発になっているともいえる。しかし，その中で間違っている情報をそのまま信じてしまうことの危険性もある。DVへの関心が高くなっている時こそ，間違っている情報を正したり健全な情報を取り入れたりするチャンスとして利用することもできる。デートDVに関するドラマや報道があった後には，生徒のプログラムへの関心も高くなるように感じるため，そのようなことも内容に盛り込んでいく。

　デートDVにおける支配とは（チェックリスト使用）　DVの特徴である相手からの支配とは，目に見えないため捉えるのが難しい問題だ。講演時間に余裕があれば，「相手から支配があるかどうかのチェックリスト」（表14-1）を使うことで，自分の状況を客観的に捉えることもできる。

　プログラムの後半では，質問を壇上から投げかける方式をとっている。そのうちの一つは暴力の発生率について，図14-1のような三択問題にしている。質問に対して全員が手を挙げるわけではない。しかしいったん，自分で考える時間をもつことが大切なのだ。全校を対象としたプログラムでは，ワークを入れるのが難しいためこのような工夫が必要となる。

　束縛と尊敬のロールプレイ　若い人たちに，「束縛は暴力」「束縛する関係は相手を愛していない不健全な関係」と伝えるのは，いつもとても難しい。「でも私は束縛されたい！」という意見の生徒に何回も出会った。

愛情には相手を尊重するという要素が含まれるが，束縛には尊重は含まれていない。尊重という概念も中学生・高校生には捉えにくいため，ロールプレイ（図14-2）を生徒に行ってもらい，まず尊重について考える。

図14-1　デートDVの発生率
◎正しいのはどれ？

デートDVで暴力にあっている女子高生，女子大生の数は

①50人中1人
②10人中1人
③5人中1人

出所：アウェア調査，2007年。

　ブラックコーヒー派の人と甘いコーヒー派の人が，2人でコーヒーを飲んでいる設定だ。ブラックコーヒー派の人は，甘いコーヒー派の人の意見を「普通砂糖は入れないだろう」「絶対変だよ」「そんなの常識だよ」などと否定する。否定された甘いコーヒー派の人は，自分の意見に自信が無くなっていく。パワーポイントでは会話文の色が変わっていくことでその様子を表す。はじめはブラックコーヒー派の人は緑，甘いコーヒー派の人はピンクとそれぞれが別の色をしている。意見を否定された甘いコーヒー派の人は次第にピンクが薄くなり相手と同じ緑に変わっていく。自分らしさが無くなっていくのだ。ブラックコーヒー派の人にとって，自分の意見はOKであるが，相手の意見はOKとしていない。自分とは違う相手の意見を尊重していないのだ。自分の意見もOK，自分とは違う相手の意見もOKにすることが，お互いを尊重することになる。

　長い時間を2人で過ごすと，さまざまな意見の違いが出てくる。その都度「お前はおかしい」「なんでそんなことも分からないんだ」と繰り返し否定されると，その影響は軽視できない。☆さんは「このくらいの事は私さえ我慢すればいい」と相手に合わせていると，「たいした事ではない」と思うことで傷つきを自分の中に多くため込んでいくことになる。☆さんは自信を失い，相手の意見が2人の関係の中で絶対的なものになっていく。

　ロールプレイで意見を押し付けられた役を演じた生徒に感想を聞くと，「なんだかイヤな奴」「ムカついた」などの感想が出てくる。このロールプレイでは，尊重のない会話が相手を大切にしていない行為であると理解してもらうのが目的だ。

　「コーヒー編」と同じ色分けをした会話文で，「デート編」のロールプレイ（図14-3）も生徒に行ってもらう。一緒に帰ろうと待っていた人と，今日は別の友だちと帰りたい人の会話だ。一緒に帰りたい人は，「一緒にいたいとか普通思

第Ⅲ部　関連コミュニティとの協働

図14-2　尊重のない会話（コーヒー編）

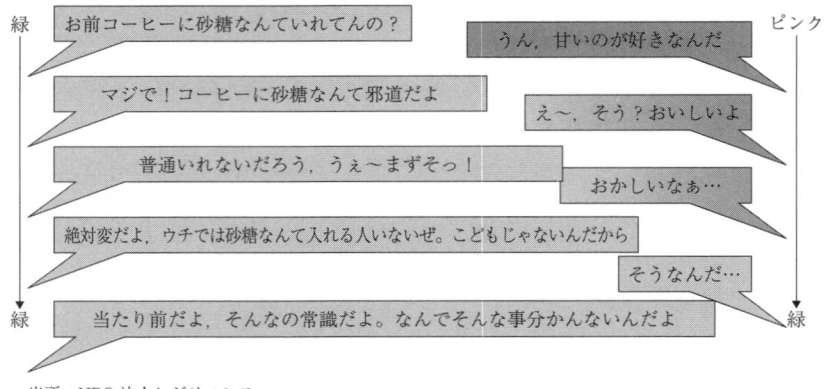

緑：お前コーヒーに砂糖なんていれてんの？
ピンク：うん，甘いのが好きなんだ
緑：マジで！コーヒーに砂糖なんて邪道だよ
ピンク：え〜，そう？おいしいよ
緑：普通いれないだろう，うぇ〜まずそっ！
ピンク：おかしいなぁ…
緑：絶対変だよ，ウチでは砂糖なんて入れる人いないぜ。こどもじゃないんだから
ピンク：そうなんだ…
緑：当たり前だよ，そんなの常識だよ。なんでそんな事分かんないんだよ

出所：NPO法人レジリエンス。

図14-3　尊重のない会話（デート編）

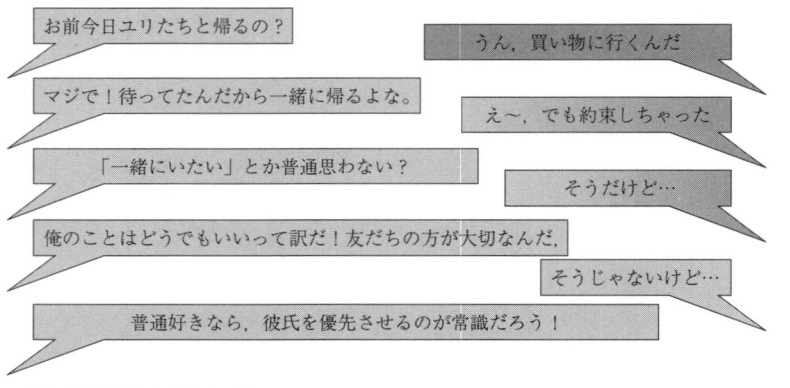

お前今日ユリたちと帰るの？
うん，買い物に行くんだ
マジで！待ってたんだから一緒に帰るよな。
え〜，でも約束しちゃった
「一緒にいたい」とか普通思わない？
そうだけど…
俺のことはどうでもいいって訳だ！友だちの方が大切なんだ，
そうじゃないけど…
普通好きなら，彼氏を優先させるのが常識だろう！

出所：NPO法人レジリエンス。

わない？」「彼氏を優先させるのが常識だろう」などと，友だちと帰りたい相手の意見を否定する。先の「コーヒー編」と同じ「尊重」のない会話だが，このロールプレイでの感想は「一緒にいたいとか普通思わない？　と言われたらちょっと嬉しいかも…」という意見がまじってくる。尊重のない会話でも「束縛」となると，愛情として捉え違えてしまうようだ。このロールプレイは，束縛は尊重がない行為であるため，束縛は愛情とは違うという理解につなげることを目的としている。

　このロールプレイをすると「じゃあ嫉妬しちゃいけないんだ」という誤解が

生じる場合もあるが，嫉妬は自然な感情で，それ自体が悪いとか悪くないということではない。嫉妬を理由にして相手の行動を制限するなどの束縛をすることは間違っている。相手を殴ってもいい理由や怒鳴ってもいい理由が一つもないのと同じように，相手を束縛してもいい理由もまったくない。

一緒に帰れなくて残念だという気持ちは，暴力や束縛ではなく言葉で伝えることができる。大切に思われていないのかと不安なら，それも言葉で伝えたら良い。怒鳴ったり，威圧的な言葉で言ったりするのではなく，自分の感情を素直な言葉で伝える方法（Ｉメッセージ）がある。Ｉメッセージは自分も相手も大切にする関係性を築いていくことにつながる。

自分も相手も大切にする方法を学ぶ機会は，今までなかったという場合もある。このようなデートDVのプログラムが，新しいコミュニケーションの学びのきっかけになったらと願う。これは恋人間だけではなくさまざまな人間関係においても必要なことだ。

コミュニケーション・カードによるグループ・ディスカッション　クラス単位など数十人規模の場合に使用するのが，「デートDVコミュニケーション・カード」だ。さまざまな質問が書かれたカードを使い，数名に分かれたグループでディスカッションをする。ファシリテーターは各グループをまわり，ディスカッションに参加したり必要な情報を伝えたりする。

カードは40枚あり，デートDVに関するもの以外にも，アルコールや薬物に関する質問もある。その中から，いくつかのカードを紹介する。

●「恋人がいる場合のメリットとデメリットはどんなことがありますか？」
この質問から出てくる答えは：

メリット：楽しい，うれしい，友だちに自慢できる，セックスができる
デメリット：浮気されるなどの心配，誕生日などのイベントを考えるのが大変，
　　　　　　お金がかかる，自分の時間や友だちとの時間が減る

などメリットとデメリット両方の意見がグループ内で挙がっている。
若い人たちにおいて恋愛は一つのステータス・シンボルで，メリットばかり

をイメージしがちだ。世間がこれだけ恋愛至上主義で映画や歌が作られると，こうなるのも無理がない。このカードの目的は，恋愛はメリットだけではなく，デメリットもあることに気づき，恋愛したから必ずハッピーになれるわけではないと気づくことだ。そして，恋愛至上主義に疑問を感じてくれたらより望ましい。

● 「妊娠するとあなたの将来はどう変わりますか？」

　自分は大丈夫と思いこんでしまう傾向は誰にでもある。立ち止まって，妊娠したらどうなるか，具体的に考えてもらう時間をもつ。決して他人事ではないと気づいてもらいたい。ファシリテーターはグループを回る時には，コンドームを使用した際の避妊率や緊急用のピルの効用などの情報も伝える。少人数であれば，質問をしやすいという利点もある。

●「付き合って1カ月で結婚しようと言われました。どんな感じがしますか？」

　このカードでは，「超うれしい！」と「え〜，何だか重い」と意見が2つに分かれることが多い。どちらの意見ももちろんOKである。ファシリテーターとして伝えたいことは，関係を急激に深めようとするタイプには要注意ということだ。DVの加害者は出会ってすぐに「付き合おう」と言い，付き合ってすぐに「セックスをしよう」「一緒に住もう」「結婚しよう」と，話を急展開させていくことがしばしばある。関係を深めることで，支配をより強めることができるためだ。しかし，恋愛初期で「運命の出会いかも…」などと気持ちが舞いあがっている時に，このような情報を受け入れるのは難しい。だからこそ，事前に情報を得て自分の知識としておくことが必要となる。

　自分の考えを伝えあうという機会が，若い人たちには少ないと感じる。自分とは違う意見を持つ人がいること，さまざまな考え方があること，表面的に考えていた事をもっと掘り下げて考えること，などの経験にもつなげてほしいと考えている。

（西山さつき）

（4）これからの方向性

　デート DV という事態は，決して新しいものではない。「デート DV」という言葉ができる前から起きていたことである。「デート DV」という言葉ができ，社会に広まる中で，発生件数が増えるのは，DV と同じ現象である。

　まずその理由として挙げられるのは，メディアによる影響の大きさである。恋愛幻想や束縛に関する情報が，歪んだ形で発信されることによって，多くの若者たちが惑わされてしまうのである。束縛が不健全なものであるという認識を持っている人は，非常に少ないことに驚かされる。メディアには大きな影響力があるからこそ，もっと正確な情報を受け入れやすいように伝える社会的責任がある。例えば，若い人たちに人気のある歌手やスポーツ選手が，こういった問題について話をしたり，対等なパートナーシップをドラマの中で描写したり，お互い尊重し合う会話を増やしたりすることは効果的だと考える。

　他にも，メディアだけに頼らず，大人の側から若者たちに対して働きかけることは多くあるだろう。間違った情報がメディアに大々的に流された場合には，なぜそのような情報が間違っているのかを話し合う場を設けることができるだろう。実際に暴力にあった人から相談を受けることを想定して，より多くの大人たちが正確な情報を持ち，上手く対応ができる体制を前もって準備しておくことも可能なはずである。

　学校内でもデート DV に対応できるように，トレーニングを受けた教職員が各校に少なくても 2～3 名いることが望ましい。デート DV の渦中にいる生徒への対応は，そのケースによって異なるため，マニュアル化してしまうと危険が生じる可能性がある。例えば，生徒に「別れなさい」という言葉を使わない方が，被害に遭っている生徒とサポートする教職員の間に信頼関係が生じやすいということもあるが，危険性が高いケースなどではすぐにでも引き離す必要も出てくる。適切な情報や知識を持っている大人が学校内に配置され，ケースごとに，それぞれに適した取り組みをすることが必要となる。

　また，校内で起きたデート DV の場合，☆さんが学校に通えなくなったり，退学したりするということも考えなくてはならない。加害者がいるという環境が，☆さんにもたらす恐怖心の大きさへの配慮が必要となる。

　そして，☆さんは加害者と別れた後も引き続きサポートが必要となる。自分

の中で大きなパーセンテージを占めていた人からのDVがなくなると，心身のバランスを崩しやすく，加害者のもとに戻りたくなったり，摂食障害などの症状が現れたりすることもある。若者がそのような相談をしやすい公的な機関なども必要であり，また若者がアクセスしやすいメールでの相談対応などの工夫も必要だ。

　一人ひとりの大人たちが，デートDVに関する全ての情報を持つことは難しいが，もっと緊急な連携体制を組むことによって，より良い支援ができるようになる。

　さらに，DV防止法の第3次改正を行うことにより，デートDVも法律の対象にしていくことも不可欠である。

　私たちは学校現場に出向き，若い人たちの声を拾うことができる「レジリエンス」のメンバーとして，若者たちに多くの緊急性の高いメッセージを伝え続けていきたい。

引用・参考文献
内閣府（2007）『男女間における暴力に関する調査』。
山口のり子（2003）『デートDV防止プログラム実施者向けワークブック』梨の木舎。

（中島幸子・西山さつき）

第14章　学校・教育コミュニティにおける予防・後方支援

2　大学における学生ボランティア活動

　これまでDV問題への大学生の関わりは，親子キャンプの実施への支援，市民グループへのインターンシップなど，直接的な被害者支援活動が主となってきた。本節では，そうした活動の意味を評価しつつ，それ以外の可能性として大学生による社会への発信活動について，その実践と意義を論じる。大学生は，支援の専門家ではないが，経験を通じて彼らによって紡がれた言葉は，DV問題をめぐって社会を変革する力になるものであると考える。

（1）DVに関わる学生たち

　筆者は，早稲田大学で，大学生による「DVプロジェクト」を主催し，DVに関する授業を提供して7年目となる。早稲田大学は，大学機関としてボランティア活動を支援する平山郁夫記念ボランティアセンターを持つが，筆者は，そこの教員として大学生のボランティア活動に関わってきた。現場での社会貢献活動を通じて大学生への教育と，当事者やコミュニティへの支援が，ボランティアセンターという組織の目指すものであるが，DVに関する活動はその一つである。私たちの活動では，DV被害者支援のために，民間シェルターが主催する「夏の親子キャンプ」へ参加することからはじめ，「DVプロジェクト」に参加する学生たちとともに手探りで，「大学生ボランティアができること」を模索してきた。

　さて，「DVに関する協働」といったときに，これまで大学の研究者は，実践を支える理論として学術的貢献したり，市民活動に関わったりする以外に，大学が果たす役割にはあまり注目を向けてこなかったのではないだろうか。特に，大学生は何かを学ぶ途上の人たちであり，何かに積極的に働きかける主体とは，広く認識されてこなかったのが現状であると思う。一方で，筆者は，日々ボランティア活動をする多くの学生と接する中で，時間と若さがある大学生は，社会性や実務能力など多くの未熟さを抱えながらも，何かを創造し社会を変革するための潜在的な力を持っていることを感じてきた。DV問題からみると，「支援の専門家でもない大学生が果たす役割と可能性とは何か？」。本節では，筆

者が大学生のボランティア活動を主催する立場から，DVプロジェクトに関わってきたこれまでの実践を通じて，この問いを論じてみたいと思う。

早大生による自主プロジェクト「DVほっとプロジェクト」は，男女が混ざり多様な学部や学年からなる10名程度の学生が活動を行ってきた。「DV被害者も誰もがほっとする社会をほっとに目指す」ことを理念に，学生たちは自分たちのできることに取り組んできた。活動の大きな柱の一つは，夏のDV被害者支援キャンプであり，準備段階から運営委員として教員も学生も関わり，キャンプ当日もボランティアとして，被害者が安心・安全に過ごせるための支援活動を行ってきた。キャンプで学生たちは，スタッフとしてその運営のサポートをするほか，子どもたちの「お兄さん，お姉さん」として子どもと遊ぶという役割を担っている。こうした支援の方法は大学生ができることであり，わずか短期間ではあるが，実際に被害当事者に喜んでもらえる活動であると感じている。シェルター職員など専門的な支援スタッフがいる中で，子どもと遊び楽しい時間を共有したり，被害を受けた当事者が安全で安心できる場をつくる活動をサポートしたりすることは，大学生が担える役割として今後もさらに広がりを持つことが期待される。

一方で，大学生によるこうした直接的な支援活動は，DV以外でも困難な状況に置かれている子どもや大人への支援活動として，これまで保育や教育などの分野でも盛んに行われてきた。大学生がボランティアとして活動することの社会的な意義を認識した上で，多くの場合，こうした直接的な関わりがプログラムの終了と同時に，また卒業と同時に終わってしまうという限界も指摘しておきたい。「今日はお手伝いしてもらってありがとう」で完結してしまったり，大学生もまた「何かよいことをした」という個人的満足感で終わったりしまいがちである。もちろん，継続的に支援組織と関わる場合もあるが，個別的なインターンシップなどの形が主となり，専門的な支援職種を目指すという動機以外に，多くの大学生が直接的に長期的に関わりを持つことは現実的には難しい。

（2）社会へ発信する取り組み

以上の問題意識とともに，筆者は，大学生のボランティア活動の可能性として，自身の体験を基礎として「社会へ発信する取り組み」を挙げたいと思う。

第14章　学校・教育コミュニティにおける予防・後方支援

　DV問題は，被害者や加害者などの個人的問題だけではなく，暴力によって差別や排除を作り出す社会の問題である。それは，ジェンダーの構造であったり，暴力によって構築された規範や価値観の問題でもあったりする。だからこそ，そうした社会を変えていくための取り組みは，支援活動の一環として考えることもできる。そして，社会が変わるためには，社会を構成する個々人が変わることであり，そのための一つの方法が，さまざまな立場から多くの人たちの声を社会の中で形にすることである。このような視点に立つとき，ボランティア活動に取り組む大学生たちは，一体何を発信しえるのだろうか。

　DVに関する基礎的な知識が多くの人に広まっているとは言い難い現状の中で，既存の教科書に書かれたDVの科学的な知識を広めることも一つの方法であろう。しかし，大学生は，教育者でもなく専門家でもない。そこで，彼らが机上で専門家から「勉強した知識」を広めることは，彼らが小さな専門家になることであり，そこには，大学生の持つ独創性と創造性を発揮できる機会はあまりない。大学生が発信するものとして独自に力を持ちえるのは，今を生きる彼らの経験から語られる言葉である。特に，DV被害者との出会いは，彼らにとっては自分の経験であり，DVの現実を作り出す社会に対して，「自分たちは何を言うべきか」「私たちは何をすべきか」を考える重要なきっかけとなる。

　こうした意識を共有する中で，「親子キャンプ」を通じてDV被害者との出会いを経たプロジェクトの学生は，その後，長い時間をかけて何度もミーティングを重ね，「キャンプでの経験とはいったい何だったのか」「DV被害当事者との出会いとはどういうことか」などを突き詰めて議論することになった。いわゆる「振り返り」であり，主にグループでの議論が中心であるが，自分の体験したことや気づいたことを言葉にし，それを自分で意味づけていく作業である。そうした試みは，自らの体験から言葉を紡ぎ，自分とDV問題をめぐる社会との関わりを感じ，表現していくという非常に躍動的なプロセスである。「なぜ，自分はそう感じるのか」を自問し続け，DVに関して自分の中に内面化された価値観や文化規範を相対化していく知的な作業でもある。また，グループの中で仲間からのコメントによって，自分の言葉が相対化されていく経験を重ねることで，それが普遍性を持つものかどうかを検証していく作業でもある。議論の成果は，最終的に文章としてまとめられていくが，この一連の作業は，

毎回大学生にとっては非常にエネルギーと時間が必要なものである。

　もちろん，感じたことを形あるものにして表現することの難しさもあるが，学生たちにとって，その困難さやとまどいは，自身を振り返ることであり，自分を知ることである。それは，「考えないようにしていた自分に気づかされる」「過去の体験として自分で蓋をしていたものを開ける」といった経験として語られている。また，被害者の支援という立場だったはずの自分が，被害者を排除する社会構造へ加担していることへの気づきなどは，自分の中の矛盾として苦しさを突きつけられる体験ともなる。しかし，こうしたプロセスを経ることで，被害者という誰かの問題であったDVは，自分の問題として再び意味づけ直されることになる。

　すでに，この作業も5回目になるが，ここでは，2008（平成20）年度と2009（平成21）年度の議論をまとめた大学生の文章を一部引用しておきたい。

① 「2007年度　親子キャンプから」（文責：角野ありさ）
　キャンプの経験についてお話します。ここでは，「普通に見える被害者」のポイントから考えてみました。
　私たちはDV被害者に直接会う前に，「DV被害者」と聞いただけで，暗い，消極的，情緒不安定，自暴自棄なのではないか，協調性がないのではないか，意思疎通が難しいのではないか，依存体質ではないか，警戒心が強くて打ち解けないのではないかと，悪いイメージばかり抱いていました。
　そのため，「キャンプではどのようなことが起こるのか」「何か起こったときにどうすればいいのだろうか」「私たちに何が出来るのか」などと不安でした。しかし，キャンプが始まると，子どもと仲良くなろうと一生懸命だったり，グループに馴染むのに必死でした。そして，何より当事者の方々が日常生活の中で，私たちの周りにいる人々とあまり変わりませんでした。それまで抱いていたイメージと違うので，DV被害当事者の方々と接していることを忘れてしまいました。
　私たちが親子キャンプに参加する前に抱いていた「特別な人」というイメージや偏見は，多くの人々が持っているものと変わらないと思います。私たちは，被害当事者と接することで，そのDV被害者に対するイメージが間違っている

と知ることが出来ました。

　また，私たちのメンバーの多くが，DV被害者と出会った体験について口にしていた，「意外と普通の人なんだ」というとき，「普通」という言葉について考えてみました。「普通」というのは，悪いところも良いところもバランスよく持っている人，「普通」の基準は一人ひとり違う，平均的で個性がない人など，さまざまな意見が出ました。しかし，議論の後，結局は「そんな人はいない」という結論になりました。そう考えた時，「普通」という見方自体が偏見ではないかと気づきました。私たちがキャンプを通じて感じたことが，「普通」だったことに変わりはないので，この言葉を使いますが，私たちのこの感想こそが偏見でした。

　世の中に「普通の人」は実在しないのに，頭の中でみんな「普通の人」をイメージしていたのです。「普通」という偏見も社会によって作られ，そのことについて深く考えることもなく「普通」と使っていた私たちは，そのまま社会の現状を表しているのだと気が付きました。

　キャンプを終えて，私たちは発表の準備を始めました。キャンプを振り返りながら，この貴重な体験をどう伝えるか，社会にどう伝えたいか話し合いました。あるメンバーは，キャンプ前に，「なぜ被害者は語れないのか」「助けを出せないのか」と思っていたけれど，自分も偏見を持っていたことに気づき，変わりました。社会が変わるためには，まず自分から変わることが大事だと感じ，「助けを求めやすい社会」にしたいと思いました。しかし，一方で社会と個人は相互に関連しています。そのため，個人だけではなく，同時に社会も変わっていかなければならないし，個人と社会に向けて働きかけなければならないと思いました。

　また，あるメンバーにとって，キャンプは自分のやりたいことをし，嫌なことはしない，言いたいことを言う，といったように，素直に行動出来る場所でした。DVは加害者の価値観で相手を縛り，暴力という手段により「自分」がかき消されてしまう行為です。自分がありたいと思う自分であること，またそれを人に押し付けないこと，「違いを認める社会」であってほしいと思いました。ここでいう「違いを認める社会」というのは，国籍や性別など，その人の属性によって，人を「こういう人だ」とラベリングしないという意味があります。

また，思想や考え方の違う人，特に少数派を排除しないという意味もあります。これは，私たちが持っていた偏見，つまりその場における「普通」であることのイメージに縛られないということです。DV被害者に会ってみると，本当にさまざまな人がいました。DV被害者に典型的な型はありませんでした。DVは特殊な人が遭うのではなく，誰もが被害に遭う可能性があります。「DVを他人事ではなく，自分のこととして考えられる社会」にしたいと思ったメンバーもいました。

　そして，支援の場であるキャンプで出来たことで，現実の社会では出来ないことは何だろうと考えた時に，私たちの頭の中にあったのが，「安心と安全」でした。誰からも殴られることはない。また，暴力を恐れる必要がない。疲れたら休んでも，子どもを放っておいても責められない。子どもは誰かが見てくれるし，自分が出来ることには参加し，助け合うこと。そして，何よりも自分がDVの被害者であることを，隠さなくていい。DV被害者であると分かった上で受け入れてもらえるのです。社会では，DV被害者だと隠す人が多くいます。隠したくなくても，隠さなければなりません。それは，DV被害者であるにも拘わらず，被害を受けたことに対して「恥」だと言われるからです。また，「あなたに原因があるのではないか」「それなら，なぜ逃げなかったのか」と責められるからです。そのような社会ではDV問題は解決しません。「違いを認められる社会」になり，DVについて，社会の人が自分の身近な問題だと考えることが出来るようになれば，DVは減るかもしれません。DVを隠さなくても，被害者が責められることのない社会になるように，私たちは社会にメッセージを発信し続けたいです。

② 「2008年度　親子キャンプから」（文責：小口裕樹）
　そして，今年もキャンプを通して考えました。
　キャンプ前の勉強会で，DV被害者の方から「当事者の痛みは当事者にしか分からない」という発言がありました。ボランティアをしている私たちには，戸惑う発言でした。この「当事者」について，多くの議論をしました。その中で私たちが今日発表するのは「暴力の種」についてです。
　私たちは誰にでも，「こうあるべきなのに，自分は違う」と思い，「何か嫌だ」

と思うことがあります。私たちは，それを「痛み」だと考えました。他者にこの「痛み」を指摘されることは，苦しいことです。だから，自分の「痛み」と向き合って，表現することを避けようとします。そして，このような傾向のある人は，同じように他者の抱える「痛み」を他者個人の問題としておきたい，それを自分の問題とされたくないと思っているのではないでしょうか。つまり，他者の「痛み」に触れて，自分の「痛み」を突きつけられたくないのです。私たちは，このように他人の痛みを受け入れない性質を，「暴力の種」という言葉に表しました。そして，私たちは，この「暴力の種」を誰もが持つ加害者性だと考えています。

　暴力と捉えたくないスポーツの指導によって試合に勝てたこと，受験勉強で友人との関わりに関する思い出に乏しいこと，大失恋をしたことなど，「痛み」は人によってさまざまです。そして，このような「痛み」を全く持っていない人は，いないのではないでしょうか。DV被害者はたまたま，その「痛み」が暴力・束縛であり，私たちもそれぞれに「痛み」を持っています。こうした意味では，誰にでも被害者性はあるのではないかと思います。

　このように，誰でも「痛み」を伴う「暴力の種」を持っている以上，誰もが被害者であり加害者の種を持っていると考えます。つまり，誰もが当事者でありうるのです。DVの「当事者」を考える時，加害者は束縛する人とは限りません。DV被害者が社会に被害を訴えることが難しい理由の一つに，「恥」ということが挙げられます。また，「なぜ逃げないのか」「別ればいいのに」と責められることも理由の一つです。社会がこのように認識することで，被害者をさらに社会から追いやってしまうことも加害者性の現われです。つまり，加害者は束縛をする本人だけでなく，被害者に対してその「痛み」を受け入れない人でもあると思います。

　私たちが勉強会で「当事者の痛みは当事者にしか分からない」という言葉に戸惑ったのは，「自分たちは当事者ではない」という考えがあったからです。DV被害者は，私たちの想像を絶する経験をしてきて，想像できない痛みを持っていて，そういう人こそが被害者なのだという意識があったのです。私たちは，知らないうちにDV被害者と自分たちの間に一線を引き，差別化していました。私たちは，自分が「加害者でもなく被害者でもない。つまりは，『当事者』

ではない」と考えていたのです。
　そこで私たちは，メッセージを考えました。それは，「自分と相手の痛みを想像し，多くの人の痛みに重ねる力」を一人ひとりが持つということです。まず，自分の被害者性である「痛み」を想像することから始まります。そして，他者にも同じような「痛み」があると想像し，自分の「痛み」と共通する所を探して，受け入れることが大切だと考えています。

　以上の文章は，大学生がDV被害当事者との出会いを通して，振り返りを重ねる中で，「この社会での普通とは何か」「当事者とは誰なのか」という普遍性を持つ課題を発見するプロセスであった。そこには，「普通」を問うことで，自分自身もまた社会規範として作り出された「普通」の価値観の中で，被害者の排除に加担しているかもしれないことへの気づきである。そして，「DV当事者とは誰か」を問うことは，社会構造の中で起きる可能性のある自分自身の加害者性を見つめる契機となっていることが読み取れる。そして，これらの気づきによって，被害者と自分との距離と関係性が変わっていく中で，自分はどうしたいのかという，「自己への問い」が深まってくるのである。
　こうした問いは，それを表現すること自体が，DV問題によって映し出される個人のあり方に疑問を投げかけ，既存の社会に異議を唱える行動でもある。また，読み手や聞き手に対して，私たちが求める社会を描くための想像力を喚起させるものでもある。そういった意味で，彼らの試みは政治的でもあり，DV問題という視点から，ささやかながらも社会を変えようとするアクティビズムでもある。
　彼らのメッセージは，すでに大学祭，日韓学生交流会やキャンペーンなど，さまざまな場所ですでに伝えられており，報告書という形で発表もしてきた。内容については，批判を含めてフィードバックも寄せられている。こうした大学生の言葉や文章は，DV問題が私の問題であり，私たちの社会の問題であることを，多くの人に伝える一つの方法である。まだまだ伝えられる人の数は限られているが，大学生が社会に影響を与えることのできる可能性の一つとして指摘しておきたい。

（3）コミュニティでのDV啓発活動への試み

次に，（2）で述べたような振り返りと執筆の作業から，プロジェクト活動として発展した地域コミュニティでのDV啓発活動がある。すでに，「DVほっとプロジェクト」では，墨田区や豊島区などの行政機関と連携する形で，早大生によるDV問題の啓発活動の実践を行ってきた。その中でも特に，大学生が行う啓発実践活動として独自性と独創性が生きているのは，若者たちの「デートDVへの取り組み」である。

現在，自治体などが行うデートDVの啓発活動は，担当者がどのように取り組めばよいのか，試行錯誤しているのが実情である。「DVほっとプロジェクト」では，DV被害者と出会った大学生が，当事者としてデートDVのメッセージを発信することを目指して，啓発活動のための方法論を模索してきた。彼らが目指したものは，「教える」のではなく「伝える」ことであり，「一緒に考える」ことである。すでに，オリジナルな寸劇や映像なども開発しているが，啓発活動の場で主に実践しているのは，自分の経験を語るという方法である。キャンプでの体験を解きほぐす作業から，彼らはすでに自分の事としてDV問題を捉える視点を獲得してきており，これまでの地域やコミュニティでの啓発活動はそれを語る実践である。

一例として，以下の文章は，啓発活動で発表されたプロジェクトの学生による，「自分の経験」であり，それを引用する。

① 「デートDVへの取り組み」（文責：キム・ミンジョン）

早稲田大学教育学部4年生のキム・ミンジョンです。私は，結婚はしていないので，デートDVを自分の暴力の問題として考えるようになった体験について，お話したいと思います。デートDVとは恋人同士の間で起こりうる暴力のことです。それは結婚している夫婦の間で起こるDVと似ていますが，違うところもあります。

私は大学3年生から活動を始めました。プロジェクトに参加した当初は，デートDV自体についてあまり知識もなく，ちゃんと考えたこともなかったのです。

今までのプロジェクトの活動は，DV被害家族の親子キャンプにボランティ

第Ⅲ部　関連コミュニティとの協働

アとして参加したり，授業の中で学生たちと一緒にグループを作り，DVに関する文献を調べたり，アンケートをとったりする作業を行いました。アンケートをとったときに，「デートDV」について知らない学生が多かったことと，「暴力」を殴る，蹴る，叩くことだけを連想する人が多いことに気づきました。しかし，その他でも，携帯電話をチェックすることや相手を無視することなどの精神的暴力，お金を借りて返さなかったりバイトをさせたり辞めさせたりなどの経済的暴力，避妊に協力しなかったり勝手に身体接触をしたりなどの性的暴力，罵るや脅すなどの言葉の暴力など，いろいろな形の暴力があり，これらの中のいくつかはあまり暴力として認識されない傾向があることも分かりました。私もそれまでは，「暴力」という言葉のイメージに縛られていて，最初いろいろな形の暴力があると知ったとき，「それも暴力なの？」と疑ってしまいました。

「DVほっとプロジェクト」の活動をしながら，遠い関係にある誰かのDV問題を自分の問題として感じ，メッセージを発信するとはどういうことかと疑問に思った私でしたが，デートDVを知って，もしかして自分にも当てはまることがあるかもしれないと振り返るようになりました。

私が恋人にやったのは，携帯電話のチェックです。誰とメールしているのかが気になるし，内容も気になりました。だから，ついつい人の携帯電話を見てしまう自分がいました。私は恋人がいる前で，勝手に携帯電話を見るので，「辞めて」「いやだ」とも言われましたが，無視したり，「私のもチェックすればいいじゃん」と言って開き直ったりしました。なんとなく自分でも自分の行動があまりよくないと分かっていながらも，「見たい！　チェックしたい！」という衝動は，自分の理性よりも先走って携帯電話をみる行動につながっていました。でも，それがデートDVだと分かるまでは，何の罪悪感もなくやっていたのですが，それも一つの暴力になると意識してからは，自分の行動を客観視するようになりました。もちろん，「見たい！　チェックしたい！」という衝動がなくなったわけでも，携帯電話を見る行動がピタッと止まったわけでもありません。でも，活動してから変わったことは，勝手に見るのではなく，一度恋人に聞いてから見るようになったことです。そして，「やめて」と言われたらぐっと我慢します。

これが自分もやっていたデートDVであり，これが自分の中にある恋人に対

する加害者性だと感じました。人の携帯電話を見ることが暴力かどうか，ピンとこない方もいらっしゃると思います。しかし，私を含めて学生たちが，「何が暴力なのか」を長時間議論した時に，「暴力はその大きさに関係なく，自分の言動で相手が嫌がり，傷つくならば暴力である」と定義することに，みんなで合意しました。だから，自分は暴力だと思っていなくても，受け手にとっては十分暴力になる可能性があるのです。

　また，DV問題は，女性が被害者で男性が加害者だというふうに捉えられがちですが，私の例のように女性が加害者になることも十分にありえます。身体的暴力のイメージから離れ，いろいろな形の暴力があると考えれば，女でも加害者，男でも被害者になる可能性はあると思います。

　好きだから相手のことをもっと知りたい，近づきたいという思いが，相手にとってはストレスになったり，傷ついたりするかもしれません。そして，それがエスカレートしていけば，愛情という名の束縛や暴力になる可能性は大いにあると思います。

　DV被害者の方と会って話し，同年代の学生の話を聞く中で，DV問題を自分の問題として考えることは，どういうことなのかについて考えました。それはある特定の個人の問題として考えることではなく，個人の問題から自分の言動を意識的に振り返ってみることだと思います。自分の中に相手を束縛したい気持ちがあるかもしれないと疑ってみること，そして，それを否定せず向き合って自分を客観視できることが大切だと思いました。そこから自分がどういう行動をとるのかは，個人によって違うと思いますが，私の場合は，「携帯電話を見たいけど，見ていい？」と相手に聞くようになりました。そして，自分をコントロールするようになりました。気づくことで何か変わったものが，自分の中にあったのです。私の発表は以上です。

　DVの取り組みでは，被害当事者がその経験を語る「スピークアウト」の歴史が世界各地ですでにあり，大学生による「デートDVへのプロジェクトの啓発活動の取り組み」は，これに繋がるものであろう。一方で，彼らの実践は必ずしも被害体験だけではなく，「自分にとっては，DVとはこういう問題である」という語りである。上記の発表は，携帯電話という若者にとって身近なコミュ

ニケーション・ツールを1例として，自らの加害者性に向き合った女子大学生の語りである。それは，誰もが被害者であり加害者であり，つまりは当事者になりうることを聞き手に想像させる力を持つ。また，「DV 被害者＝女性」というイメージをも揺さぶり，DV の一面的な理解を再考させるものでもある。こうした語りは，聞き手に「自分にもそういう体験がある」という共感を引き出す力をもち，参加者の感想文では，「自分にも思いあたる」「それって，自分だ」という反応が書かれていた。

　こうした実践がもたらす意味や影響に関しては，今後さらなる客観性を持った評価と考察が求められるが，大学生たちが自らの体験から試行錯誤し，模索する方法であることに注目したい。DV は，自分には関係なく，自分のこととして考えたくない多くの若者たちにとって，「私に関係あること」という等身大の大学生の声は，その声を聞くものに自分を振り返るきっかけをもたらす力となっている。当事者性への気づきである。DV は，親密な関係の中で起こる暴力であるため，その理解は複雑となる。一方で恋愛において，正しいことやすべきことを誰かから上から言われたくないという意識は，多くの若者に共有されている。だからこそ，彼らが自分を語ることの意味がそこにあるように思う。大学生たちは，こうしたやり方を「友達目線のメッセージの発信」と名づけているが，実際に発表を聞いてプロジェクトへ連絡をとってくる学生も多い。

　また，デート DV だけでなく，暴力という視点から自分を開示するための原稿は，現在もプロジェクトのメンバーたちによって書きためられている。それらは，家族の問題や教師との関係といった広がりを持っており，それぞれが暴力に対する自己の体験を振り返りという形で執筆したものである。こうした文章をどう具体的に DV の啓発活動に活かしていくのかが，今後の課題である。

（4）双方向の関係性に向けて

　以上，本節で報告したのは早大生によるボランティア活動の一実践例である。プロジェクトの活動は，いまだ発展途上のプロセスにあり，筆者自身も学生に併走しつつ，「支援とは何か」を模索し続けている。プロジェクトの活動は，「被害者を支援すること」を目指しているが，ボランティア活動を行う学生たちの中にもまた，DV の被害や加害体験を持つ学生も少なくない。ボランティア活

動をする中で，彼らのそうした体験は言葉となり，その意味が再構築されていく。自分も当事者であったことに気づく，という経験をする学生もいる。また，仲間に支えられることで，当事者だと認められるようになることもある。それは，彼らが支援される経験でもあり，DV被害者がシェルターで支援され力を取り戻していくプロセスにも通じるように思う。支援は，「支援する側とされる側」の一方向ではなく，双方向の関係性となっていく。

　DV被害者へのシェルター活動を知った大学生の言葉に，「どこかにシェルターがあるのではなく，すべての場所がシェルターであるような社会にしたい」というものがあった。こうした理想を描くことがまた彼らにできることであり，筆者にとってはその言葉を多くの人に届けることが，専門家としての協働作業でありDVの支援活動である。現実に法律や制度，さらにはシステムを整えることはもちろんであるが，多くの人たちが「理想を描けること」によって変えられるもの，支えられることがあるように思う。

　DV支援における既存の専門性という視点からは，大学生が役割を果たせることはあまり多くはない。しかしながら，大学生が何かの専門家でないからこそできること，届けられるメッセージがあることを強調しておきたい。それは，「社会の中で見えなくさせられているものを，多くの人に見えるものとして表現していくこと」「ないものとされていることを，あるものとして声を挙げること」であり，その方法は一つではないはずである。筆者は，大学生たちとその方法をこれからも模索していきたいと思う。協働とは，多様な人たちがそれぞれにできることを分担することだと思うからである。

　最後になるが，これまで活動を重ねる中で，筆者は学生たちが変化し続けていることを感じてきた。自分が変わることによって，他者との関係性や社会の見え方も変わってくるからであり，そこには常に相互の作用がある。そうした力学の中で，筆者自身も変っている。支援活動に関わる者として，筆者はそうした変化に可能性を見出したいと思う。個々の変化のプロセスこそが，社会を変える力であるように思うからだ。

引用・参考文献
早稲田大学平山郁夫ボランティアセンター（2007）「DVほっとプロジェクト活動報告

書　2007年」。
早稲田大学平山郁夫ボランティアセンター（2008）「DV ほっとプロジェクト活動報告書2008年」。

（兵藤智佳）

| 第15章 | 司法コミュニティにおける予防・後方支援 |

1 日本司法支援センターにおけるDV被害当事者支援

　DV被害当事者が，行政・司法手続に困難がある中，内閣府基本方針でも法律扶助が明記され，3割が利用したと報告する。しかし，法律扶助・総合法律支援は，「費用等の立替」に留まらず，DV被害当事者が，新たな人生を獲得するため，自己の権利を充分に行使することで支える。司法アクセスを確保するとともに，社会的基盤を再構築する過程で，支配関係から脱し自律した個人としての尊厳の回復を支えることが，法律扶助・総合法律支援の機能である。

　本節では，法律扶助・総合法律支援について，制度趣旨・理念に立ち返りながら，司法アクセスに経済的・精神的・社会的に様々な障害があり，多くのDV被害当事者が潜在する中，日本や各国での実践を記し，今後の方向性を述べる。

（1）はじめに：法を活用する機会があることの意義

　「法は，抽象的な法律問題ではなく，また，決して弁護士や法廷でだけ論じられるものでもない。その大部分は，日常生活の問題――広範な市民社会の構成員として，人々が直面する問題なのである。

　子どもの養育，教育，雇用，債務，健康，住居および福祉給付に関する問題は，基本的な社会福祉における多くの論点を抱えている。

　特定の法的解決の可能な問題の終息にむけては，様々な手段が存在し，それらは，時に法の影の下で交渉され，時に法を全く参照されることなく終わる。その意味で，こうした問題の解決に至るうえで，法の明確な枠組みの存在があること，法サービスと手続きの活用の機会があることは，社会正義の実現に重要な役割を果たしている。

　特に，法的解決の可能な問題を経験する人は，こうした問題を，たった1度

の問題として抱えるのではなく,また,単独唯一の問題を抱えるのではなく,失業,低収入,劣悪な住居,不健康,家庭崩壊など,相互に関連する諸問題にさらされる。…(中略)…社会的に排除された人々に対する法に係る助言と代理は,重要な福祉や権利を保障し,代弁し,社会的包摂を促進する」(Legal Services Commission (LSC), 2004, 法律扶助協会訳:1)。

このLSCによる調査は,無作為抽出された5,808住民世帯に対して対面式で行われた。この報告によると,1つ以上の問題を経験した人は,37％であり,その46％は2つ以上の問題を,47％は3つ以上の問題を報告している。

DV被害当事者は,複数の問題を抱えている。住宅の喪失―ホームレスになる危険性,経済的な影響―,債務の問題,雇用の確保,養育費,子どもに対する支援,福祉給付の問題など,解決せねばならない問題は山積している。

この認識のもとで,権利侵害を受け続けてきたDV被害当事者が,被害から回復し,新たな生活をスタートさせるにあたり,法律扶助・総合法律支援は,当事者にとっていかなる存在意義を持ち,いかなる機能を果たすべきなのだろうか。このことが,本節を書くにあたっての筆者の問題意識である。したがって,本節では,まず,日本司法支援センター(以下,法テラス)の現況を報告する。その後,法律扶助・総合法律支援の意義を述べ,そして,いかなる機能が求められており,そのために,どのように視点を転換し取り組んでいくのか,今後の方向性に触れたい。

なお,本節のうち,私見にあたる部分は,法テラスとしてではなく,筆者個人としてのものであることを予めお断りしておきたい。

(2) 日本司法支援センターの概要

1) 日本司法支援センターの設立:司法制度改革における総合法律支援の意義

法テラスは,司法制度改革の一環として2004(平成16)年6月に成立した総合法律支援法に基づき,2006(平成18)年4月に設立された法人で,独立行政法人通則法を準用する。

① 司法制度改革の概要

1999(平成11)年7月司法制度改革審議会が内閣に設置され,2年間の審議を経て,改革の方向性を示す最終意見書が出された。2001(平成13)年12月司法制

度改革推進本部設置後，その解散期限の2004（平成16）年11月までに，総合法律支援法含め24本の法律が成立した。

司法制度改革審議会意見書では，「国民の期待に応える司法制度」「司法制度を支える法曹の在り方」「国民的基盤の確立」に分け，以下の趣旨を報告している。

すなわち，「この司法制度改革は，政治・行財政改革，地方分権推進等と共に，国民の統治客体意識から統治主体への転換を基底的前提とし，これを促す。そして，司法は，ただ一人の声であっても，真摯に語られる正義の言葉には真剣に耳を傾けられなければならず，それは，一個の人間としての尊厳と誇りに関わる個人の尊重に直接つらなる。このことは，司法が具体的事件・争訟を契機に，公共的価値の実現という側面を有することに他ならず，公共性の空間を支える柱とならなければならない」。

② 総合法律支援の意義

法テラスは，司法アクセスにあたっての障害事由を解消し，「裁判その他の法による紛争の解決のための制度の利用をより容易にするとともに，弁護士及び弁護士法人並びに司法書士その他の隣接法律専門職者のサービスをより身近に受けられるようにするための総合的な支援の実施及び体制の整備」をすることを目的としている（総合法律支援法第1条）。

今回の司法制度改革の意義に照らすとき，この目的の意味は，人々が，個々の紛争に提供される法サービスを単に消費できるようにすることにあるのではなく，法が自らの存在に深く関わるとの自覚の下，各人が公共性の空間を担う統治者であるとの認識を基底に，自律の権利主体として能動的に活動しうる基盤，インフラを構築し，「正義へのアクセス（Access to Justice）」を実効性あるものとすることにある。

2） 日本司法支援センターの業務概要

総合法律支援の目的達成のために，法テラスは，情報提供業務，民事法律扶助業務，国選弁護関連業務，司法過疎対策業務，犯罪被害者支援業務をはじめとする業務を行うことになっている（総合法律支援法第30条）。

情報提供業務，民事法律扶助業務，国選弁護関連業務は，スキームによる区分だが，司法過疎対策業務は地域を，犯罪被害者支援は対象層を抜き出した業

務となっている。この中で，特にDV被害当事者に関わる業務に，情報提供業務，民事法律扶助業務，犯罪被害者支援業務がある。

情報提供業務では，紛争解決のための制度，弁護士会，司法書士会，隣接法律専門職者団体の活動に関する情報を収集して提供することとされる（総合法律支援法第30条1項1号）。

民事法律扶助業務では，民事裁判等手続において自己の権利を実現するための準備及び遂行のための代理人報酬および実費を立替えるとともに，適当な契約弁護士等に事務を取り扱わせることが定められている（総合法律支援法第30条1項2号）。

犯罪被害者支援業務では，被害者等の援助に関する情報を収集して提供し，また，被害者等の援助に精通している弁護士を紹介する等援助が実効的に行われることを確保すること，刑事手続きへの適切な関与及び被害者等が受けた損害又は苦痛の回復，軽減を図るための制度，援助を行う者の紹介を実施し（総合法律支援法第30条1項5号），国選被害者参加弁護士の選定に関する業務を行う（総合法律支援法第30条1項3号）。

2009（平成21）年1月1日現在，東京に本部があり，ここで，総務財務・基準策定を行うほか，全国各都道府県本庁所在地に50地方事務所および11支部6出張所があって，各地での具体的な関係者との連携を構築し，支援態勢の整備や個別支援に取り組んでいる。また，スタッフ弁護士が常駐し，法律専門家によるサービス提供を行う22の司法過疎対策事務所を含む26地域事務所がある。

3）　**日本司法支援センターの実績（2009〔平成21〕年度速報値）**

①　情報提供業務

情報提供業務は，コールセンターと全国の各地方事務所で行われている。情報提供対応専門職員は，一般問題対応職員と犯罪被害者支援専門職員とあるが，一般問題対応職員は消費生活相談有資格者，女性センター，家庭裁判所調査官経験者等を中心に構成され，犯罪被害者支援専門職員は，警察被害者支援経験者，被害者支援団体推薦者から構成されている。

問い合わせが入ると，その主訴・問題点を整理し，事案に応じた法制度，関係相談窓口の情報を提供し，必要に応じて情報提供にとどまらず，事案をもって紹介先に取り次ぐとともに，法律専門家による判断や活動が必要な場合には，

その内容や資力状況に応じて，弁護士会，司法書士会が実施する相談窓口や民事法律扶助における法律相談援助の予約へとつないでいる。

2009（平成21）年度に法テラスに問い合わせがあった件数は，全国で40万1,841件であり，その内容内訳は，金銭の借入が20.0％，男女・夫婦問題が16.2％であった。

② 民事法律扶助業務

民事法律扶助業務には，法律相談援助，代理援助，書類作成援助の大きく3つの援助スキームがある。

法律相談援助は，各地方事務所・支部・出張所における常設での法律相談のほか，法テラスと契約のある各法律事務所における法律相談，法律相談援助実施に指定された弁護士会やNPOが実施している相談窓口で実施されている。2009（平成21）年度の法律相談援助件数は，全国で23万7,306件であった。

この法律相談援助のほか，弁護士・司法書士が独自で行う法律相談の後，民事裁判等手続における①代理人の報酬や裁判等の実費を援助し，その権利行使・紛争解決を支援する代理援助と，②本人訴訟を側面から支援することを趣旨として，裁判所へ提出する書類を作成する書類作成援助がある。2009（平成21）年度代理援助件数は全国で10万1,222件，書類作成援助件数は6,769件であり，その内容内訳は，多重債務事件が71.8％，家事事件が15.9％であった。

③ 犯罪被害者支援業務

犯罪被害者支援業務は，対象層を抜き出した業務で，情報提供業務，民事法律扶助，国選弁護人関連業務のスキームが複合されている。

コールセンター犯罪被害者支援ダイヤルへの問い合わせ件数は，1万429件であり，その内容内訳は，生命・身体犯被害20.7％，DV10.5％である。地方事務所での問い合わせ件数は1万5,616件であり，その内容内訳は，生命・身体犯被害11.4％，DV25.0％となっている。その中で，法律相談の必要があり，犯罪被害者支援の経験や理解のある弁護士を紹介した件数は898件であった。2008（平成20）年12月に施行された被害者参加にかかる国選弁護人の選定請求件数は，204件であった。

（3）DV 被害当事者に対する日本司法支援センターの取り組み

「男女間における暴力に関する調査報告書」（内閣府男女共同参画局，2007）によると，「フルタイムとして働いている」（22.0％），「仕事をしていない」（27.9％），「パート等で働いている」（44.1％）となっており，月収は20万円未満が73.8％で，その内訳は「5万円未満」（9.5％），「5～10万円未満」（21.7％），「10～15万円未満」（35.3％），「15～20万円未満」（16.8％）である。

こうした中で，「離れて生活を始めるにあたっての困難」として，半数が，「当面の生活に必要なお金がない」「相手が怖くて荷物を取りに行けない」「住所を知られないようにするため住民票を移せない」「体調や気持ちが回復していない」などを挙げ，「相手が離婚に応じてくれない」（30％），「調停や裁判に時間，エネルギー，お金が必要」（48.9％）などを挙げている。

さらに，「公的施設への入所」（住宅に関する支援），「ハローワークでの職業紹介や相談」（就労に関する支援），「心理カウンセラー等によるカウンセリング」（健康に関する支援）などを現実に利用し，続いて「裁判費用や弁護士費用等の立替」「保護命令申立て」の支援も約3割が実際に利用したと回答している。

また，「配偶者からの暴力の防止及び被害者の保護のための施策に関する基本的な方針」（内閣府男女共同参画局，2008）においては，自立支援にあたり，事案に応じて，法律相談窓口を紹介することの必要性や，法テラスの民事法律扶助業務を明記している。

1）DV 被害者支援に経験や理解のある弁護士による安定した法律相談・受任態勢の確立

総合法律支援法では，「弁護士会，弁護士ならびに弁護士法人や，隣接法律専門職者およびその団体は，総合法律支援の実施および体制の整備のために必要な協力をするよう努めるものとする」とされる（総合法律支援法第10条）。

「法化社会における紛争処理と民事司法」（略称：民事紛争全国調査）における武士俣報告では，弁護士の利用に際して，早期段階から弁護士にアクセスした人も，最終段階でも，一貫して法的助言に期待し（早期84.2％，最終72.7％），また，交渉や裁判所代理についても半数が期待している。

弁護士は法律専門家であり，訴訟代理権を独占していることから，弁護士を利用したケースでは，訴訟や調停などの裁判所手続を利用したケースが多いの

ではないかと想定されるところ，実際，非法律専門家機関を利用したケースの91.6％は裁判所を利用せず，弁護士を利用したケースの45.2％が裁判所手続きを利用した（武士俣，2007）。

　裁判所は，当事者の同意を必要とせずに，法規範を強制的に実現させることのできる機関である（六本，1986：346-347）。DV被害当事者の安全の確保とともに，その主張を充分行うために，訴訟代理権を有する弁護士が求められている。

　法律相談が実施される場所については，個々の法律事務所とは別の施設で実施されることが多い。法テラスにおいても法律相談を実施しているが，弁護士会や自治体，NPO，法科大学院など，様々な法律相談実施主体がある。その実施主体の特性により，対象とする法律相談領域も様々であり，そこに弁護士が赴き，法律相談を実施する。

　法テラスでは，DV被害当事者や支援者より問い合わせが入ると，DV被害者支援に経験や理解を有する弁護士が，法律相談・受任できるためのシステムづくりに取り組んでいる。DV被害者支援に経験や理解を有している弁護士の推薦を弁護士会から受けた上で，法テラス事務所における常設相談の中にDV専門相談枠を設けている地方事務所もあれば，待機する弁護士の中で，DV被害者支援に経験や理解のある弁護士の担当日を案内する，あるいは，犯罪被害者支援業務における精通弁護士名簿に登載されている弁護士から紹介するなど，地理的状況や人口規模など地域の状況を踏まえて，様々な方法で，DV被害者支援に経験や理解を有する弁護士による法律相談・受任に向けての取り組みを進めている。地域によっては，弁護士会開催窓口との連携により，DV被害者支援に経験や理解のある弁護士につないでいる。

　なお，言語は障害事由になりうるので，代理援助では通訳翻訳費が実費として想定されてきたが，加えて，2009（平成21）年度より法律相談通訳費が予算化され，当事者に過度な負担なく相談できる態勢を組みつつあるところである。

2）　**個別支援の流れ：情報提供，民事法律扶助，犯罪被害者支援，被害者国選関連業務をつなぐ**

　事実や行為の評価によって，民事裁判手続と刑事裁判手続と2側面から手続が進む可能性があるが，先に記した実施主体による法律相談，もしくは，現在の法テラス支援業務の構成が裁判手続を中心に構成されているため，民事法律

扶助での法律相談を実施する中で，事実の整理を行い，必要な対応・手続方針を検討する。その上で，内容に応じて，各援助スキームの枠組みをもって援助する。

DV被害当事者は，安全確保のための保護命令申立て，新生活のための離婚請求（調停・裁判），付随して，状況に応じ財産分与に関わる保全手続，子の親権確保および養育費請求，事案に応じて，養子縁組の解消などが必要である。また，加害者の行為を不法行為として損害賠償請求をしていくなど考えられるが，これら民事手続で代理人が必要な場合，民事法律扶助において支援している。

また，経済的に困窮して，クレジットやサラ金の債務が膨らみ，多重債務に陥っているDV被害当事者も少なくなく，生活を再建するにあたり，不当利得（過払金）返還請求を含む任意整理や自己破産申立等も併せて援助している。

この民事法律扶助における代理援助の開始にあたっては，法律相談後，審査がある。審査では，ミーンズテスト（資力）とメリットテスト（勝訴の見込みがないとはいえないこと）について，本人からの直接，または疎明資料をもって，審査を行う。ここで，援助を開始するか否か，援助を開始する場合には，調停か裁判かといった必要な手続，その手続内容に応じて，弁護士着手金および実費といった支出金額について，決定をする。

審査では，こうした援助開始・不開始に関わる内容のほか，進行状況の把握や意見聴取，その評価，報酬・費用負担の確定といった援助の終結，決定にかかる不服申立についても取り扱う。この審査は，運営主体から中立の事実判断で行われることを趣旨として，審査員の意見に基づき決定する。

また，利用者の費用負担については，現在の日本の民事法律扶助においては，原則立替償還制を採用している。この立替償還制は，貧困層には不適切で，むしろ中間層に向けて適切なスキームとの指摘があるところからも，他国と比較しても，貧困層に対する援助として，立ち遅れている制度である。そこで，法律扶助業務においては，償還免除制度の整備を急ぎ，費用の負担を恐れることなく，自己の権利を行使できる状況を整備することを急いでいる。現在は，援助事件における入金状況と当事者の生活・経済状況（生活保護に準じるか，医療・養育負担等）に応じて，立替金にかかる償還の免除が検討される。今後は，男女共同参画，犯罪被害者，子ども，高齢者，障害者，ホームレスへの施策も見据

え，各々の特性に応じたきめ細かなあり方が求められる。さらには，法律扶助の適用もなく，しかし，自分ではアクセスできない中間層が存在する点について，中間層を法律扶助の対象とする一方，負担金制度或いは給付制の導入も視野に入れた制度の再構築が必要である。

他方，加害者の行為は，殺人罪や傷害罪，暴行罪などが構成されうるが，こうした刑事責任を問う刑事裁判に関係する支援，例えば，警察への被害届や告訴，証人としての出廷にかかる法廷同行，マスコミ対応含む一切の代理人の活動については，現在国費は投入されておらず，日弁連からの受託業務での犯罪被害者支援の枠組みで援助されている（総合法律支援法第30条2項，業務方法書第83条）。

なお，刑事裁判手続における被害者参加にかかる国選弁護人選定については，2008（平成20）年12月より，犯罪被害者支援業務の一つとして，国費が投入され，開始されている（総合法律支援法第30条3項，業務方法書第30条1項3号）。

一方，子どもに対する虐待について，加害者でない親権者がいれば，民事法律扶助で援助していくが，法定代理人がない場合は，日弁連受託業務での子どもに対する支援の中で，関係者との交渉など含めて支援される形であり，国費が投入されていない現状がある。

(4) 今後の法律扶助・総合法律支援の方向性
1) 法律扶助の意義

そもそも法律扶助とは何か。

「法への平等なアクセスがなければ，このシステムは貧困者から唯一の防御法を奪うのみならず，これまで発明されたものの中でもっとも強力で情け容赦のない武器を抑圧者の手に渡すことになるのである」とレジナルド・ハーバー・スミスは書いている（Martha Bergmark, Natl, 2001, 宮澤ら訳：176）。

法律扶助は，経済的貧困から法的貧困が発生するという認識を出発点に，権利を実現できる者とそうでない者との間に格差が発生し（棚瀬，1982：537），この不公正を是正しなければならないという価値観に基づいている。

しかし，その取り組み，方法，発展の段階は，国によって，その関心のあり方に基づいて異なっている。例えば，アメリカでは，貧困撲滅運動における戦

略の一つとして，経済機会局のもとで開始されたプログラムに端を発しており（阿部，2002：375），対象層を2割と限定しているが，そこに漫然と資金を投入するのではなく，給付制を採用している。さらに，スタッフ制を活用し，クラスアクションやロビー活動の中で，貧困層における環境改善が目指されている。ここでは，個別の権利はその層全体を代表し，その権利実現を通じて，層全体で侵害されている権利を回復していく。ここでは，法は社会の改革の道具として機能している。

　イギリスでは，一般市民が費用の負担を恐れることなく，自己の権利を実現できるようにするために，国家として何をなすべきかという観点から構築されてきた（長谷部，1992：70）。サッチャー政権以来追求されてきた市場競争力の重視の改革，制度の効率的運用による支出の削減の流れの中でも，1999年に全面的に制度改正した後でもなお年間4,400億円（2004年度）の支出規模を持ち，援助の対象層は，貧困層だけでなく中間層にまで及び，社会保障制度の構成要素と位置づけられている。そして，ブレア政権以降，「貧富の差と関係なく平等に訴訟代理の援助費用等を受給できる制度，すなわち，単に資力のない者に代理援助費用を提供するだけの所得再分配的制度から，現代的な貧困問題に対して，戦略的に取り組み，社会的に排除された人々が社会に再び統合包摂していくための制度へとシフトしつつある。この取組みは，結果としての『貧困』に対する対症療法的アプローチではなく，貧困に至る過程（貧困を作り出し，長期にわたりこれが維持され構造的にスパイラルしていく貧困サイクル）を重視した多次元的かつ包括的なアプローチが重視されている」（池永，2008：7）近年は，この考え方のもとで，コミュニティにおける各機関とのネットワークが構築されている（濱野，2006：13）。

2）各国における法的ネットワークの取り組み
①　インテークの拡充・初期における適切な助言の必要性

　イギリスで実施された「法的解決の可能な問題に関するLSC最終報告」では，DV被害当事者で何もしなかった人は24％おり，その理由として，①何もできないだろう（30％），②行動を恐れたため（24％）と報告している。

　法的解決の可能な問題を経験する人すべてが，解決のために行動を起こすわけではない。

まずは，問題が解決できる法的問題と認識される必要がある。また，認識されたとしても，助言を得ることなく，問題解決のためにできることは何もないと判断することがある。さらに，問題解決のためにできることがあると考えたとしても，紹介疲労(4)を起こしたり，あるいは，結果として生ずる身体的，心理的，経済的，社会的影響への懸念によって行動しないこともある（LSC, 2004, 法律扶助協会訳：50, 90, 109）。

　そういう意味で，権利義務に対する教育，および初期に適切な情報が提供されることが不可欠であるとし，さらに，この報告では，DV被害当事者が行動の結果を恐れて躊躇していることから，当事者が効果的に行動するために，助言や代理だけでなく，緊急のシェルター，カウンセリング，子どもの教育と，幅広い支援間の連携の必要性を改めて指摘している。

　②　複合問題の把握と対応：コミュニティ・リーガル・サービスの取り組み
　法的問題を抱える人が，同時に複合的な問題群を抱えていること，例えば社会福祉や医療保健問題を抱えていることが，ニーズ調査によって明らかになってきている。

　この観点から，効果的解決方法を追求するため，ケースにおけるリスク評価を行い，その程度に応じて，相談先の紹介（sign posting）か，関係機関への取り次ぎ（referral）か，重度の場合ケースマネジメント（case management）を行う。(5)

　また，イギリスのCAB（市民相談所）は，今日1,054カ所の医療保健機関内に設置されていると報告される。

　オーストラリアのメルボルン北部に位置する最貧困地域においては，同じ敷地内に，社会福祉・医療保健センターとリーガルエイドセンターが設置されることとなった。ここでは，守秘義務との関係で，事件ファイルは分離して管理は厳格に行うが，センター内各セクションのメンバーが協働で事件対応を行う。

　依頼者は，社会福祉担当セクションで相談して，そのセクションからリーガルエイドセクションに職員に付き添われ，確実かつ迅速に取り次がれることになっており，事件処理も共同であたるため，利用者の立場からは，別のセクションに変わった認識がなく，一つの包括的なセクションからサービスを受けている認識となっている。これにより，依頼者が法専門家に相談することの躊躇，恐怖感が除去されるとともに，専門家間の信頼関係も醸成される。(6)

ここでは，医師，医療スタッフ，ソーシャルワーカー，臨床心理士，薬物・ギャンブル等依存者のためのサポーター，フィナンシャルプランナー，弁護士，ボランティアスタッフのほか，ロースクールなどが関与している。

③　ニーズ調査とリーガルサービスのマッピング

北アイルランドでは，法曹人口が増加した場合，自然にリーガルエイド件数が増加し，1件あたりの単価が下がると見込まれていたが，実際は，DVの認知件数は増大したにもかかわらず，保護命令申立て件数は減少し，かつ，リーガルエイド1件あたりの単価が上昇するという現象が観察されたことを報告している。

すなわち，法曹人口の増加は，社会のリーガルニーズに自然に適応しないことが明らかとなり，ニーズ調査で把握する需要に応じたきめ細かなリーガルサービスを行うために，そのニーズと供給のギャップを確定するマッピング作業が必要であり，その上で，当該地域内における有効で適切なリファーラルネットワークを構築することを報告している。

なお，ギャップの要因としては，①場所，②問題領域，③特定依頼者グループへの適合性，④サービス提供方法の4つがあるといわれている[7]。

3)　日本における経過と今後の課題

①　これまでの経緯

戦後，日本の法律扶助は，GHQの示唆を受けて，1952（昭和27）年に財団法人法律扶助協会が設立され，実施されてきた。その目的には，「法律上の扶助を要する者の権利を擁護し，もって社会正義に寄与する」と規定され，社会時代の要請に積極的に対応することを目指してきた。

1960年代には，急増する交通事故の被害救済のため，日弁連との協力のもと積極的に援助し，運輸省補助金交付開始への道を拓いていった。また，1970年代には，高度経済成長の一方で発生した薬害・公害にかかる大型損害賠償請求訴訟，集団労働事件を援助，近年では，多重債務者急増に伴う自己破産や過払い金請求など生活再建に向けた援助が多い（大石，2002）。

こうした援助を実施する事業形態は，法務省補助金交付要領に基づき実施された「対象層を経済階層における下から2割として，民事裁判手続きにかかる法律上の扶助を要するものに対する裁判費用等の立替」という事業を柱としつ

つ，一方，この事業の対象からもれる手続や対象者毎の特性に応じた事業を，関係機関との協働や要請をもって，立ち上げてきた。例えば，インドシナ難民の受け入れを開始した際の難民法律援助，中国残留邦人の就籍援助，あるいは，犯罪被害者やホームレスに対する法律援助，外国人や子ども，精神障害者等の人権救済事業や公益的訴訟援助などである。この自主事業は，関係機関からの財源を得て，給付制あるいは負担金制度として実施された。(8)

これら法律扶助協会で実施されてきた事業のうち，法務省補助金交付要領に基づき実施された事業および法律相談事業は，2000（平成12）年に成立した民事法律扶助法により，事業内容について，法律相談援助，代理援助，書類作成援助として整理の上，国の責務であることが明記され，法律に基づく予算措置がされることとなった。そして，この民事法律扶助事業は，2004（平成16）年に成立した総合法律支援法に基づき設立された法テラスに移管された。

そして，その余の事業は，2006（平成18）年10月に法テラスが事業開始して1年経過した2007（平成19）年に，日弁連その他機関からの受託業務として，対象層を整理の上，改めて開始され，現在実施されている。(9)

② 今後の課題

社会時代の趨勢に適合する的確かつ適切な事業執行し，活力ある運営が求められる。

この事業の特性は，通常二当事者間でサービスと対価の交換が完結するのに対し，運営主体，サービス提供者，依頼者，拠出者が分断される点にある。

法テラスの大きな資金拠出者は国であるが，司法の一角として，正義の実現のために，国や自治体と対峙する事案も，運営から中立に援助を判断することが不可欠であり，その機能を放棄し得ない。この緊張関係は本質であり，内部に持ち続けなければならない。

また，総合法律支援では，各士業をサービス提供者とし，これなくして成功はないが，法テラスは，専門家の利害のもと，取り残されてきた問題，忘れられた人々の権利を顕在化させなければならない以上，これに対置して，その利益を主張すべき立場にある。

そういう意味でも，地域住民や当事者支援団体が，単なる利用者に留まらず，自らの拠点として，法テラスを認識し運営に参加できるか。司法テラスが，運

営を開放できるか。これが鍵となる。

個別の権利を実現することにかかる「アクセス機能の充実」について　「法化社会における紛争処理と民事司法」の濱野報告（濱野，2007）では，人々が法律に関わるような問題を社会生活上で経験した場合，どのような行動をとっているかについて，①無行動，②自力対応，③相談機関利用の3つに類型化した上で，19％が無行動，34％が自力対応，47％が相談機関を利用したと報告している。

また，武士俣報告では，相談機関利用者のうち弁護士利用者の割合は13.8％であるが，そのうち，早期に弁護士にアクセスした人では，①もとから知っていた（42.1％），②家族・知人から紹介（36.8％）が大きなウェイトを占めていると報告する。一方で，2番目に相談した機関が弁護士であった人では，ある機関等からの紹介により弁護士にアクセスした割合が26.1％と高くなっており，既存の人的社会的ネットワークを持たない場合には，機関・団体等を通じて弁護士を利用する傾向があるのではないかと分析している。

一方，「男女間における暴力に関する調査報告書」（内閣府男女共同参画局，2007）によると，配偶者からの被害について相談した先としては，友人・知人や家族・親戚に相談したのが各々約3割となっている一方，弁護士やカウンセラー，シェルターなど民間機関の専門家，専門機関への相談は，約2％となっている。また，女性の約半分（46.9％），男性の8割（84.4％）は，誰にも相談しておらず，その理由として，「相談するほどのことではないと思った」（女性45.2％，男性69.7％），「自分にも悪いところがあると思った」（女性39.3％，男性44.7％）を挙げ，女性の3割が「自分さえ我慢すれば，なんとかこのままやっていけると思ったから」「恥ずかしくて誰にもいえなかったから」を挙げている。また，交際相手からの被害の場合も，相談した先は，友人・知人が53.4％，家族・親戚が13.6％であり，民間専門家に対する相談は約2％に過ぎず，39％が誰にも相談していない。

すなわち，従来より挙げられてきた経済的事由に限らず，問題領域に応じて，深く影響を与える地域，年齢，ジェンダー等の障害要因がある。したがって，法教育の充実といった取り組みをもって，そうした様々な司法アクセス障害の除去することが必要である。また，日常生活に寄り添って支援するNPOや福祉関係者，リーガルサービス関係者との合同研修も有益だろう。

また、こうした障害要因を除去する取り組みを有効に展開するためには、事前に「地域のニーズは何か」「社会に起きている問題は何か」といった調査が不可欠であり、これ自体重要な事業として、実施していくことが必要である。

「司法による抑制と均衡」機能に関して（公共的訴訟）　個人の活動自体が公共性の空間を担っている点に注目し、基盤を整備する必要がある。

個人の司法活動は、判例蓄積をはじめとする国家訴訟サービスに還元されるという意味で、公共財形成の側面があり、紛争当事者のみが受益者ではない。[11] したがって、そのコストを、当事者が全面的に負うのではなく、国家自体が相応の負担を負うことを、法律扶助を通じて具体化するといった取り組みも求められる。

今回の司法制度改革は、司法の本来的機能の回復、すなわち、法システムとは、対話のフォーラムであり（田中, 1994）、権力の答責性を確保できるはずだが、そうではない現状に対する改革との考えがある（井上, 2001：19）。この考え方の下で、例えば、行政に対する司法の抑制という機能に注目するとき、そうした事案に、法律扶助を通じて資金を投入していくことも可能である。

確かに、これら事案に資金を投入していくことは、例えば、司法がリアクティブな側面を持つだけに、NPO等との連携を図らなければ、インテークを広げ難い側面もあるし、また、運営主体や資金提供者の方針と対立する事案もありうる中、政治的闘争に陥る危険性がないとはいえない。しかし、それでもなお、法の下で、力でなく理により擁護すべき普遍的価値は何か、司法が行政との対峙を本質とする以上、こうした取り組みを不断に追求していくことが求められている。

「社会的排除に対する挑戦」に向けて　社会的排除に対する是正、社会的包摂に向けて、「今後、社会全体に利益をもたらすと考えられる類型の訴訟をどのように奨励してゆくのか、とりわけ、金銭的救済に常に結びつくとは限らないが、実効性を確保するためには、訴訟を通じた法の実現が不可欠とも考えられる差別禁止法などの分野で、公共的性質の顕著な訴訟を提起しようとする原告をどのように支援してゆくのかといった問題」（安部, 2005）を考えていくことも求められている。

また、人々は、単独の法的解決可能な問題を経験しているのではなく、引き

金となる問題から発生する相互に関連する問題群を経験している。そして，こうした複合的な問題を経験する者は，ランダムに分布しているわけではない。DV被害当事者，長期の疾病・障害を持つ者，ひとりで子どもを養育する親，賃貸住宅居住者，ホームレスと，一定の環境において特に多く発生し，その生活を一層困難にしている。そこで，法的解決の可能な問題に対する助言・援助は単独でなされるのではなく，保健，教育，労働，住宅などに関する政策やサービスと一体になって提供される必要がある（LSC, 2004：47）。

現在，スタッフ弁護士の中には，ケースマネジメントの実践を行っている者もいる。これらの実践が積み重ねられれば，同時に，ジュディケア制[12]を基本としている現状において，ケース評価やケースマネジメントが法テラスの業務として顕在化してくる。これらに取り組む人材を育成し，一定の環境で問題を抱えた人に焦点を当てた取り組みをすることが急務である。

（5）最後に：すべては，社会的包摂と個人の尊厳の回復のために

法の目的は，自由を維持し，拡大することにある。自由とは，他の人々による拘束や暴力から解放されることであり，他人の気まぐれな意思の対象とされることなく，自らの意思に従って行動できることである（佐藤, 1991：77）。

法律扶助・総合法律支援は，法規範を実現しうる裁判所への実効あるアクセスを確保することはもちろんだが，しかし，それだけにとどまらない。

個人が抱える出来事は，社会構造から生じたものにほかならない。

DV被害当事者が，生存をも脅かされる環境から物理的に逃れるのみならず，安全な人間関係と環境を獲得し，安定した人生を手にするためには，自己の権利を充分に行使できることが必要である。

その意味は，住宅から就労，学校，口座開設といった社会における新たな生活基盤を再構築するとともに，その過程で，閉じられた支配関係から解き放たれ，再出発に向けて自己を再認識し，自律の個人としての尊厳を回復することにある。

そのために，法律扶助・総合法律支援はある。そして，だからこそ，法律扶助・総合法律支援は，ボランタリーな営みと連携なくしては成り立ちえず（早野, 2005），相互に関係機関のサービスについて情報を共有し，信頼関係を築き紹介

し合う水平的なネットワークの構築が不可欠である（濱野，2006）。併せて，政府においては，ボランタリーな組織を，「行政効率化」の文脈の中で公共政策遂行の単なるエージェンシーとして位置づけることから脱却し，政策形成過程にも関与し影響力を行使しうる存在として位置づける「ガバナンス（統治）論」に基づく協働（塚本，2008）を促進していくことが，今後重要な課題と思われる。

注
(1) 法的手続に従って最終的に裁判所で下されるであろうと予測される判断を基準として，その許容する範囲内で各当事者が具体的事情に応じて和解を探る過程のこと（六本，2000：221）。
(2) 中間層に対しては，事故に関連した権利保護保険といったスキームも実践されている（日弁連〔2011〕参照）。
(3) 2004（平成16）年の総合法律支援法成立にあたり，衆議院及び参議院で採択された付帯決議の一つに「資力要件等の見直しを含めた利用者負担のあり方について検討を行うこと」がある。
(4) たらいまわしにされるなど，適切な助言者に到達するまでに，助言者から他の助言者に紹介される回数が増加するほど，当事者は疲労感から次の助言を得ることが急激に少なくなる（LSC，2004：77）。
(5) Richard Moorhead, Cardiff University "Coping with Cluster?-Legal Problems Clusters in Solicitors' and Advice Agencies"（池永，2008：26）。なお，signpostingは単なる情報伝達，referralは支援者による予約含む取次をいう。
(6) Mary Anne Noone ""They all Come in the one door" The transformative potential of an integrated service model: Astudy of the West Heidelberg Community Legal Service"（池永，2008：21, 34）。
(7) Dr. Theresa Donaldson and Dr. Jeremy Harbison, "Draft-Mapping of Advice, Information, and Legal Services in Northern Ireland"（池永，2008：24）。
(8) 難民法律援助開始（1983〔昭和58〕年 UNHCR），中国残留孤児法律援助開始（1986〔昭和61〕年日本財団，1995〔平成7〕年厚生省補助金），犯罪被害者法律援助開始（2001〔平成13〕年日本財団）。
(9) 対象は，刑事被疑者，少年付添，難民，犯罪被害者，子ども，外国人，精神障害者，高齢者・障害者，ホームレス，中国残留邦人である。
(10) 武士俣（2007）。なお，調査期間は日本司法支援センター設立前（2003-2006年）である。
(11) 太田勝造（1990）「訴訟の利益享受と費用負担：訴訟コストは誰が負担すべきか？」

『自由と正義』41巻12号参照，(1992)「訴訟費用制度の理論」『自由と正義』43巻9号参照，(1997)「弁護士報酬をめぐって」『ジュリスト』No.1112参照。
(12) なお，ジュディケア制では，一般開業弁護士が個別援助事件毎に業務委託契約を締結して業務を取り扱う。スタッフ制とは，運営主体で雇用された専属弁護士が個別援助事件を受任する。各国では，スタッフ弁護士の刑事，移民，社会保障など専門化が進んでいる（本林ら，2008参照）。

引用・参考文献

安部圭介（2005）「公共的訴訟における一部勝訴と弁護士費用の敗訴者負担」法律扶助協会編『リーガル・エイド研究』第11号。

阿部圭太（2002）「アメリカにおける法律扶助の近況」法律扶助協会編『日本の法律扶助：50年の歴史と課題』。

Martha Bergmark, Natl. Legal Aid & Defender Association（=2001年，宮澤節生・大塚浩訳「アメリカにおける低所得者のための民事法律扶助に関する小史」法律扶助協会編，宮澤節生監修『アジアの法律扶助：公益弁護士活動と臨床的法学教育と共に』現代人文社）。

武士俣敦（2007）「市民のトラブル・問題処理における弁護士利用の実態と特徴：弁護士へのアクセスの側面を中心に」『文部科学省科学研究費特定領域研究「法化社会における紛争処理と民事司法」（略称：民事紛争全国調査）ワーキングペーパー第1集』。

濱野亮（2006）「地域に密着した柔軟で主体的な司法ネットの展開に向けて」法律扶助協会編『リーガル・エイド研究』第12号

濱野亮（2007）「問題経験者の対応行動」『文部科学省科学研究費特定領域研究「法化社会における紛争処理と民事司法」（略称：民事紛争全国調査）ワーキングペーパー第1集』。

早野貴文（2005）「司法支援センター：人びとの公共性づくりの礎として」法律扶助協会編『リーガル・エイド研究』第11号。

長谷部由起子（1992）「イギリス（イングランド）法曹制度改革とリーガル・エイドの現状」法律扶助協会編『リーガル・エイドの基本問題』。

池永知樹（2008）「Legal Services Commission（LSC）付設調査研究機関 Legal Services Research Centre（LSRC）主催第7回国際会議報告」。

井上達夫（2001）「司法改革論議を改革する：「戦後の国体」の改造にむけて」井上達夫・河合幹雄編『体制改革としての司法改革：日本型意思決定システムの構造転換と司法の役割』信山社。

Legal Services Commission (LSC) (2004) "Causes of Action : Civil Law and Social Justice"（=2004年，法律扶助協会訳『訴訟の原因：民事法と社会正義：法的解決の

可能な問題に関する LSRC 最終報告書』)。
本林徹・大出良知・土屋美明・明賀英樹編（2008）『市民と司法の架け橋を目指して』日本評論社。
佐藤幸治（1991）『憲法　新版』青林書院。
内閣府男女共同参画局（2007）「男女間における暴力に関する調査報告書」。
内閣府男女共同参画局（2008）「配偶者からの暴力の防止及び被害者の保護のための施策に関する基本的な方針」。
日弁連（2011）「第17回弁護士業務改革シンポジウム報告〈第7分科会〉弁護士保険の範囲拡大に向けて：市民のための紛争解決費用を保険で」。
大石哲夫（2002）「法律扶助協会はじめの30年：日本型法律扶助の成立と展開」法律扶助協会編『日本の法律扶助50年の歴史と課題』。
六本佳平（1986）『法社会学』有斐閣。
六本佳平（2000）『日本の法システム』放送大学教育振興会。
田中成明（1994）『法理学講義』有斐閣。
棚瀬孝雄（1982）「法律扶助へのニーズ」法律扶助協会編『法律扶助の歴史と展望』。
塚本一郎（2006）「イギリスにおける NPO と政府のパートナーシップ」法律扶助協会編『リーガル・エイド研究』第12号。

（佐藤由美）

2　加害者更生をめぐる現状と課題

　筆者が関与しているRRP（Respectful Relationship Program）研究会の活動の中から，知り得たDV加害者更生プログラムの動向について，紙面の許す限りまとめてみる。単純化することは出来ないものの，「被害者支援」とは別個の次元で論じられてきた加害者更生のあり方について，今日ではむしろ包括的な被害者支援の一貫として，必須の構成要素として取り入れられていることが分かる。ひるがえって日本では，「国や他の都道府県の動向を調査研究する」との文言に代表されるように，加害者について行政のどの部署も責任を引き受けていない状況にある。同様の趣旨で，現行のDV防止法で規定される「接近禁止命令」「退去命令」などの措置は，完全に別居を決意した被害者への支援策であり，加害者と同居しつつ，子どもの養育などのハンディから別居できない事例に関しては，法律に規定された援助措置が示されていない。自治体における被害者支援の現状を考慮しても，同居例で逡巡している最中の被害者に対して，あるいは同居を継続しつつも加害者の動向が少しでも改善することを願っている被害母子に対しては，法的根拠に基づく援助は期待できないままである。

（1）「DV防止法」における加害者更生の位置づけ

　2001（平成13）年にDV防止法が施行されてから，早くも11年が経過しようとしている。同法はこの間数回にわたって改正されており，被害者支援の観点から一歩ずつ改善しているのは事実である。しかし，本章の課題であるDV加害者に対する施策という点では，第25条に「加害者の更生のための指導の方法に関する調査研究の推進」と記述されているのみで，全く手つかずのままとなっている。改正されたDV防止法の規定に基づいて，平成16～17年位を皮切りに，都道府県と政令指定都市等で各自治体レベルのDV防止基本計画が発表されており，早いところでは改訂作業も進められている。本節では，内容の類似性を浮き彫りにするために，3種類のアンダーラインを引いている。まず第1番目の共通性は「加害者更生について，有効な指導方法が確立していない」点についての言及ヶ所である。多くの都道府県でこうした記述が頻出するのは，い

ずれも加害者更生プログラムの導入に積極的になる理由づけとして採用されている。

しかし，今日のようにインターネットで世界中の情報がアクセス共有可能な時代にあって，加害者更生プログラムがどのように改善されているのか，法制度の改革と絡めてリアルタイムで把握することが可能である。少しでもネット上の情報を検索するならば，DV加害者についての取り組みが，近年のトピックとなっていることは明らかである（Dayら，2009；Gondolf，2002；Jacksonら，2003）。いくつかの知見については，後述する。いずれにしても，基本計画の記述は受動的ニュアンスであって，いつの日か有効な指導方法が確立した暁には，導入を考えてもいいといったスタンスである。しかしそれでは，誰が指導方法の改善を担うのであろうか。日本のように，加害者更生プログラムが採用されていない国においては，当面諸外国の指導専門家に悪戦苦闘してもらい，その結果，「確立した」との福音が海外から届いたら，次の段階で実施する段取りになるのであろうか。

第2番目の記述で共通するのは，「指導方法について国や多府県の取り組みを調査する」との記述である。これは詰まるところ，アンケートやヒアリング等を行って情報収集に努めることを意味するので，毎年「おたくの県ではどのような取り組みを行っていますか」と尋ねて，実績としては「どのような取り組みを行っているかを尋ねるアンケートを実施しました」と回答して，おしまいになるのではないだろうか。

（2）諸外国における加害者更生への取り組み

以上，日本のDV防止施策における加害者更生への取り組みの現状を紹介したが，要約するならばDV防止法の条文自体に「調査研究」を謳っているゆえに，自治体の基本計画も右にならえで「調査研究」段階に留まっているのが現状である。ひるがえって，諸外国での包括的なDV防止施策の中で，加害者更生プログラムは，どのように位置づけられているのであろうか。まず第1に説明すべき点として，DVの加害行為は長期間にわたって常態化しており，被害者が家を出て避難するまでに長い時間の経過を要している。諸外国の取り組みで明らかになっている知見としては，単に罰金刑に処するとか，懲役を命じる

などの通常の刑事的制裁を加えるだけでは，再暴力を抑止できないことが明らかになっている。暴力の内容によっては刑事司法システムでの対応が必要となるものの，前述の問題の根深さを踏まえ，DV加害者のみを集めたグループワークを行うなどの教育的配慮が求められる。換言するならば，暴力の発生に対して社会の側が絶対に許さない厳正な態度をとる一方で，処遇の具体的内容では主として認知行動療法的なアプローチを主体としている（Healeyら，1998）。筆者が内閣府男女共同参画局の「加害者更生研究会」メンバーの一人として調査した，カナダのトロントを例にとると，裁判所内にDV専門法廷と呼ばれるシステムが整備され，通常の刑事裁判とは別に「初期介入型裁判所（early invention court）」での処遇が行われている（Ministry of the Attorney General, 2000）。DV事例のうち，過去の司法介入歴が無く，暴力被害の程度がある程度以下の場合には，コートの構成メンバーにDV加害者プログラムの実施カウンセラーが加わっており，その専門スタッフが面接することになっている。面接の目的は，第1に暴力再発のリスクを評価し，拘禁等の処置でなく，地域内のプログラム参加命令で相応しいかどうかを，非公式に判定する。明文化はされていないものの，加害者プログラムの実施団体が受け入れ可能かどうかを判断し，裁判官が下す判決の結果でも概ね採用される。被告人が初期介入型の判決を受け入れる場合には，Partner Assault Responseプログラムへの参加が義務づけられる。毎週の参加状況がプログラムの実施団体から専門法廷に報告され，また被告人自身も定期的に専門法廷に出廷して，参加経過や自身の変化を裁判官に報告する義務を負っている。暴力の再発無しに所定のプログラムを終了した場合には，有罪の前科は記録されない。英米法で採用されている「有罪答弁」の方式に近い。

（3）DV加害者への認知行動療法

ここで，認知行動療法をDV加害者の行動変容に応用する仕方について，紙面の制約があり完全な説明は無理なものの，ここで概説する。例えば，DV加害者が「パートナーが別の男性の方を振り向いた」との出来事に直面したとする。その時，「この最低の女め」あるいは「俺のことを馬鹿にしやがって」との感情が湧いてきたとする。通常は「出来事」に遭遇し，事態への反応として特

定の感情に結び付いたと理解されるが，認知行動療法の枠組みでは，当事者の「認知の歪み」が，上記のような感情をもたらしたと考える。具体的には「女性が別の男性を見つめてはいけない」「別の男性を見るような女性はふしだらである」など，加害者の中にある信念体系が歪んでいて，暴力に結び付きやすい感情は，歪んだ認知のもたらした帰結であると仮定する。したがって，現在世界中で実施されているほとんどすべての加害者教育プログラムに共通するのは，その骨格において加害者独自の信念体系の歪みへの気づきと改善，怒りの感情から暴力的行動へと直結しないために，代替の行動変容を繰り返し再学習するプロセスとなる。例示した「考え方」が，「女性は…べきである」の形態をとっていたことから理解されるように，DVに結び付く深淵の歪みが，広義の意味での「女性蔑視」あるいは「ジェンダー・バイアス」に基づくことが多く，DV加害者プログラムで採用される認知行動療法は，フェミニズム的な視点を重視している点にも特徴がある。

　前述のように，海外で実施されている加害者更生プログラムは，ほとんどの場合司法命令によって出席を促されている。筆者は，2003（平成15）年に実施された内閣府の調査研究の際にも，また2008（平成20）年に行った別の調査研究の折にも，司法命令による加害者プログラムへの参与観察を行った。「否認・矮小化」と呼ばれるDV加害者に共通する心理機制は，たとえ裁判所命令が下されたとしても，容易に改善するものではなく，まだ参加回数の少ない参加者は，所定の期間を一刻も早く終了することを目指して受講しているように見受けられた。しかし，プログラム実施団体のスタッフからの説明では，最初の段階から否認矮小化が無くなっている必要はなく，参加継続を通じて少しずつ変化していけばそれで良いとの見解であった。

　DV専門法廷のもう一つの重要な機能として，専従の被害者支援員がチームのメンバーに加わっている点が特色である。立命館大学で行われたオーマツ判事（オンタリオ州トロント地方裁判所）による講演記録（オーマツ，2007）によれば，被害者支援とは，申立人（被害者）を支援し，その身の安全を向上させるためにある。「被告人がカウンセリングを受けている間，カウンセラーは数度にわたりプログラムを検討し，申立人（被害者）と連絡を取って，何らかの意見や懸念があるかどうかを確認する。被害者支援員は，司法手続を通して，DV専門法

廷チームと申立人（被害者）に対し情報を提供し続ける」とされる。DV専門法廷で処遇されている事例は，多くの場合警察による介入を経て，出廷してきているものの，それでも被害者がパートナーと同居している事例もあり，法廷がプログラム参加を義務づけた期間，被害者の安全を経過観察するのが役割である。

（4）加害者更生における介入技法の進展

加害者更生プログラムの実施が，うつ病や神経症への「カウンセリング」と大きく異なるのは，加害者の果たすべき「説明責任」が最も重視されている点にある。従って，プログラム自体を決して「治療」とは呼ばないよう，関係者は細心の注意を払っている。しかし，その一方で，加害者プログラムを実施する最大の目標は，被害者の安全性や安心感の増加にあることは言うまでもない。従って，加害者への非難や叱責がプログラムの目的ではなく，加害者が継続してプログラムへ参加するよう，専門スタッフはあらゆるアプローチを組み合わせることに腐心する。特に近年重視されるのが，「動機づけ面接」のアプローチと，動機づけのステージ変化の類型である。これらいずれもアルコール・薬物依存症の治療専門家たちが開発してきた技法であるが，今日では，DV加害者あるいは性犯罪加害者などにも幅広く応用されている。依存症の治療技法について述べた筆者の論文（妹尾, 2007）から引用しつつ，解説する。

（5）「動機づけ面接」のアプローチ

アルコール症の臨床に携わる専門家は誰しも，一旦治療に導入できた患者であっても，しばらくすると自らの病態に関して過小評価を始めたり，原因を他の問題へすり替えたり，まったく無かったかのごとく否認してしまったりする場面に多く遭遇する。この点に関してDiClemente (2003)は，「患者が治療に参加しよう」という動機づけと，「患者が問題行動を変えていこう」との動機づけは異なる点を強調する。なぜなら多くの患者は周囲からの働きかけで受診に繋がるが，その時点で彼らの飲酒行動を変えていく準備や，治療に積極的に参加しようとする意欲は不十分だからである。Millerら(2007)は，こうした動機づけが不十分なアルコール依存症者に対して，伝統的なアディクション治療の専

門家たちは攻撃的で直面化の方法を採用してきたと指摘する。具体的には、家族メンバーや友人や同僚などが参集し、皆で一致して問題に直面化させ、アルコール治療が必須だと納得させるアプローチは広く普及してきた。これに対して、MillerらやDiClementeら認知行動療法の専門家たちは揃って、直面化のアプローチではかえって否認や抵抗が促進されてしまう点を指摘する。

「依存症は病気なのだから、意志の力だけでは治りませんよ」と、最初に断言する対応が主流なのは事実であり、このようなアプローチによって幾人かの患者は「病気だと気づいて良かった」と思うかもしれないが、それはごく少数に限る。むしろ「直面化」を行うことで、継続的な治療からドロップアウトする頻度が高くなり、こうしたドロップアウト群の治療予後が不良であることも解ってきた。

依存症者の予後が不良なのは、何も治療者が直面化しすぎるからだという理由だけではない。

なお、従来型の技法としての直面化の弊害や問題点は前述の通りであるが、AAに代表される12ステップ・プログラムの方式が、直面化を推奨しているわけではないし、AAの共同創始者であるビル・ウィルソンやボブスミス（AA日本ゼネラルオフィス）などの著作物を精読する限り、彼らの精神と正反対であることが理解できる。

（6）動機づけのステージ変化の類型

依存症の本人の特性として、「誰にも迷惑をかけていない。自分の好きに行動してもいいじゃないか」という、問題行動への「否認」と呼ばれる心理状態が共通している。対象者が「否認」している場合、すなわち自主的な治療へのコミットメント拒否している場合、「自分自身の努力ではにっちもさっちもいかなくなった」状態の到来を待つというのが、援助者側の通常の姿勢であった。このような「どうしようもなくなる体験」は、専門家や関係者の間で「底つき体験」と呼ばれ、「底つき体験無しには依存症からの回復はない」とさえ信じられてきた。そうした信念を転嫁して、「この患者はまだ底つき体験していないので回復しないだろう」と、援助者側に都合良く利用される用語に変わってさえいた。「底つき」のイメージは「V字」型の経過としてイメージされ、こうし

た経過をたどってこそ、依存症の行動変化が現れると信じられてきた。

これに対して、Prochaskaら（1983）は、「Transtheoretical Model（超論理モデルまたは汎論理モデル）」を提唱し、動機づけの段階が「6つのステージ」に分かれていると分析している。このステージとは、具体的に以下の分類で、今日アディクションの認知行動療法全般に幅広く普及浸透している。

① 前考慮期

まだ問題に対する自覚が全く芽生えておらず、回復のための行動を起こす気持ちが全くない段階。

② 考慮期

問題に対する自覚が芽生えはじめた時期。自分の現状に少しずつ危機感を感じ始め、このままではいけないのではないかという気持ちが形成され始める。問題に向き合って回復していこうという考えが少しずつ生じてくる。

③ 準備期

問題に向き合って、回復するための行動を起こす可能性がある。このままでは破壊的な状態になるとの危機感が生じて、そこから抜け出す良い方法を模索する。

④ 行動期

自分の陥っている習慣から脱却するための明白な試みに踏み切る時期。回復のために相談機関を訪れて、援助者とともに回復プランについて真剣に話し合う。

⑤ 維持期

行動期に選択した回復プランを継続して行い、再発の予防を色々と試みる時期。この段階での患者は、色々な迷いや誘惑とたたかっており、援助者の支持的な面接が彼らを勇気づける。

提唱されたこのモデルが真に有用なのは、「動機づけ」の段階が図15-1に示すように、「らせん階段状」に変化していく点を示したことにある。

つまり、何らかの影響で「維持期」の段階まで進んだとしても、そこが終点ではなく、また再び「前考慮期」まで戻ってしまう事もある（その場合の方が多い）点を、明白に示しており、臨床的な事実とよく相応する。重要な点は、患者

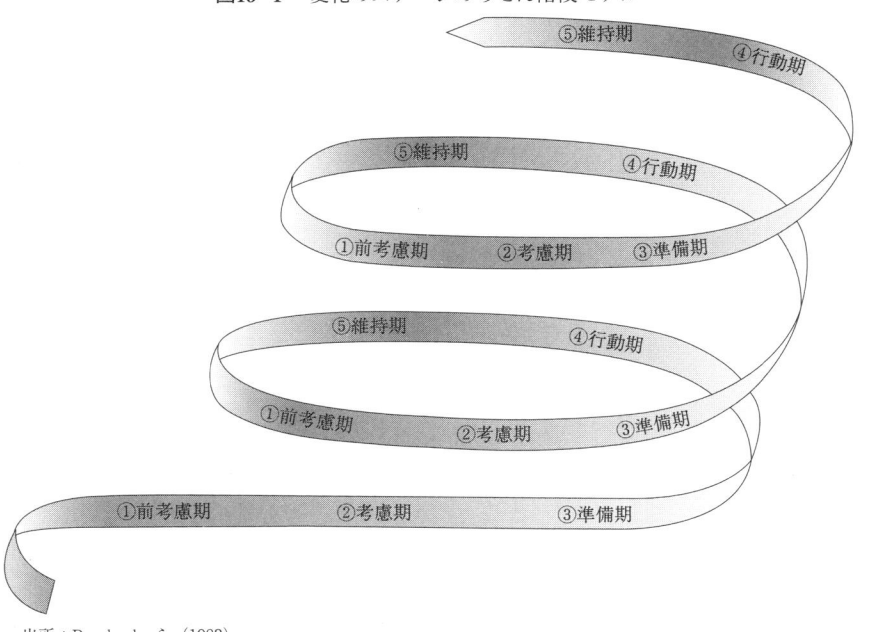

第15章　司法コミュニティにおける予防・後方支援

図15-1　変化のステージのらせん階段モデル

⑤維持期　④行動期
①前考慮期　②考慮期　③準備期
⑤維持期　④行動期
①前考慮期　②考慮期　③準備期
①前考慮期　②考慮期　③準備期

出所：Prochaska ら（1983）。

が動機づけのどの段階にあるのかきちんと把握した上で，「各ステージに見合った援助方法」を求めている点にある。

　もう一つ動機づけの段階を理解する上で不可欠な視点として，各ステージは独立した「範疇（カテゴリー）」ではなく，個々の患者毎にすべてのステージの要素が組み合わさって存在する。したがって，否認が強い患者では「前考慮期」の要素が顕著で，活動期や維持期の要素はほぼゼロに近い状態である。否認が溶けるに従って，真ん中の「考慮期」「行動期」の要素が優位となり，前考慮期の要素は消退していく。通常の順調な否認の変化に照らせば，以上の通りであるが，「行動期」の要素も非常に強く，なおかつ「前考慮期」の要素もかなり強いという組み合わせも存在しうる。心理学的には「両価性」の概念で説明できるであろうが，熱心に治療に取り組みつつ，陰でかくれ飲みする患者がいたとすれば（しばしば認める現象である），両ステージの要素がともに混在していたと解釈できる。

301

（7）良き父になるためのプログラム

　以上，基本的な概念を学ぶために本題からずれた説明となったが，対象者の参加継続を促進するためにも，DVの加害者へのアプローチとして実践面でこれらの視点を重視せざるを得ない。DVの加害者臨床でも，当初は直面化のアプローチが主流であったが，必ずしも長期予後が芳しくないことから，より効果の上がるアプローチが模索されている。また，広い意味では動機づけの促進を図るべく新たに着目されるのが，DVの加害者に対して，（同時に）良き父親としての自覚を促していくアプローチである。これは，DVに曝される子どもの影響が，従来考えられてきた以上に深刻であること，良き夫に変わるための努力と平行して，良き父親として変化していくプログラムも用意されるべきだからである。筆者もメンバーの一人として活動しているNPO法人RRP研究会では，カナダ・オンタリオ州のロンドン市で開発された，「ケアリングダッドプログラム」に着目し，現地調査を含めて研究を重ねてきた。「ケアリングダッドプログラム」は，従来からPARプログラムを実践してきた加害者プログラムの実施団体の所長ティムケリー氏と，同じくプログラムの実践を担ってきたカトリーナ・スコット博士とが共同開発している（Scottら，2000；2003；2004）。両氏は既にイギリスでワークショップを開催するなど，国際的にも注目されている。RRP研究会では，公的助成金を得て，2009（平成21）年1月に両氏のワークショップを開催し，国内の専門家が多数参加して研鑽を深めた。

　「ケアリングダッドプログラム」の骨子は，子どもをDVに曝すことでどのような多様でネガティブな影響が発生するかを，（父親でもある）DV加害者に洞察させるプログラムで，グループ形式で行う点では通常のDV加害者プログラムと大差はない。子どもへの影響を洞察させるプロセスでは，子どもを養育する母親（パートナー）に対する打撃（暴力）が母親の養育能力を奪い，ひいては子どもの愛着や発達を阻害してしまう事実を重視する。実際，加害男性の多くは，DVの責任を自ら引き受けることを厭う傾向があり，換言すればパートナーにむしろ大きな責任がある点を強調するが，反対に子どもに対する影響については認める傾向がある。もとよりDVの加害者にとって，最も大事な課題はパートナーに対する説明責任を果たすことにあるが，加害者が動機づけされやすい点では，子どもに対する影響を主軸に据えることも考慮に値する。前述した，

動機づけのステージ分類を例にとるならば，まずは「無関心期」の段階を「前考慮期」の段階へと移行する働きかけが求められる。ワークショップにおける講師の説明では，グループワークへの継続性では従来型の男性グループよりも「ケアリングダッド方式」の方が定着率が優れているらしい。加害者プログラムはDVコートと連動していること，プログラムの実施が州政府の補助金を得て行われていることから，現状では加害者プログラムへの参加が多くなっているものの，児童相談所からの紹介などで，「ケアリングダッド」への定着も拡大しつつある。

なお，子育て不安の問題を抱える親に対しては，これまで児童福祉の領域で「ペアレンティングプログラム」（「親業プログラム」などと訳される）が実施されてきた。しかし，スコット博士らが警鐘を鳴らしているように，DVの加害者に対して，加害責任を不問に付したままで，「ペアレンティングプログラム」に導入すると，「問題のある子どもをどう躾けるか」という技法のみが優先され，親中心の視点による価値観の押しつけなどが等閑視される。「子ども」が問題を有している点が先行してしまい，父親自身が内在的に抱えている信念の歪みについて焦点が当たらなく，否認を温存し却って児童虐待を促進してしまうとの考え方もある（Scottら，2006）。

（8）面接交渉とDV加害者

最後に付け加えるべき事項として，離婚が成立した後の（親権を有しない側の親による）面接交渉の問題がある。実は海外では，「共同親権」が制度化されつつあるので，離婚しても子どもと両親との交渉は継続する蓋然性が高い。もとよりDVの保護命令が出されている状況で，加害者に面接交渉権が認められることはないであろうが，例えば加害者プログラムが終了した後や，保護観察処分が終了した後には，面接交渉が再開される場合もある。これは日本でも同様の事情にあるが，DVを契機に母子が避難し，離婚調停で親権を母親側が獲得しているとしても，面接交渉権は親権を有しない側に残る場合も多い。従って，母子が住居を隠して避難している場合でもなお，子どもと父親が定期的に面会し始める段階では，完全に住居を秘匿することは難しい。筆者が間接的に知り得た事例でも，祖母が代行して駅などで元夫と待ち合わせ，帰宅時も子どもを

祖母が連れて帰るなどの苦労を重ねている。このように，面接交渉権を認めるに当たっては，適切な監視指導体制を伴っていることが必須なのだが，残念ながら日本ではこの点での裏づけが乏しい。

ひるがえって，海外では子どもが親と面接することは，（子どもが望む限り）子どもの権利として解釈される。それ故にこそ，面接交渉権を認めるに際して，専門家の監督下での面接，あるいは一定のプログラム受講後の条件付の認定など，被害防止のための施策が充実してきている（Jaffeら，2008）。また面接交渉権の適正な認定については，非常に大きな問題をはらんでおり，筆者が得た知見によると，DV被害者を支援してきたシェルター関係者もまた，加害者に対する教育プログラムを実施するようになったという。(1) もとよりシェルターの住居は秘匿されているが，前述の「ケアリングダッドプログラム」の実施をシェルターの被害者支援スタッフが担っているという。このように面接交渉権をめぐるさまざまな影響は，従来のシェルター活動自体にも大きな影響を与えている。面接交渉のプロセスと子どもへの支援に関しては，多数の文献が発表されているので，個別的に参照いただきたい（Crooksら，2010；Jaffeら，2004；2005；Tomison，2000）。

筆者が携わった過去の海外調査の知見では，DV加害者更生プログラムの参加者のうち約半数程度は同居を継続していた。それゆえにこそ，加害者更生プログラムの実施途中での，（特に同居している家族に対しての）きめ細かな被害者支援体制が重要な位置を占めることになる。コミュニティ活動の一貫としての被害者支援の幅がもし拡がるようであれば，日本のDV被害者支援の最前線で業務に携わっている専門家の方々，そして児童福祉の専門家の方々と連携しつつ，同居例の加害者更生について実地的な取り組みこそが望ましい。そのような将来構想について，被害者支援を本務とする専門職の方々と語り合えればと願う。これは単なる空想ではなく，2008年に行われた国際シェルターネットワーク会議のウェッブページで資料を参照すると，4日間のプログラム中の第1日目全てを使って「男性プログラムとの対話」をテーマに分科会が設定されている（The first World Conference of Women's Shelters, 2008）。つまり，シェルター専門スタッフにとっても，加害者プログラムの実施を前提にした包括的コミュニティープログラムの遂行が，避けて通れない課題となっている。アンケート形

式の調査に留まっている日本の現状が変わるのは、いつの日であろうか。

注
(1) なぜなら、いくら危機介入的な被害者支援を行っても、一定期間が経過すると加害者と子どもとの面接交渉が進んでしまい、子どもへの影響を考えると、シェルター関係者自身が父親の教育プログラムを担わざるを得ないという。

引用・参考文献

AA 日本ゼネラルサービス（JSO）アルコホーリクス・アノニマス®（無名のアルコール依存症者たち）。

Crooks, C. V., Jaffe, P. G. & Bala, N.（2010）Factoring in the effects of children's exposure to domestic violence in determining appropriate post-separation parenting plans. In M. T. Hannah, B. Goldstein (Eds.), Domestic Violence, Abuse and Child Custody : Legal strategies and policy issues (pp. 222-225). Kingston, NJ : Civic Research Institute.

Day, A., Chung, D., O'Leary, P., Carson, E.,（2009）Programs for Men Who Perpetrate Domestic Viloence : An Examination of the Issues Underlying the Effectiveness of Intervention Programs, Journal of Family Violence, No. 24, Springer Press, pp. 203-212.

DiClemente, C. C.（2003）Addiction and change : how addictions develop and addicted people recover. New York : Guilford Press.

Gondolf, E. W.（2002）Batterer Intervention Systems, Sage Publications, California.

Healey, K., Smith, C., and O'Sullivan, C.（1998）Batterer Intervention : Program Approaches and Criminal Justice Strategies, Office of Justice Programs, National Institute of Justice, US Department of Justice, Washington, USA.

Jackson, S., Feder, L., Forde, D., Davis, R., Maxwell, C. D., and Taylor, B. G.（2003）. Batterer Intervention Programs, National Institute of Justice, Washington www.ncjrs.gov/pdffiles1/nij/195079.pdf.2012/3/15 閲覧.

Jaffe, P. G., Johnston, J. R., Crooks, C. V., Bala, N.（2008）Custody disputes involving allegations of domestic violence : Toward a differentiated approach to parenting plans. Family Court Review, 46,（3）, pp. 500-522.

Jaffe, P. G., Baker, L. L., & Cunningham, A. (Eds.)（2004）. Protecting children from domestic violence : Strategies for community intervention. New York, NY : Guilford Press.

Jaffe, P. G. & Crooks, C. V. (2005) Understanding women's experiences parenting in the context of domestic violence : Implications for community and court-related service providers. For publication on Violence Against Women Online Resources. MINCAVA-School of Social Work, St. Paul, MN.

ミラー, W. R., ロルニック, S. ／松島義博・後藤恵訳 (2007)『動機づけ面接法：基礎・実践編』星和書店。

Ministry of the Attorney General (2000) Implementing the Domestic Violence Court Program.

オーマツ・マリカ／指宿信・吉井匡訳 (2007)「ロントにおける問題解決型裁判所の概要：「治療的司法」概念に基づく取り組み」『立命館法学』(2007年4号), 199-212頁。

Prochaska, J. O. ; DiClemente, C. C. (1983) Stages and processes of self-change of smoking : toward an integrative model of change. J. Consult ClinPsychol 51 (3) : pp. 390-395.

Scott, K. L. & Crooks, C. V. (2006) Intervention for abusive fathers : Promising practices in court and community responses, Juvenile and Family Court Journal, 57 (3), pp. 29-44.

Scott, K. L., & Crooks, C. (2004) Effecting change in maltreating fathers : Critical principles for intervention planning. Clinical Psychology : Science and Practice, 11, pp. 95-111.

Scott, K. L. & Wolfe, D. A. (2003) Readiness to change as a predictor of outcome in batterer treatment. Journal of Consulting and Clinical Psychology, 71 (5), pp. 879-889.

Scott, K. & Wolfe, D. A. (2000) Change among batterers : Examining men's success stories, Journal of Interpersonal Violence, 15, pp. 827-842.

妹尾栄一 (2007)「アルコール依存の心理社会的治療：認知行動療法を中心に」『臨床精神医学』36 (10), 1255-1261頁。

The first World Conference of Women's Shelters Monday, September 8, 2008 Theme : Men's Leadership Forum (Working with Men as Allies to End Violence Against Women), http://www.womenshelter.ca/agenda_mon_en.php, 2012.3.15 閲覧。

Tomison, A. (2000) Exploring Family Violence : Linking Child Maltreatment and Domestic Violence, National Child Protection Clearinghouse Issues Paper, No. 13, Winter, Australian.

（妹尾栄一）

索　引

あ　行

愛情と虐待の混同　152
アウトリーチ　70
「アクティブ」戦略　27
アサーティブ・トレーニング（講座）　71, 206
アセスメント　114, 197
アタッチメント　149
　　──対象からの支援　149
　　──対象の獲得と"育ち直し"　152
アディクション　204
アドボカシー　26, 65, 110, 112
　　──の5つの機能　111
アドボケイター　25, 110, 112, 138, 153
　　──に必要な4つの技能　114
　　──の6つの役割　113
安心・安全の場としてのシェルター（居場所）　161, 228
安全保護から自立支援への相談業務　230
怒りの制御プログラム　13
生きづらさ　233
生き延びてきた工夫　71
意識化されたターゲット（作業課題）　197
移住女性緊急支援センター（1577-1366）　44
委託契約施設（NPOシェルターなど）　140
一時保護施設（所）　98, 140, 164
1次被害　56
一方的・恩恵的な援助　232
意味体系の変化　153
イメージ　264
インフォームド・コンセント　199
ウェルビーイング　51, 159
援助を求めることへの困難・負い目　85
エンパワメント　72, 84, 137, 193
　　──を進める実践講座や知識獲得支援セミナー　195
男をどうつくるのか　237

親指の法則　2, 18
オルタナティブ物語　175

か　行

外国人被害者・施設　37, 98, 107
回避・麻痺（症状）　149, 150
開放型シェルター　15
解離（症状）　150, 173
加害者　296
　　──性　267
　　──の行う説明責任　298
　　──の危険度の査定　218
　　──への処罰　12
加害者更生　294
加害者性　267
過覚醒状態　149
学習された無力感　23
学力や社会性の向上　152
駆け込み寺的役割　65
過酷な人生の宿まり木の役目　67
価値観の多様化と流動化　158, 263
カップル・カウンセリング　13
家庭暴力犯罪の処罰などに関する特例法　35
家庭暴力防止及び被害者保護等に関する法律　35
家庭暴力防止教育　37
家父長制　3
からだのセルフケア講座　206
カルテの開示請求　104
管轄裁判所　103
監禁状態　72
韓国女性政策研究院　46
感情的（心理的）"ひきこもり"　150
機関の官僚化現象　46
機関評価　46
危機介入　128, 130, 137, 138
　　──の4つの技術　129

307

危機介入支援　65, 158
危機状態の４つの特徴　129
危機相談と連携サービスの提供　43
危機対応カウンセリング（Crisis Counseling）　186
危機対応コミュニティ　171
危機度１・２・３　127
危機は成長のチャンス　129
擬似関係　151
傷つき（vulnerability）　75
偽成熟　152
規範　263
基本計画の４つの指針　122
基本的生活権の保障　221
義務的逮捕法（Mandatory Arrest Statute）　20, 21
強制売春　82
協働　9, 158, 197
　　市民と自治体の――　12
共同体（コラボレーション・連携）感覚　138
切れ目のない支援　97
緊急避難計画　135
緊急保護施設　89
緊急臨時措置　39
　　――と臨時措置の請求　39
近親のレイプ　15
グループ・カウンセリング（カウンセリング）　71
グループ・セラピー　13
グローバル化　158
ケア役割　148
ケアリングダッドプログラム　302
経済的暴力　270
警察署の生活安全課　69, 104
携帯電話のチェック　270
刑罰　99
ケース評価　290
ケースマネジメント　290
健康とレジリエンス（resilience）　128
現場検証　117
県福祉保健部子ども家庭課　12
健忘　150

権利擁護者　→　アドボケイター
広域支援　208
公営住宅優先入居の取扱　94
攻撃的な直面化の方法　299
公示送達　108
公証人に対する宣誓供述書　104
公正証書　106
厚生労働省雇用均等・児童家庭局家庭福祉課　140
構造化された経済格差　212
構造化されたジェンダー意識　214
拘束や暴力からの解放（自力）　290
高等技能訓練促進費等事業　223
後方支援　158
コーディネーション　161
国際結婚　44
国際シェルターネットワーク会議　304
国選弁護人関連業務　279
国民の統治客体意識から統治主体への転換　277
国連世界会議の行動計画　15
国連婦人の10年　193
こころとからだの相談　204
戸主　36
固定的な性別役割意識の解消　193
孤独感や無援感　145
言葉の暴力　270
言葉や生活習慣の獲得　152
子どもの貧困　71
子どもの福祉　107
子どもへの心理教育　146
子の親権確保および養育費請求　282
コミュニティ心理学　127
　　――にフェミニズムを織り込む　24
コラボレーション　→　協働
　　――会議　164
孤立無援感　72
婚姻費用分担の調停　220
根源的な喪失感　174
コンサルテーション　138, 161, 162

さ 行

財産分与に関わる保全手続　282
再体験　149
再被害化　26
在留資格　8
殺人罪・傷害罪・暴行罪などの刑事裁判　283
サバイバー・セラピー　24
3次被害　56
シェルター（運動・コミュニティ）　2, 18, 20, 64
支援教育センターの3本柱　183
支援者による2次加害　153
支援者へのエンパワメント研修体制　171
支援者へのコンサルテーション　141
支援者へのセルフケア　11
ジェンダー　148, 198
　——に基づく構造的暴力　66
　——・バイアス　297
　——・メッセージ　150
支援プログラム　198
支援申出書　93
資格取得奨学金制度　231
自己感覚の変化　57
自己決定　204
自己肯定感　153, 240
自己選択　204
自己破産申立　282
事実婚　97
市場原理による敗者排斥　238
自助グループ　9, 195
施設基準や従事者の資格基準の強化　41
時代の証言　212
市町村基本計画　98
実態調査の義務化　36
児童虐待　121
児童虐待防止法　2
児童相談所　146
児童扶養手当　222
支配-被支配というパワーコントロール　216
自閉する力　68
司法研修員・警察官への教育　41

司法制度改革審議会　276
「司法による抑制と均衡」機能（公共的訴訟）　289
司法面接　189
社会貢献活動　261
社会構造　264, 268
社会正義の実現　275
社会的排除　289
社会福祉基礎構造改革　232
従軍慰安婦問題　15, 176
12ステップ・プログラムの方式　299
重複的暴力被害者　64, 185
住民基本台帳の閲覧等の制限　106
就労支援　223
ジュディケア制　290
主務大臣（内閣総理大臣，国家公安委員長，法務大臣，厚生労働大臣）　64
受理会議　201
障害者保護施設　37
償還免除制度　282
証言　173
情報開示　107
情報提供　278, 281
情報提供対応専門職員　278
初期介入型裁判所（early invention court）　296
女子差別撤廃委員会　→　CEDAW
女子差別撤廃条約　14
女性緊急電話「1366」（韓国）　36
女性政策基本計画　39, 40
女性センター・男女共同参画センター　192, 193
女性相談員　79
女性に対する人権侵害　6
女性に対する暴力の撤廃に向けての行動綱領　72
女性の「転落未然防止と保護更正」　212
女性の安全と健康のための支援教育センター　181
女性の家 HELP　4
女性のキャリア支援　193
女性発展基金　42

女性発展基本法　39
女性部（Ministry of Gender Equality, 韓国）
　　40
女性福祉相談員　79
女性福祉と人権強化　40, 41
女性への暴力撤廃宣言　15
女性への暴力と差別のリンク　14
女性への暴力防止法2000（Violence Against Women Act of 2000）　21
女性問題　192
所得再分配的制度　284
書類作成援助　279
自立するイメージの画一化・平板化　230
自立の多様性　230
知ることは力なり　205
シングルマザー応援セミナー　205
親権　100, 120
　　──侵害　107
　　──を有しない親による面接交渉　303
人身売買　82
　　──に関する組織的モニタリングシステム　15
身体的暴力　102, 271
信念の体系の歪み　297
親密なパートナーによる暴力　→　IPV
心理教育　141, 146
スーパービジョン　202
スティグマ感　57
ストーカー行為等の規制等に関する法律　117
生活再建支援　36
生活のリズム　141
正義へのアクセス（Access to Justice）　277
精神的暴力　270
生態学的・文脈的アプローチ　28
生態学的視点（ecological perspective）　128, 131
性的暴力　270
正当防衛　53
性暴力と医療をむすぶ会　181
性暴力被害者援助女性健康センター　187
生命等に対する脅迫　97, 102

セオル行政情報システム　46
世界女性会議　3, 193
セクシュアルハラスメント　3, 24
世代間連鎖をめぐる問題群　66
積極的な応答　186
接近　165
接近禁止・隔離　39
接近禁止命令　8, 100
接近─回避行動　151
絶望感と不信　72
セーフティ・ネット　10
セーフティ・プラン　135
セルフケア　137, 171
セルフヘルプ・グループ　→　自助グループ
全国シェルター・シンポジウム　6
全国女性シェルターネット　8, 67
全国被害者支援ネットワーク　61
潜在的被害者説　51
総合法律支援法　276
捜査過程での2次被害の防止　41
相談者（被害者）を支配しない支援　198
相談者と専門家と担当相談員とのジョイント形式　205
相談者の自己決定　92
相談条件付起訴猶予制度　36
相談ニーズを事業化したセミナー　197, 205
ソーシャルサポート　28, 137
　　──・ネットワーキング　138
即時抗告期間　105
束縛　271
措置制度から契約制度への移行　232
尊重＝非暴力　250

た　行

第一種社会福祉事業（居住型施設）　239
第二種社会福祉事業（通所型施設）　239
大学生による「DVプロジェクト」　261
退去命令　11, 99
退行　152
第三者（機関）による苦情解決体制の整備　12
対処能力（Coping）　73

代替案　145
代理援助　279
対話のフォーラム　289
多重債務をめぐる法的処理の相談　70
助けを求めやすい社会　265
立替償還制度　282
多文化家庭支援センター　44
単回型トラウマ　129
短期保護施設　37
男女間における暴力に関する調査　247
男女共同参画会議（内閣府）　11
男女共同参画社会基本法　193
男女共同参画センターのDV相談　117
男性の相談窓口　207
地域内のプログラム参加命令　296
「ちえのわ」　184
違いを認める社会　265
注意欠陥多動性障害　→　ADHD
中間施設　220
長期保護施設　37
調停前置主義の廃止　10
調停申立書作成の手伝い　70
超論理モデル（Transtheoretical Model）　300
直面化の弊害　299
陳述書　104, 119
賃貸住宅への優先入居権　37
沈黙する被害者　55
通報・相談・保護・自立支援の体制整備　96
通報制度　79, 80
通報の受理の一元化　229
つながり（Connection）　72
「妻殴打」問題の可視化　47
適合的　207
デートDV　13, 269
デートDV予防（プログラム）　21, 252
電話等禁止命令　80, 101
東海地区「男女共同参画をすすめる相談事業」研究会　207
動機づけ　300
　　——のステージ変化の類型　298
「動機づけ面接」のアプローチ　298

東京フェミニストセラピィセンター　65
凍結　145
同行支援　83, 110
　　司法手続きのための——　122
　　自立のための——　122
統合的女性暴力関連法の提案（家庭暴力・性暴力・性売買）　47
当事者　179, 266
　　——へのエンパワメント　181
　　——とは誰なのか　268
　　——の声（ニーズ）を聞く　12, 164
　　——へのスーパーバイズ　12
　　——やコミュニティへの支援　261
闘争する被害者　55
ドゥルーズ・モデル型　13
都道府県基本計画　98
ドミナント物語　175
友達目線のメッセージの発信　272
トラウマ　149
　　——再現遊び　76
　　——体験　177
　　——による絆　→　トラウマティック・ボンド
　　——の生態学的モデル　128
トラウマティック・ボンド　150, 151
徒労感　158

な　行

内的・外的資源　160
内面化された価値観や文化規範を相対化する作業　263
7カ国語でDV関連情報を掲載したパンフレット　138
名前のない病　66
ナラティブ・セラピー　175
2次被害　56
　　——の予防　171
ニーズ調査・リーガルサービスのマッピング　286
日本司法支援センター　109, 276, 277
人間関係の再構築　65
ねぎらいと励まし　188

ネグレクト　164
ノードロップ方針（起訴強制政策）　21
望まない妊娠や出産　82

　　　　　　は　行

配偶者からの暴力の防止及び被害者の保護に関する法律　2
配偶者からの暴力の防止及び被害者の保護のための施策に関する基本的な方針　65, 83, 121, 194
配偶者からの暴力の防止等に関する政策・評価書　227
配偶者暴力相談支援センター　10, 79, 199
ハーグ条約　70
パーソナルクライム　53
バタード・ウーマンのコーピング戦略　27
バタードウーマン運動　3, 19, 66
発展的対話（ongoing dialogue）　159
母親役割　152
パワーとコントロールとしての暴力　19
パワーレス　198
犯罪の二重奏説　51
犯罪被害者支援　278, 281
犯罪被害者等基本計画　61
犯罪被害者等基本法　58, 61
犯罪被害者等給付金支給法　59
犯罪被害者等保護二法　58
汎論理モデル　→　超論理モデル
ピアカウンセリング　12
ピアサポート　10
「被害者イメージ」の問い直し　83
被害者化（victimization）・プロセス　50, 53, 55
被害者学　51
被害者性　267
被害者の権利・人権　61
被害者の子又は親族等への接近禁止命令　80
被害者の生命・身体の安全　100
被害者保護命令制度　36, 39
被害者補償制度　59
被害者有責任論　53
被害受容性理論　53

被害当事者の訴えと勇気ある行動　66
一人ひとりの人権を基本とする思想　232
人をラベリングしない　265
否認・矮小化の心理機制　297
非暴力教育プログラム　12
評価　296
疲労困憊状態　72
ファシリテーター養成講座（デートDV版）　246
不安や劣等感の軽減　141
夫婦間のコミュニケーション不全　66
フェミニスト・アプローチ（セラピー・カウンセリング）　6, 18, 24, 30, 46
フェミニズム運動　4
　第2波——　3, 18
福祉的カウンセリング　46
不健康な平衡状態　129
婦人相談員　79, 199
婦人相談所　140
　——における一時保護　82
婦人保護施設　140
普通　265
物質依存　71
不当利得（過払金）返還請求　282
不服申立て　105
不法行為としての損害賠償請求　282
プライバシー保護　142
フラッシュ・バック　149
ブリコラージュ　172
ぶれる人生・存在　233, 240
閉塞感　141
偏見　264
弁護士による訴訟代理権の独占　280
法医学看護師（Forensic Nurse）　188
法化社会における紛争処理と民事司法　280
包括的総合的支援システム　158
法システムの運用と課題　6
法的アドボケイター養成プログラム　111
法的解決の可能な問題に関するLSC最終報告　284
法テラス　→　日本司法支援センター
法律相談　204

法律相談通訳費の予算化　281
法律扶助　283
　──・総合法律支援　275
法律扶助協会　286
暴力によって差別や排除を作り出す社会の問題　263
暴力のサイクル理論　23
暴力の種　266
暴力のない社会の実現　17
暴力のパターン分析　135
暴力被害者支援ネットワーク　223
保護支援体制の整備　36
保護施設基準及び従事者の資格基準の強化　39
保護法益　100
保護命令　95, 99
　──違反　105
母子家庭等の就業支援策の推進　223
母子支援プログラム・並行支援プログラム　206, 222
母子自立支援員　215
母子生活支援施設　140, 163
程よい距離をもっての伴走　171
本人尋問　121

ま 行

マゾキスト　19
＜まゆ＞としてのシェルター　68
ミクロレベルからマクロレベルへ　5
ミッション　194
ミネアポリス実験　20, 22
ミルウォーキー実験　22
民間主導から官主導へのシフト　47
民間と行政とのパートナーシップ　10
民事不介入　58
民事紛争全国調査　→　法化社会における紛争処理と民事司法
民事法律扶助（業務）　278, 281
民事法律扶助法　287
ミーンズテスト　282
無気力・無感覚　234
無差別的なまとわりつき　151

無視・偏見・差別・排除　234
無秩序型アタッチメントスタイル　165
無力感　158
メディア・リテラシー力　249
メリットテスト　282
面会交流をめぐる支援　107
面接交渉　10
申立書　103
目的置換現象　46

や・ら・わ 行

有罪答弁　296
優先採用枠の確保　231
歪んだ自己像　152
養育放棄　→　ネグレクト
要保護女子　212
良き父になるためのプログラム　302
予防教育　138
　──や社会教育の確立　14
予防的・治療的・社会変革的な活動　51
予防のための教育及び広報強化　41
ライフスタイル理論　53
らせん階段状の変化　300
リエゾン　161
離婚調停　108
離婚届の不受理届　118
リスク　296
リスクマネジメント　14, 218
理想化　57
礼拝会・ミカエラ寮　4
レイプ・トラウマ・シンドローム　186
レイプへの量刑強化　15
レジリエンス☆こころのcare講座　243
「恋愛幻想」とメディア　248
路上生活をする女性　82
ワンショッピングセンター　22
ワンストップサービス　124

欧 文

ACE（The Adverse Childhood Experience）74
　──調査研究　77

ADHD　142, 144, 150
AIDS　251
AKKシェルター　67
AKK女性センター　4
APA　29
ATASK　14
Battered Woman Syndrome　23
Behind Closed Doors（閉ざされた扉のかげで）　29
CDC　29
CEDAW　14
CR　19
DSM-Ⅲ　23
DV　→　ドメスティック・バイオレンス
DV一時保護証明書　119
DV啓発活動　269
DV情報を伝える会　203
DV早期発見の重要性　215
DV被害者支援キャンプ　262
DV被害者とは誰なのか　50
DV被害者のためのシェルター　i
DVフリーゾーン　9
DV防止法　→　配偶者からの暴力の防止及び被害者の保護に関する法律
DV法廷（DV court）　21
DV法廷受付センター　22
DVほっとプロジェクト（早大生による自主プロジェクト）　262

DV目撃の被害　76
DV予防啓発・教育プログラム　207
ESIDモデル　25
FTCシェルター　67
GPS機能　250
HIV　251
IPV　18, 28
IT化　158
Iメッセージ　257
Listening to Battered Women　30
MOVA　15
Partner Assault Responseプログラム　296
privere　233
PTSD　23, 102, 133
　複雑性——　24, 56
QOL　51, 159
RRP（Respectful：Relationship：Program）研究会　294
SANE（Sexual Assault Nurse Examiner）プログラム　182
SART（Sexual Assault Response Team）　188
TTLP（Teen Transitional Living Program）　16
victimからsurvivorへ　62
VOVプログラム（Victims of Violence Program）　178
WESNET　10

執筆者紹介（所属，執筆分担，執筆順．＊は編者）

＊高畠　克子（たかばたけ　かつこ）（編著者紹介参照，まえがき・第1章・第4章・第11章）

村本　邦子（むらもと　くにこ）（立命館大学大学院応用人間科学研究科教授・女性ライフサイクル研究所所長，第2章・第9章）

佐々木典子（ささき　のりこ）（韓国江南大学シルバー産業学部専任講師，第3章）

平川　和子（ひらかわ　かずこ）（東京フェミニストセラピィセンター所長，第5章・第12章）

原田恵理子（はらだ　えりこ）（名古屋市子ども青少年局子ども育成部主幹，第6章）

中村　順子（なかむら　じゅんこ）（ヒューマンネットワーク中村総合法律事務所弁護士，第7章）

丸山　聖子（まるやま　せいこ）（東京都墨田区福祉保健部保護課婦人相談員，第8章）

林　久美子（はやし　くみこ）（大阪府立女性自立支援センター心理相談員，第10章）

景山ゆみ子（かげやま　ゆみこ）（名古屋市総務局男女平等参画推進室主幹，第13章1）

髙瀬　和子（たかせ　かずこ）（東京都江東区総合区民センター・生活支援部婦人相談員，第13章2）

榊原　正明（さかきばら　まさあき）（A母子生活支援施設施設長，第13章3）

中島　幸子（なかじま　さちこ）（レジリエンス代表，第14章1（1）（2）（4））

西山さつき（にしやま）（レジリエンス副代表，第14章1（2）（3）（4））

兵藤　智佳（ひょうどう　ちか）（早稲田大学平山郁夫記念ボランティアセンター助教，第14章2）

佐藤　由美（さとう　ゆみ）（東京都議会議員〔葛飾区選出，2009～〕，元日本司法支援センター（法テラス）本部犯罪被害者支援室，第15章1）

妹尾　栄一（せのお　えいいち）（茨城県立こころの医療センター第三医療局長，第15章2）

編著者紹介

高畠克子（たかばたけ　かつこ）

1944 年生まれ。
1991 年　ハーバード大学教育学修士課程修了。
現　在　東京女子大学現代教養学部教授・心理臨床センター長。
主　著　『女性が癒すフェミニスト・セラピー』誠信書房，2004 年。
　　　　『よくわかるコミュニティ心理学』（共著）ミネルヴァ書房，2006 年。
　　　　『コミュニティ・アプローチ』東京大学出版会，2011 年。

新・MINERVA 福祉ライブラリー⑮
DV はいま
——協働による個人と環境への支援——

2013 年 2 月 1 日　初版第 1 刷発行　　　　〈検印省略〉

定価はカバーに
表示しています

編著者　高　畠　克　子
発行者　杉　田　啓　三
印刷者　林　　初　彦

発行所　株式会社　ミネルヴァ書房
607-8494　京都市山科区日ノ岡堤谷町 1
電話代表　(075)581-5191
振替口座　01020-0-8076

© 高畠克子ほか，2013　　　　　太洋社・清水製本

ISBN978-4-623-06253-9
Printed in Japan

フェミニズムと社会福祉政策

杉本貴代栄 編著
A5判／308頁／本体3500円

女性学入門

杉本貴代栄 編著
A5判／234頁／本体2500円

よくわかる女性と福祉

森田明美 編著
B5判／216頁／本体2600円

アメリカ発DV再発防止・予防プログラム

山口佐和子 著
A5判／272頁／本体3000円

シングルマザーの暮らしと福祉政策

杉本貴代栄・森田明美 編著
A5判／360頁／本体3500円

──────── ミネルヴァ書房 ────────
http://www.minervashobo.co.jp/